冶金工业出版社

普通高等教育“十四五”规划教材

工程经济学分析方法及应用

主　编　柯丽华
副主编　姚　囝　胡南燕

北　京
冶金工业出版社
2021

内 容 提 要

本书共10章，主要内容包括：绪论、经济评价基本要素、资金的时间价值及等值计算方法、技术方案的经济评价方法、技术方案的不确定性分析方法、设备更新与租赁决策方法、价值工程方法及应用、建设项目融资管理、建设项目可行性研究和项目后评价等。本书系统完整、内容全面、深入浅出，从机理入手讲解例题，并配以现金流量图，便于读者掌握各类决策问题的解答技巧，可与全国咨询工程师（投资）职业资格考试、全国一级建造师执业资格考试、全国一级造价工程师职业资格考试、全国监理工程师培训考试等的知识体系对接。

本书可作为高等院校“工程经济学”课程教学用书，也可作为研究生、工程技术人员、工程管理人员、经济管理人员和投资分析人员的参考书。

图书在版编目(CIP)数据

工程经济学分析方法及应用/柯丽华主编．—北京：冶金工业出版社，2021.3

普通高等教育“十四五”规划教材

ISBN 978-7-5024-8779-9

Ⅰ.①工… Ⅱ.①柯… Ⅲ.①工程经济学—高等学校—教材 Ⅳ.①F062.4

中国版本图书馆CIP数据核字(2021)第060274号

出 版 人 苏长永
地 址 北京市东城区嵩祝院北巷39号 邮编 100009 电话 (010)64027926
网 址 www.cnmip.com.cn 电子信箱 yjcbs@cnmip.com.cn
责任编辑 王 双 美术编辑 彭子赫 版式设计 禹 蕊
责任校对 梅雨晴 责任印制 禹 蕊
ISBN 978-7-5024-8779-9
冶金工业出版社出版发行；各地新华书店经销；三河市双峰印刷装订有限公司印刷
2021年3月第1版，2021年3月第1次印刷
787mm×1092mm 1/16；11.25印张；268千字；167页
38.00元

冶金工业出版社 投稿电话 (010)64027932 投稿信箱 tougao@cnmip.com.cn
冶金工业出版社营销中心 电话 (010)64044283 传真 (010)64027893
冶金工业出版社天猫旗舰店 yjgycbs.tmall.com
（本书如有印装质量问题，本社营销中心负责退换）

前　言

社会经济发展需求的新变化，对高等院校学生综合能力培养提出了新时代的要求。高等院校工科类学生不仅需要掌握所在行业的工艺技术，还需要正确使用工程经济分析方法，才能科学地优化工程项目及其技术方案，对项目运行风险进行预控，以确保工程项目成功运营和企业持续经营发展。因此，加强工程经济管理基本原理、基础知识及各类决策方法的学习和增强工程经济分析方法系统运用能力，对完善工科学生的知识结构，提升其执业能力和社会适应能力，促进工科学生树立经济观念、市场观念、竞争观念、效益观念和可持续发展观念，有着非常重要的意义。

针对工科学生学习工程经济分析方法中存在的常见问题，通过近20年的教学实践和教学研究，基于工科学生经济决策方法学习解决方案的探索，同时考虑工程项目经济管理决策分析对工科学生执业需求的影响，编写了《工程经济学分析方法及应用》，目的是为高等院校工科类专业学生提供一部工程经济管理基础教材，使学生掌握工程经济学的基本原理和分析方法，具有从事各类工程项目可行性研究及经济评价的能力。

本书在编写时，体现了系统性、实践性和实用性等原则：

（1）系统性。本书系统完整地阐述和介绍了涉及工程项目前期管理的基本理论和方法，包括资金时间价值理论、经济评价方法、不确定性评价方法、设备更新决策分析方法、价值工程方法、工程项目融资决策方法、市场调查与预测方法和项目后评价方法等。

（2）实践性。本书结合我国工程项目前期投资决策的实践需求，注重与国家现行财经法规或标准相衔接，也注重与咨询工程师（投资）职业资格考试、全国一级建造师执业资格考试、全国一级造价工程师职业资格考试、全国监理工程师培训考试等的知识体系对接。例如，以矿山项目的经济评价为例，系统完整地论述了矿山项目的经济评价方法及过程，为工科学生系统地应用工程经济分析方法提供了案例和演示过程。

（3）实用性。本书内容全面，引例与例题丰富。通过引例，引导学生理论联系实际，使学生熟悉工程案例背景和掌握理论方法的适用范围。从机理入手并配以现金流量图讲解例题，深入浅出，便于读者掌握各类决策问题的解答技巧，利于学生顺利地运用理论知识解决具体实践问题。

在本书编写过程中，参考了大量的国内外相关书籍和文献资料。在此，对这些作者表示衷心的感谢。

由于作者水平有限，有不足之处，敬请专家和读者予以指正。

编　者

2021 年 2 月

目　录

1 绪　论

学习目标

1. 理解技术与经济的关系。
2. 掌握工程经济分析的研究任务。
3. 掌握工程经济分析的工作程序。

背景资料

某投资公司拟投资项目 A 和项目 B，由于两个项目的行业背景不同，且公司预期实现收益率 30%，因此对两个项目的可行性进行系统分析。通过搜集国家政策、法律法规、产业发展规划、市场信息和相关企业经营管理数据等，发现：A 和 B 两个项目的建设都符合国家发展规划要求，A 项目的建设期 2 年，生产运营期 10 年，预计总投资额为 10 亿元、年收益为 2 亿元、项目资产残值 1 亿元；B 项目的建设期 3 年，生产运营期 12 年，预计总投资额为 15 亿元、年收益为 5 亿元、项目资产残值 2 亿元。该投资公司应该如何抉择？

该投资公司将 A（寿命期 12 年）和 B 两个项目（寿命期 15 年）作为两个互斥方案，基于资金的时间价值理论，绘制现金流量图，在基准折现率为 30%的条件下，计算两个项目的财务净年值 $NAV_A=-1.122$ 万元和 $NAV_B=0.422$ 万元。因此，该公司决定投建项目 B。

1.1 工程活动及工程经济分析方法

一般地，工程项目的建设管理要经历工程项目前期决策、工程项目设计、工程项目施工、工程项目竣工验收和工程项目运营管理等多个阶段。在每个阶段中，都涉及工程技术的经济分析和优化选择环节。

工程经济活动就是把科学研究、生产实践、经验积累中所得到的科学知识有选择地、创造性地应用到最有效地利用自然资源、人力资源和其他资源的经济活动和社会活动中，以实现工程目标。

例如，在背景资料中，投资公司为实现经济收益率 30%的目标，要决定投建哪项工程项目，这就涉及工程项目的前期决策问题。通过收集相关资料，针对不同的情况，采用合适的工程经济分析方法，即财务净年值法，确定 $NAV_A=-1.122$ 万元和 $NAV_B=0.422$ 万元，由此确定投建项目 B 是合理的。经过对工程项目的经济分析，可以减少投资风险和提高投资收益。

在确定工程项目 B 是可行后，还可以运用不确定分析方法分析项目在实施过程中可能引起项目失败的关键因素，以制定相应措施避免失败出现或减少项目失败的可能性。例如，可以采用盈亏平衡分析方法分析项目的产销量与利润之间的关系，通过计算项目的盈亏平衡点，确定项目实施的盈利产销量，以指导企业制定合适的生产计划和销售方案，以确保项目在实施过程中盈利。再如，在做项目可行性研究时，有关的基础数据是根据当时的情况和考虑未来的发展趋势确定的预测数据，如背景资料中 B 项目的投资为 15 亿元，但这个数据是预测数据，若在项目建设过程中出现投资增加，则对项目不利。通常可以采用敏感性分析方法，分析投资变化对项目财务净年值的影响。在背景资料中，若建设期间，投资增加 10%，则项目的财务净年值为 $NAV_B=-0.037$ 万元，项目将不可行。这样，就出现了项目投资决策时判断项目是可行的，但是由于投资额估计不准确，在实施中出现了项目不可行的情况。因此，必须建议投资者慎重估计投资额的大小，或制定措施严格控制投资额在估算值范围内。若项目实施过程中能有效地控制投资额不超过预测数据 15 亿元，则项目实施时（在其他数据不变的情况下），可以保持可行状态。

在工程项目设计和施工阶段，都会面临着优选技术方案的情况。在选择技术方案时，不仅应该考虑工艺技术的先进性、可行性、适用性等指标，还应结合各类技术的投资费用和运行成本，基于性价比最高原则，综合选择最优的技术方案。此时，可以采用价值工程方法。同时，针对每个技术方案或产品开发的情况，可以采用价值工程方法对项目产品开发存在的问题进行分析，锁定瓶颈要素及其改进幅度，进而设计改进方案。

工程项目实施中，都涉及工艺设备选择和更新问题，同样面临着选择和优化。例如，某工程项目现使用一种设备 C，但市场上出现了新型设备 D，则是否采用新型设备？若采用新型设备，则有应该合适更新？若更新设备，是购买设备还是租赁设备？要解决这些问题，都必须运用设备更新决策方法，才能确定合适的方案。

任何一个工程项目的实施，都离不开资金。在建设期，需要资金建设建筑工程、安装工程等，为企业产品生产提供必需的生产条件。在项目运营期，需要资金购买材料、燃料动力和人力等，为企业产品生产提供劳动对象和生产条件。有时候，企业或项目有足够的资金进行投资和维持日常生产运营，但大多数情况下，企业资金是相对短缺的。一旦资金短缺，项目的建设和生产运营受阻，甚至会导致停建或停产，造成资金浪费。因此，项目资金融资决策方法是企业或项目管理人员必须要掌握的技术。例如，背景资料中，若投建 B 项目，则投资公司如何筹措 15 亿元的投资额？根据项目资本金制度和各类资金筹措渠道，投资公司可以确定权益投资 5 亿元和负债资金 10 亿元。对于负债资金 10 亿元，可以通过设备租赁、银行贷款、发行债券等渠道解决。通常需要计算各种融资渠道的资金成本，以资金成本最低原则，来确定项目资金筹措方案。

可见，在工程管理过程中，必不可少地要运用工程经济分析方法，对诸多工程经济问题进行分析。因此，掌握工程经济分析方法的基本原理、基本知识、方法步骤和运用技巧，是提高工程经济效果的重要基础。

1.2 工程经济学的研究任务

工程经济学是应用理论经济学的基本原理，研究国民经济各个部门、各个专业领域经济问题、资源最佳配置、技术与经济最佳结合的一门技术学和经济学交叉的学科。

以背景资料为引例，分析该投资公司的工作任务包括：（1）搜集整理两个项目产品所涉及的行业投资政策；（2）分析两个项目产品的生产者及其市场供给情况，包括项目相关产品功能分析、项目相关产品的供给量和成本费用分析；(3) 分析社会对两个项目产品的需求情况，包括项目产品功能及特色分析、项目产品和项目相关产品的差异、项目相关产品的需求量和价格分析；(4) 分析两个项目产品生产中存在的问题，包括工艺技术、投资管理、生产运营等；(5) 考虑两个项目产品生产场地、原料及能源条件的供应情况对项目生产及经济效益的有利影响和不利影响；(6) 估计两个项目产品固定资产投资建设时间及项目产品投产达产时间，考虑项目产品投产时间和达产时间对项目收益的影响；(7) 分析项目产品生产对环境带来的负面影响；(8) 了解项目类似产品的竞争格局；(9) 研究项目产品税收优惠政策及贷款政策；(10) 确定项目产品的生产规模；(11) 搜集项目产品销售收入、经营成本、投资额等基础信息；(12) 项目建设资金和生产运营资金来源与安排，项目融资方案决策分析；(13) 分析 A 和 B 两个项目产品的技术方案的经济效果；(14) 优化比较两个项目产品生产经营的经济效果优劣。

只有全面分析以上问题，才能获得正确的投资结论。可见，研究工程项目的经济效果，必须运用各类工程经济分析方法，寻找工程项目各阶段各环节中最佳方案，这是工程经济学的重要研究任务。同时，在研究工程项目各阶段各环节最佳方案的过程中，通过发掘新产品生产的多种实现路径，不断促进技术进步。通过技术发展，获得降低工程项目投资和运营成本的经济效益，这也是工程经济学的重要研究任务。通过技术进步和提高经济效益，加强工程项目的经济管理，不断促进企业发展和国民经济增长。

1.3 工程经济分析的基本思路

1.3.1 工程经济分析的目的

企业生产运营的目的是实现可持续经营和不断地提高其经济效益。企业的发展取决于成功地建设和运营每个建设项目。通过每个建设项目的成功运营，企业可以不断地积累经营所得和不断地壮大发展。反之，企业的历年积累将被不断地消耗，最终走向倒闭的境地。因此，必须在建设项目投入建设前，做好其经济效果评价的投资决策工作，科学地对拟建项目的技术经济进行分析，论证建设项目的必要性、技术可行性和经济合理性。因此，技术经济分析是项目投资决策的关键环节。

1.3.2 工程经济分析的基本步骤

为了完成项目投资决策分析，可行性研究是项目前期工作的重要工作内容。一般地，大型建设项目的前期决策工作要经历机会研究、项目建议书、初步可行性研究和详细可行性研究等四个阶段。四个阶段所做的工作都是围绕“项目的必要性、技术可行性和经济合理性”展开的，但因收集的资料完整性不同，故各阶段的决策精度不同。随着工程项目基础信息的不断收集和整理，前期决策工作的精度逐渐提高。

工程经济分析的基本步骤如下：

(1) 确定目标。企业建设任何一个项目，都有其目标，如经济目标、环境目标、技术目标等。建设项目的目标往往是目标体系。例如，房地产企业进行旧城区改造项目，不仅要实现本企业的经济效益，而且要提供经济适用房以改善社会低收入者的住房条件，同时要适应社会发展需要设计出环保节能型的建筑产品。由于项目的目标不同，产品特征会有差异，实现目标的技术手段也不同，因而项目的经济效益也有差异。因此，确定建设项目的目标体系是工程分析的首要工作。

（2）收集资料。确定建设项目的目标体系后，可以初步确定项目产品的特征和功能。再通过收集项目初定产品的相关基础资料，包括技术手段、价格、成本、国家政策、银行贷款信息、竞争对手情况等，可以进一步优化产品方案，判断项目产品的社会需求情况，为项目建设的必要性论证提供信息。另外，通过收集项目产品相关资料，也大致了解了实现项目目标的可能性。针对项目目标体系，全面收集项目产品的相关资料是有序开展技术经济分析工作的基础。

（3）制定可行的技术方案。在前述两项工作的基础上，重点研究实现项目产品方案的技术手段。解决事物的方法途径不止一个，同样产品生产的工艺技术往往有多种。针对项目产品的特征和功能定义，进一步全面搜寻实现项目产品的技术手段，制定可行的技术方案。不同的技术方案，可能带来的特点不同。有些方案可以较好地降低成本，有些方案则可以提高产品质量，还有些方案可以更好地实现国家战略层面的目标。通过制定可行的技术方案，进一步梳理各个技术方案的优点和缺点，确保技术方案实施的可行性。

（4）方案优化与评价。从技术角度罗列出多个技术方案后，进一步要从经济角度分析方案的合理性。有些技术方案采用的技术非常先进，但是经过经济合理性分析，该项目不可行，则该技术方案不能被采纳。有些技术方案的建设投资较高，但生产运营费较低；而另外的技术方案则相反，建设投资较低，但生产运营费较高。究竟哪个方案好，需要采用合适的经济评价方法，如投资回收期法、财务净现值法和内部收益率法等，对其进行综合分析，最终选择最佳方案。

（5）投资决策。决策就是从若干技术方案中选择最佳方案。从不同的角度分析，对不同的因素的重视程度不同，选择结果将发生变化。经过方案优化和评价后，可能会有有限的几个较优方案可供选择。因此，应该进一步梳理建设项目建设目标系统中各目标之间的关系，最终做出正确的选择。

1.4 工程经济分析人员应具备的知识和能力

工程经济的理论和方法具有很强的综合性、系统性和应用性。工程经济分析人员应具备的知识和能力主要如下：

（1）工程分析人员应具备的知识：

1）经济效果及其基本要素；

2）资金的时间价值理论；

3）项目经济评价方法；

4）技术方案综合评价方法；

5）市场调查与预测方法；

6）可行性研究方法步骤。

（2）工程分析人员应具有的能力和素质：

1）遵守法律法规的意识；

2）实事求是的作风；

3）善于沟通协调的能力；

4）全面系统分析问题的能力；

5）科学预测的能力。

思考与练习

1-1　简述工程经济活动的内容。

1-2　举例说明工程经济学的研究任务。

1-3　简述工程经济分析的基本步骤。

1-4　简述工程经济分析人员应具备的知识和能力。

2 经济评价基本要素

学习目标

1. 掌握经济效果的含义及经济效果指标。
2. 掌握投资概念及构成。
3. 掌握成本概念及分类。
4. 掌握税金种类及计算。
5. 掌握收入概念及计算。

背景资料

某投资咨询公司为一客户提供了可行性研究的咨询服务。市场调查信息和客户提供的财务基础数据为：建设期 3 年，运营期 12 年，总投资 12 亿元，生产规模 20 万件/年，预计销售价格为 1200 元，年销售额为 2.4 亿元，固定成本为 0.8 亿元，单位产品变动成本为 400 元/件，销售税金及附加率为 12%，该公司为客户提出投资建议：该项目可以投资。

投资咨询公司是如何利用这些基础数据进行经济分析并确定投资建议的?

为了更好地对项目的可行性进行分析，必须搜集必要的基础数据，如产品的销售量、销售价格、产品的生产成本、税率等，除此之外，还需要确定生产项目产品所需的生产线的投资额及投资组成。因此，对项目进行可行性研究，首先要掌握项目经济评价所用到的收入、成本、投资、利润和税金等基本要素。

2.1 经济效果

2.1.1 经济效果的概念

经济效果指人们为了达到一定目的而从事的实践活动的成果和劳动消耗的比较。经济活动中所取得的有效劳动成果与劳动耗费的比较称为经济效益。正确地理解经济效果的内涵，应理解成果和劳动消耗的含义。

技术方案实施的效果有正负之分。若技术方案实施后的产出对社会越有用，则经济效果越好；若技术方案实施后的产出是社会不需要的，则生产越多，浪费就越大，经济效果就越差。例如，技术方案实施后对环境造成的污染就是负效果。

经济效果概念中的劳动消耗，包括技术方案消耗的全部人力、物力、财力，即包括生产过程中的直接劳动消耗、劳动占用、间接劳动消耗三部分。直接劳动消耗指技术方案在生产运行中所消耗的原材料、燃料、动力、生产设备等物化劳动消耗以及劳动力等活劳动消耗。这些单项消耗指标都是产品制造成本的构成部分，因而产品制造成本是衡量劳动消耗的综合性价值指标。劳动占用通常指技术方案为正常进行生产而长期占用的用货币表现的厂房、设备、资金等，通常分为固定资金和流动资金两部分。投资是衡量劳动占用的综合性价值指标。间接劳动消耗是指在技术方案实施过程中社会发生的消耗。

劳动成果和劳动消耗相比较是经济效果的本质。因此，只片面地说明劳动成果多或劳动消耗少的情况，都不能说明经济效果好。生产实践中，对经济效果好坏的误解有：产量大就是经济效果好；产值高，经济效果好；建设速度快，经济效果好；成本低，经济效果好；投资小，经济效果好；资金多，经济效果好；销售收入高，经济效果好。这些说法都只侧重经济效果的劳动成果或劳动消耗一个方面。而利润高，经济效果好，这种说法是正确的。因为利润等于销售收入扣除税金及附加和总成本，销售收入反映了技术方案的劳动成果，总成本反映了人工、材料和机械燃料等劳动消耗。

2.1.2 经济效果表达式

劳动成果与劳动消耗或产出与投入进行比较通常有三种表达方式，如式（2-1）~式（2-3）所示。

$$\text{经济效果}=\text{劳动成果}-\text{劳动消耗} \tag{2-1}$$

$$\text{经济效果}=\frac{\text{劳动成果}}{\text{劳动消耗}} \tag{2-2}$$

$$\text{经济效果}=\frac{\text{劳动成果}-\text{劳动消耗}}{\text{劳动消耗}} \tag{2-3}$$

式（2-1）采用差额方式反映了劳动成果与劳动消耗之间的关系。这类型指标包括利润额、利税额、国民收入、净现值等。采用这种表示方法反映经济效果的高低，必须将劳动成果与劳动消耗按相同计量单位计量，其差额大于零时，反映经济效果好。这种经济效果指标计算简单，概念明确，但不能确切反映技术装备水平不同的技术方案的经济效果的高低与好坏。

式（2-2）采用比值方式反映了劳动成果与劳动消耗之间的关系。这类型指标包括：劳动生产率、单位产品原材料、燃料和动力消耗水平等。采用这种方式反映经济效果的高低，劳动成果与劳动消耗的计量单位可以相同，也可以不相同。当计量单位相同且比值大于 1 时，则技术方案的经济效果好。

式（2-3）采用差额-比值方式反映了劳动成果与劳动消耗之间的关系。这类型指标包括成本利润率、投资利润率等，是用差额-比值方式反映经济效果的好坏。

2.1.3 经济效果的分类

2.1.3.1 企业经济效果和国民经济效果

按照受益对象不同，经济效果可以分为企业经济效果和国民经济效果。从企业利益出发，分析技术方案为企业带来的效果称企业经济效果。从国家利益出发，技术方案对整个国民经济以至整个社会产生的效果为国民经济效果。

若站在不同的立场和用不同的视角看同一个技术方案的经济效果，则因财务主体发生变化，故收益与成本的计量范围和数量发生变化，并可能出现企业经济效果评价结果与国民经济效果评价结果不一致的现象。因此，技术方案的经济效果评价，既要做企业经济效果评价，也要做国民经济效果评价。对技术方案的取舍，应以国民经济效果评价为依据。

2.1.3.2 直接经济效果和间接经济效果

直接经济效果是指项目自身直接产生并获得的经济效果，即项目系统直接创造的经济效果。间接经济效果是指项目带来的自身之外的经济效果。一个技术方案除了给实施企业带来直接经济效果外，还会对社会其他部门产生间接经济效果。例如，国外矿山项目建设，不仅给建设单位带来矿产资源开采的经济收益，而且对带动其他发展中国家的采矿技术发展和促进国际交流带来间接效果。一般来说，直接经济效果直观易见，但从全社会角度，则更应强调间接经济效果。

2.1.3.3 有形经济效果和无形经济效果

有形经济效果是能用货币计量的经济效果，比如利润；无形经济效果是指难以用货币计量的经济效果，例如技术方案采用后对改善环境污染、保护生态平衡、提高劳动力素质、填补国内空白等方面产生的效益。在技术方案评价中，应重视有形经济效果的评价和无形经济效果的评价。

2.2 投资及构成

2.2.1 投资的概念

投资是一种特定的经济活动，即为了将来获得未来收益或避免风险而进行的资金投放活动。投资按投资活动对象可分为证券投资和产业投资两大类。证券投资是指投资者购买股票、债券等有价证券以获取收益的行为。产业投资是指经营某项事业或使真实资产存量增加的投资，这类投资活动通常要保证项目投产和生产经营活动正常有序开展。本书投资活动主要是指产业投资。

产业投资活动通常以项目形式开展。项目投资活动通常要经历建设期和生产运营期。其中建设期是指该项目技术方案从资金正式投入开始到技术方案建成投产为止所需要的时间。在这段时期里投入的全部资金，即为项目的投资。生产运营期分为投产期和达产期。投产期是指技术方案投入生产，但生产能力尚未完全达到设计生产能力时的过渡阶段。达产期是指生产运营达到预期生产能力水平后的时期。运营期通常根据技术方案主要设施和设备的经济寿命期（或折旧年限）、产品寿命期、主要技术的寿命期等多种因素综合确定。在生产运营期通常是生产活动，企业因为生产商品和提供劳务服务而获取销售收入，同时也花费材料费、燃料费和人工费等。

2.2.2 投资构成

在建设期里，投入的全部资金，即为建设项目总投资，包括建设投资、建设期利息和流动资金等三部分。其中，建设投资包括设备及工器具投资、建筑安装工程投资、其他建设投资和预备费等。建设投资和建设期利息构成固定资产投资。总投资构成如图 2-1 所示。

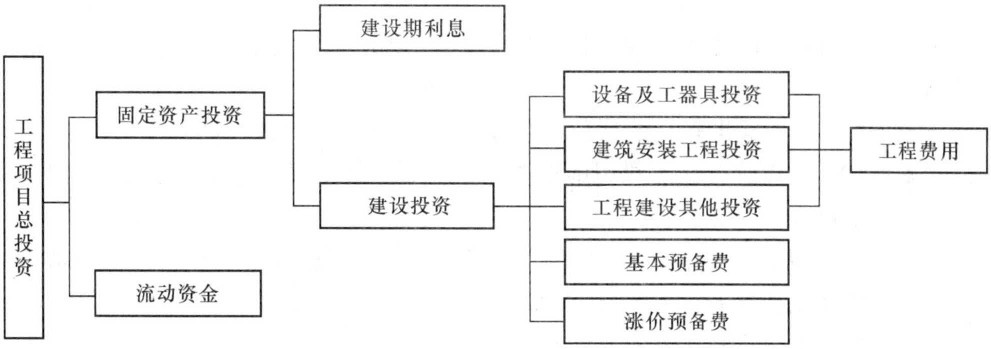

图 2-1 工程项目总投资构成图

固定资产投资是指用于建设或购置固定资产所投入的资金。固定资产的标准是：使用年限在一年以上，且单位价值在国家或主管部门规定的限额以上。

设备及工器具投资由设备购置费和工器具、生产家具购置费组成，如图 2-2 所示。设备购置费是指为建设项目购置或自制的达到固定资产标准的设备、工具、器具的费用。工器具及生产家具购置费是指新建项目或扩建项目初步设计规定所必须购置的不够固定资产标准的设备、仪器、工具、模具、器具、生产家具和备品备件的费用。

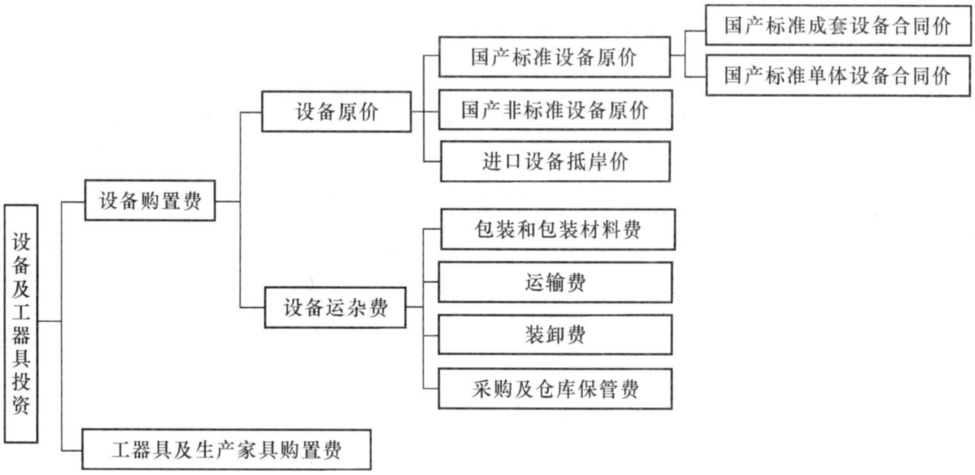

图 2-2 设备工器具投资构成图

建筑安装工程投资由建筑工程费和安装工程费两部分组成。建筑安装工程投资包括人工费、材料费、施工机械使用费、企业管理费、利润和增值税。

工程建设其他投资是指从工程筹建到工程竣工验收交付使用止的整个建设期间，为保证工程建设顺利完成和交付使用后能够正常发挥效用而发生的各项费用。工程建设其他投资包括土地费用、与项目建设有关的其他费用和与未来生产经营有关的费用等。

预备费包括基本预备费和涨价预备费。基本预备费是指在项目实施过程中可能发生的难以预料的支出，又称工程建设不可预见费，主要指设计变更及施工过程中可能增加工程量的费用，包括：在批准的初步设计范围内，技术设计、施工图设计及施工过程中所增加的工程费用；设计变更、局部基地处理等所增加的费用；一般自然灾害所造成的损失和预防自然灾害所采取措施的费用；竣工验收时为鉴定工程质量对隐蔽工程进行必要的挖掘和修复的费用。

涨价预备费是对建设期较长的项目，在建设期可能因发生材料、设备、人工等价格上涨引起投资增加、工程建设其他费用调整和利率、汇率调整等，而需要事先预留的费用，亦称价格变动不可预见费。

建设期利息是指项目在建设期内因使用债务资金而支付的利息，是资本化利息。在生产运营期年，资本化利息和债务资金之和作为本金，用于计算项目投入使用后各期的利息。一般地，建设期利息的计算公式见式（2-4）。

各年应计利息=(年初借款本金累计+本年借款额/2）×年名义利率　　(2-4)

对多种借款资金来源，每笔借款的年利率各不相同的项目，即可分别计算每笔借款的利息，也可先计算出各笔借款加权平均的年利率，并以加权平均利率计算全部借款的利息。

融资主体在贷款时要发生手续费、承诺费、管理费、信贷保险费等融资费用，原则上应按债权人的要求计算，并计入建设期利息，项目建议书阶段和可行性研究阶段可简化计入建设投资。对于分期建设的项目，应注意按各期投产时间，分别停止借款费用的资本化，即投产后继续发生的借款费用不作为建设期利息计入固定资产原值，而是作为运营利息计入总成本费用。

流动资产投资是指项目在投产前预先垫付在投产后生产经营过程周转使用的资金。流动资产是指可以在一年或者超过一年的一个营业周期内变现或者耗用的资产。流动资产是由货币资金、应收账款及预付款项、存货等项目组成，如图 2-3 所示。流动资产的特点是：在生产过程中，流动资产的实物形态不断变化，其价值在每一个生产周期中一次全部转移到产品成本中去并在产品销售后以货币形态获得补偿，并在整个项目寿命周期内式中被占用，直到项目寿命结束时，全部流动资产才以货币资金的形态退出生产和流通。

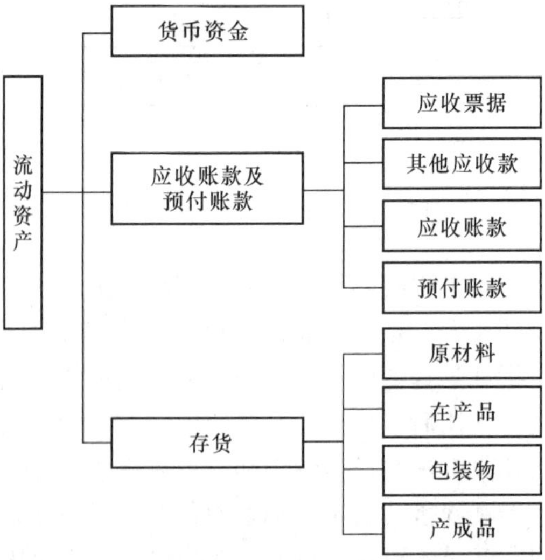

图 2-3　流动资产构成

无形资产投资是指用于购置无形资产所投入的资金。无形资产指没有物质实体，但却可使拥有者长期受益的资产。无形资产主要包括专有技术、专利权、商标权、土地使用权、特许经营权等。无形资产的价值随着无形资产的使用而磨损，其损耗的价值是以无形资产摊销的方式逐渐转移到产品成本中去，并通过销售收入得到补偿的。

递延资产是指不能全部计入当年损益，应当在以后的年度内分期摊销的各项费用，包括开办费、固定资产改良支出、租入固定资产的改良支出以及摊销期限在一年以上的其他待摊费用。递延资产价值的损耗一般以递延资产摊销的方式逐渐转移到产品成本中去，并通过销售收入得到补偿。

2.2.3 固定资产投资和流动资产投资的关系

固定资产投资的结果是形成劳动手段，对企业的产品及其生产规模、生产方式有着重要的影响。流动资产投资的结果是劳动对象，流动资产投资数量与固定资产投资数量要相适应，否则固定资产闲置或存货流转慢。

固定资产投资和流动资产都是生产过程中不可缺少的生产要素，固定资产投资必须有流动资产配合。

固定资产从项目动工到建成交付使用，往往要经历较长的建设期。在建设期间，只有投入，没有产出。固定资产投资数额大，其价值分次在整个运营期内以折旧方式转移到产品的成本中去并以收入方式得到补偿。流动资产投资时间短，通常是在一年以内以顺利销售商品得到回收。固定资产投资的回收有赖于流动资产的顺利周转。固定资产投资和流动资产投资相互依存、密不可分。

2.3 固定资产折旧

2.3.1 固定资产折旧含义

固定资产折旧是指在固定资产的使用过程中逐渐损耗的现象，也指固定资产在使用过程中因逐渐损耗而逐渐转移到产品成本费用中或商品流通费的那部分价值，是固定资产补偿的一种方式。将折旧费计入成本费用是企业回收固定资产投资的一种手段。

2.3.2 影响折旧的因素

2.3.2.1 固定资产原值

固定资产应当按照成本进行初始计量。外购固定资产的成本，包括购买价款、相关费用、使固定资产达到预定可使用状态前所发生的可归属于该项资产的运输费、装卸费、安装费和专业人员服务费。自行建造固定资产的成本，由建造该项资产达到预定可使用状态前所发生的必要支出构成。

2.3.2.2 预计净残值

预计净残值是指假定固定资产预计使用寿命已满并处于寿命终了时的预期状态，企业目前从该项资产处置中获得的扣除预计处置费用后的金额。设备的残值是指设备报废清理时可供出售的残留部分（如当作废料利用的材料和零件等）的价值，它可以用来抵补一部分设备的原值。设备资产的清理费用是指设备在清理报废时，因拆除、搬运、整理和办理手续等的各项费用支出。根据企业会计制度规定，固定资产净残值率按照固定资产原值5%确定。特殊情况，如净残值率高于5%的，由企业自主决定，并报主管财政机关备案。在建设项目中的经济分析中，折旧年限是根据项目的固定资产经济寿命决定的，因此，固定资产的残余价值较大，净残值率一般可选择10%。个别行业，如港口等，可选择高于10%的净残值率。

企业应该根据固定资产的性质和使用情况，合理确定固定资产的使用寿命和预计净残值。固定资产的使用寿命、预计净残值一旦确定，不得随意变更。但《企业会计准则》规定，企业至少应于每年年度终了，对固定资产的使用寿命、预计净残值和折旧方法进行复核。

2.3.2.3 固定资产寿命

确定固定资产使用寿命，应当考虑的因素包括：(1) 预计生产能力或实物产量；(2) 预计有形磨损和无形磨损；(3) 法律或者类似对固定资产使用的限制。

国家有关部门对各类固定资产折旧的最短年限做出如下规定：房屋、建筑物20年；飞机、火车、轮船、机器、机械和其他生产设备10年；与生产经营活动有关的器具、工具、家具等5年；飞机、火车、轮船以外的运输工具4年；电子设备3年。若采用综合折旧方法，项目的生产期即为折旧年限。在建设项目的经济分析中，对轻工、机械、电子等行业的折旧年限，一般可确定为8~15年；有些项目的折旧年限可确定为20年；对港口、铁路、矿山等项目的折旧年限可选择30年或30年以上。

2.3.3 固定资产计提范围

根据我国财务会计制度的有关规定，计提折旧的固定资产范围包括：房屋、建筑物；在用的机器设备、仪器仪表、运输车辆、工具器具；季节性停用和在修理停用的设备；以经营租赁方式租出的固定资产；以融资租赁方式租入的固定资产。结合我国的企业管理水平，将固定资产分为三大部分、二十二大类，按大类实行分类折旧。在进行建设项目的经济分析时，可分类计算折旧，也可综合计算折旧，要视项目的具体情况而定。

2.3.4 固定资产折旧计算方法

我国现行的固定资产折旧方法，一般采用平均年限法、工作量法或加速折旧法。

2.3.4.1 平均年限法

平均年限法亦称直线法，即根据固定资产的原值、估计的净残值率和折旧年限计算折旧。采用这种方法计算的每期折旧额都是相等的。其计算式为：

$$\text{年折旧费}=\frac{\text{固定资产原值}-\text{预计净残值}}{\text{折旧年限}} \tag{2-5}$$

每年固定资产折旧额与固定资产原值之比称为固定资产年折旧率。

2.3.4.2 工作量法

工作量法是根据每年固定资产的工作量大小来确定该年的折旧数额，具体地，根据固定资产的原值、预计的净残值率和总工作量计算年折旧费。其计算式为：

$$单位里程折旧费=\frac{原值\times（1-预计净残值）}{规定的总行驶里程} \tag{2-6}$$

$$年折旧费=单位里程折旧费\times年实际行驶里程 \tag{2-7}$$

$$每工作小时折旧费=\frac{原值\times（1-预计净残值率）}{规定的总工作小时} \tag{2-8}$$

$$年折旧费=每工作小时折旧费\times年实际工作小时 \tag{2-9}$$

2.3.4.3 加速折旧法

加速折旧法又称递减折旧法，是指在固定资产使用初期提取折旧较多，在后期提取较少，使固定资产价值在使用年限内尽早得到补偿的折旧计算方法。加速折旧的方法主要有双倍余额递减法和年数总和法。

A 双倍余额递减法

双倍余额递减法是以平均年限法确定的折旧率的双倍乘以固定资产在每一会计期间的期初账面净值，从而确定当期应提折旧的方法。其计算公式为：

$$年折旧率=(2/折旧年限)\times100\% \tag{2-10}$$

$$年折旧费=年初固定资产账面净值\times年折旧率 \tag{2-11}$$

实行双倍余额递减法的固定资产，应当在其固定资产折旧年限到期前两年内，将固定资产净值扣除预计净残值后的净额平均摊销，即最后两年的折旧计算方法为平均年限法。

B 年数总和法

年数总和法是以固定资产原值扣除预计净残值后的余额作为计提折旧的基础，按照逐年递减的折旧率计提折旧的一种方法。采用年数总和法的关键是确定每年的折旧率。其计算公式为：

$$年折旧率=\frac{折旧年限-已使用年数}{折旧年限\times（折旧年限+1)/2}\times100\% \tag{2-12}$$

$$年折旧费=(固定资产原值-预计净残值)\times年折旧率 \tag{2-13}$$

例题 2-1 一台机器购置费为 10 万元，折旧年限为 4 年，残值率为 10%，分别用四种方法计算折旧额。

解：(1) 平均年限法：

$D=(100000-10000)/4=22500$ 元 $=2.25$ 万元

则每年折旧费为 2.25 万元，故每月折旧费为 1875 元。

(2) 工作量法：若该设备可以使用 100 个台班。

单位台班折旧费 $=(100000-10000)/100=900$ 元

若第 1 年运行 30 个台班，第 2 年运行 20 个台班，第 3 年运行 40 个台班，第 4 年运行 10 个台班，则：

第 1 年折旧费 $=2.7$ 万元　　第 2 年折旧费 $=1.8$ 万元

第 3 年折旧费 = 3.6 万元　　第 4 年折旧费 = 0.9 万元

(3) 双倍余额递减法：$f=2/4=50\%$

第 1 年折旧费 = $10\times50\%$ = 5 万元

第 2 年折旧费 = $(10-5)\times50\%$ = 2.5 万元

第 3 年折旧费 = 第 4 年折旧费 = $(10-5-2.5-1)/2$ = 0.75 万元

(4) 年数和法：

第 1 年折旧费 = $(10-1)\times4/(1+2+3+4)$ = 3.6 万元

第 2 年折旧费 = $(10-1)\times3/(1+2+3+4)$ = 2.7 万元

第 3 年折旧费 = $(10-1)\times2/(1+2+3+4)$ = 1.8 万元

第 4 年折旧费 = $(10-1)\times1/(1+2+3+4)$ = 0.9 万元

2.4 成　本

成本通常是指为获得商品和服务所需支付的费用，往往发生在生产运营期内。由于成本的含义非常广，不同的条件下需要应用不同的成本概念解决问题。

2.4.1 总成本费用

总成本费用也称会计成本，是会计记录在公司账册上的客观有形的支出，包括生产和销售过程中发生的原料、动力、工资、租金、广告、利息等支出。按照我国财务制度，总成本费用由生产成本和期间费用组成。其中，期间费用包括管理费用、财务费用和销售费用。

生产成本是生产单位为生产产品或提供劳务而发生的各项生产费用，包括各项直接支出和制造费用。直接支出包括直接材料（原材料、辅助材料、备品备件、燃料及动力等）、直接人工（生产人员的工资、补贴）、其他直接支出（如福利）；制造费用是指企业内的分厂、车间为组织和管理生产所发生的各项费用，包括分厂、车间管理人员工资、折旧费、维护费、修理费及其他制造费用（办公费、差旅费、劳保费等）。

期间费用是指企业本期发生的、不能直接或间接记入营业成本，而是直接计入当期损益的各项费用。包括管理费用、财务费用和销售费用。

管理费用是指企业行政管理部门为管理和组织经营而发生的各项费用，包括管理人员工资、福利费、折旧费、修理费、技术转让费、无形资产和递延资产摊销费及其他管理费用（办公费、差旅费、劳保费、土地使用费等）。

财务费用是指为筹集资金而发生的各项费用，包括生产经营期间发生的利息净支出及其财务费用（汇兑净损失、银行手续费等）。

销售费用是指为销售产品和提供劳务而发生的各项费用，包括销售部门人员工资、职工福利费、其他销售费用（广告费、办公费、差旅费）。

2.4.2 机会成本

机会成本是指将有限资源用于某种特定的用途而放弃其他各种用途的最高收益。机会成本并不是实际发生的成本，而是观念上的成本。因此，会计账本上不会计入机会成本，但机会成本对决策却非常重要。例如，某人有资金 10 万元，他可以将该笔资金用于存款获取利息 2000 元，也可以将该笔资金用于购买债券获取债券利息 3000 元，还能将其用于购买股票获取股息 5000 元，则此人将 10 万元用于存款的机会成本为 5000 元，将 10 万元用于购买债券的机会成本为 5000 元，将 10 万元用于购买股票的机会成本为 3000 元。但究竟该如何抉择？不能只看机会成本。每个人接受风险的能力和对风险的喜好不同，所以还应结合考虑风险态度，再进行决策。又如，某企业有一台多用机床，可以自用，也可以出租，出租可以获得 7000 元的年净收益，自用可产生 6000 元的年净收益。当舍弃出租方案采用自用方案时，其机会成本为 7000 元；当舍去自用方案而采用出租方案时，其机会成本为 6000 元。如何抉择呢？若不考虑其他因素，则应该出租该机床。但若考虑这台设备是企业生产必须使用的，就得看将设备出租后，如何解决企业自身使用设备的问题及其成本支出。

2.4.3 经济成本

经济成本是计入财务账册的实际支出成本，包括显性成本和隐形成本。例如，企业购买原材料、设备、劳动力、支付借款利息等，是企业实际的显性支出。又如，某人利用自己的地产和建筑物作为企业的营业场所，那么此人放弃了向别的厂商出租土地和房子的租金收入，也放弃了受雇于别的企业而可赚得的工资，这些隐性成本并没有列入企业的账册，导致经营利润偏高。而事实上，以自己拥有的资源投入，存在着自有要素的机会成本，都应看作是实际生产成本的一部分。因此，在经营决策时，应运用经济成本概念，经济成本是显性成本和隐性成本之和。

2.4.4 沉没成本

沉没成本是指过去已经支出而现在已无法得到补偿的成本。它对企业决策不起作用，它主要表现为过去发生的事情，费用已经支付，事后尽管可能认识到这项决策是不明智的，但木已成舟，今后的任何决策都不能取消这项支出。

例如，某企业在四年前购买设备花费 10 万元，四年累计折旧为 4 万元，目前账面余值为 6 万元，但该设备目前的市场价值为 5 万元，则该设备的沉没成本为 6 万-5 万=1 万元。这 1 万元的沉没成本是因为计算折旧时，采用的折旧计量方式不妥导致账面余值高于市场价值。沉没成本在设备决策更新中应用。

2.4.5 经营成本

经营成本是指在一定期间（通常为一年）内由于生产和销售产品及提供劳务而实际发生的现金支出。它不包括虽计入产品成本费用、但实际没发生现金支出的费用项目。在技术方案财务分析时，经营成本一般按下式计算：

$$\text{经营成本}=\text{总成本费用}-\text{折旧费}-\text{摊销费}-\text{财务费用} \tag{2-14}$$

可见，经营成本不包括折旧费、摊销费（指无形资产和递延资产的摊销费）和利息支出等费用。在经济效果评价中，现金流量表反映技术方案在计算期内逐年发生的现金流入和现金流出。由于建设投资已经在其发生的时间作为一次性支出被计入现金流出，在技术方案建成后建设投资形成固定资产、无形资产和其他资产。折旧是建设投资所形成的固定资产的补偿价值，如将折旧随成本计入现金流出，会造成现金流出的重复计算。同样，由于无形资产及其他资产摊销费也是建设投资所形成资产的补偿价值，只是技术方案内部的现金转移，而非现金支出，故为避免重复计算也不予考虑。贷款利息是使用借贷资金所要付出的代价，对于技术方案来说是实际的现金流出，但在评价技术方案总投资的经济效果时，并不考虑资金来源问题。故在这种情况下，不考虑贷款利息的支出。由此可见，经营成本是技术方案现金流量表中运营期现金流出的主体部分，是从技术方案本身出发考察的，在一定期间内由于生产和销售及提供劳务而实际发生的现金支出。

2.4.6 变动成本和固定成本

按照与产量的关系分类，成本可以分为变动成本和固定成本两种。固定成本指在一定产量范围内不随产量变动而变动的费用，如固定资产折旧费、管理费用等。变动成本指总成本中随产量变动而变动的费用，例如直接原材料、直接人工费、直接燃料和动力费及包装费等。

固定成本的特点是：其总额在一定时期和一定业务量范围内不随产量的增加或减少而变动，但就单位产品成本而言，其中的固定成本部分与产量的增减成反比，即产量增加时，单位产品的固定成本减少。

变动成本的特点是：其总额将随产量的增加而增加，就单位产品成本而言，变动成本部分是固定不变的。

固定成本与变动成本的划分，对于项目盈亏分析及生产决策有重要意义。

例题 2-2 某公司经营多年后面临发展瓶颈，同时业务量越来越少，每年利润逐渐减少甚至出现亏损状态。目前，针对是否承接一项工程任务，展开讨论。该项目工程量为 10 万 m^2，对方给出的承包总价为 300 万元，经过分析，完成该项工程的变动成本为 15 元/m^2，综合税率为 11%。公司应该如何决策？

解：公司决策层具有两个观点：（1）可以承接该工程，因为可以获取利润为 $300-300\times11\%-15\times10=117$ 万元；（2）不能承接这项工程，因为公司的固定成本（公司管理层人员工资福利及差旅等）为 120 万元/年，因此公司承接该工程将亏损，$300-300\times11\%-15\times10-120=-3$ 万元。

固定成本是公司管理层人员组织生产耗费的资金，是不能忽略的。在承接工程项目时，容易忽略这部分费用。在企业成本核算时，通常按照成本归属对象和工作量大小，对相关固定成本进行分摊。例如，若该公司这一年只承接了这一个项目，则 120 万元/年的固定成本都归属该项目上，故按照上述（2）的计算结果，承接该项目就亏损了 3 万元。但是，若公司持续不承担工程项目，一样也面临着发展困难。若预计该公司这一年承接的工程项目不止一个，则按工程量大小将 120 万元/年的固定费用在这些工程项目上进行分摊计入。总之，不管如何抉择，在分析项目利润时是不能忽略固定成本的。而具体的决策与公司的经营理念和具体发展方案相关。

2.4.7 边际成本

边际成本是企业多生产一单位产量所产生的总成本增加。例如，当产量为 1200t 时，总成本为 350000 元；当产量为 1201t 时，总成本为 350410 元，则第 1201t 产量的边际成本等于410元。因为边际成本考虑的是单位产量变动，所以固定成本可以视为不变，因此边际成本实际上是总的变动成本之差。

2.5 税金与税收

税金是国家依据法律对有纳税义务的单位和个人征收的财政资金，是国家凭借政治权利参与国民收入再分配的一种货币形式。在技术方案经济效果评价中合理计算各种税费，是正确计算技术方案效益与费用的重要基础。我国目前的工商税制分为流转税、资源税、收益税、财产税、特定行为税等几类。其中与技术方案经济性评价有关的主要税种是：从销售收入中扣除的增值税、资源税、城市维护建设税和教育费附加，计入总成本费用的房产税、土地使用税、车船税、印花税等，以及从利润中扣除的所得税等。

2.5.1 增值税

增值税是对在中华人民共和国境内销售货物、加工修理修配劳务、服务、无形资产或者不动产（以下称为应税行为）的单位和个人征收的税金。增值税是价外税，纳税人交税，最终由消费者承担。

增值税的征税范围包括：(1) 销售或者进口的货物；(2) 有偿提供加工、修理修配劳务；(3) 有偿发生的应税行为（销售应税服务、销售无形资产、销售不动产）。其中，销售的应税服务指交通运输服务、邮政服务、电信服务、建筑服务、金融服务、现代服务、生活服务。

增值税纳税人分为一般纳税人和小规模纳税人。

一般纳税人的增值税计算公式如下：

$$\text{一般纳税人应纳增值税} = \text{销项税额} - \text{进项税额} \tag{2-15}$$

销项税额是指纳税人发生应税行为按照销售额和规定的增值税税率计算的增值税。

$$\text{销项税额} = \text{销售额} \times \text{适用税率} \tag{2-16}$$

由于增值税是价外税，因此一般计税方法的销售额不包括销项税额，即上式中销售额为税前销售额。若采用销售额和销项税额合并定价方法计算，则按照下式计算：

$$\text{销项税额} = \frac{\text{含税销售额} \times \text{适用税率}}{1 + \text{适用税率}} \tag{2-17}$$

进项税额是指纳税人购进货物、加工修理修配劳务所支付或负担的增值税额。

小规模纳税人的增值税计算式如下：

$$\text{应纳增值税} = \text{税前销售额} \times \text{适用税率} \tag{2-18}$$

$$\text{应纳增值税} = \frac{\text{含税销售额} \times \text{适用税率}}{1 + \text{适用税率}} \tag{2-19}$$

2017年7月1日起，简并增值税税率有关政策正式实施，原销售或者进口货物适用13%税率的全部降至11%，这个调整会涉及农产品、天然气、食用盐、图书等23类产品。2018年3月28日，国务院常务会议决定从2018年5月1日起，将制造业等行业增值税税率从17%降至16%，将交通运输、建筑、基础电信服务等行业及农产品等货物的增值税税率从11%降至10%。2019年4月1日起，增值税一般纳税人发生增值税应税销售行为或者进口货物的税率、境外旅客购物离境退税物品的退税率等均有不同程度下降。2021 年 2 月开始，不同行业的最新的增值税税率又进行了不同程度的降低调整，如建筑服务业的增值税税率调整为 9%，研发技术服务和信息技术服务等现代服务业的增值税税率为 6%。

2.5.2 消费税

消费税是针对特定消费品征收的税金。在经济效果评价中，对使用消费税的产品，消费税实行从价定率、从量定额，或者从价定率和从量定额复合计算的办法计算应纳税额，其计算式如下：

从价定率法：应纳资源税额 = 销售额×比例税率 （2-20）

从量定额法：应纳资源税额 = 销售数量×定额税率 （2-21）

复合计算法：应纳资源税额 = 销售额×比例税率+销售数量×定额税率 （2-22）

2.5.3 资源税

资源税是对在我国境内从事应税矿产品开采和生产盐的单位和个人，就其因资源条件差异而形成的级差收入征收的一种税。资源税分别实行从价定率和从量定额的计税方法。

对于煤炭、原油和天然气、稀土、钨和钼等列入资源税税目的金属矿、非金属矿、海盐等采用从价定率的计税方法，其计算式如下：

应纳资源税额 = 销售额×比例税率 （2-23）

对于经营分散、多为现金交易且难以管控的黏土、砂石，按照便利征管原则，实现从量定额计征，即按应课税资源的产量诚意单位税额计算，其计算式如下：

应纳资源税额 = 课税数量×单位税率 （2-24）

应税金额是指纳税人应税产品的销售金额。适用税额和税率由省级人民政府参照《资源税税目税额幅度表》和《资源税税目税率表》，在规定的税率幅度内提出具体适用税率建议，报财政部、国家税务总局确定核准。对《资源税税目税率幅度表》中未列举名称的其他非金属矿产品，按照从价计征为主、从量计征为辅的原则，具体由省级人民政府确定计征方式。资源税额幅度为每吨 0.3~30 元或每 $1000m^3$ 2~15 元。

2.5.4 城市维护建设税

城市维护建设税是我国为了加强城市的维护建设，扩大和稳定城市维护建设资金的来源，对从事工商经营、缴纳消费税、增值税的单位和个人征收的一种税。城市维护建设税是以纳税人实际缴纳的流转税额为计税依据征收的一种税。从商品生产到消费流转过程中只要发生增值税或消费税的纳税行为，就必须缴纳城市维护建设税，其计算式如下：

应纳税额 = (增值税+消费税)×适用税率 （2-25）

其中税率按纳税人所在地分别规定为：市区 7%，县城和镇 5%，乡村 1%。大中型工矿企业所在地不在城市市区、县城、建制镇的，税率为 1%。

2.5.5 教育费附加

教育费附加是向缴纳增值税、消费税的单位和个人征收的一种费用。它是以纳税人实际缴纳的上述三种税额为附征依据。教育费附加率为 3%。地方教育附加率为 2%。其计算式如下：

$$应纳税额=(增值税+消费税)\times适用税率 \tag{2-26}$$

教育费附加和地方教育费附加与城乡维护建设税、增值税和消费税同时交纳。

例题 2-3 某企业某年度的销售产品的含税收入为 6000 万元，其销项增值税适用税率为 9%，进项税额为 100 万元，则计算该企业缴纳的增值税、城乡维护建设税、教育费附加分别为多少？该企业在县镇。

解： 增值税 = 6000×9%/(1+9%)-100 = 395.41 万元

城乡维护建设税 = 395.41×5% = 19.77 万元

教育费附加 = 395.41×3% = 11.86 万元

地方教育费附加 = 395.41×2% = 7.91 万元

2.5.6 企业所得税

企业所得税是对我国境内企业（不包括个人独资企业和合伙企业）的生产、经营所得和其他所得征收的一种税。“生产、经营所得”是指从事制造业、采掘业、交通运输业、建筑安装业、农林渔牧业、金融业、服务业以及其他行业的生产、经营所得。“其他所得”是指股息、利息（不包括国债利息）、租金、转让各类资产收益，以及营业外收益等。所得税税率为 25%，非居民企业所得税税率为 20%。其计算式为：

$$应交所得税=应纳税所得额\times所得税税率 \tag{2-27}$$

$$应纳税所得额=利润总额\pm税收调整项目金额 \tag{2-28}$$

$$利润总额=产品销售利润+其他业务利润+投资净收益+营业外收入-营业外支出 \tag{2-29}$$

$$产品销售利润=产品销售净额-产品销售成本-税金及附加-销售费用-管理费用-财务费用 \tag{2-30}$$

国家对重点扶持和鼓励发展的产业和项目、符合条件的小型微利企业、需要重点扶持的高新技术企业等实行税收优惠政策。计算所得税时，应注意以下几点：

（1）计税销售收入总额包括销售货物收入、提供劳务收入、转让财产收入、股息红利等投资收益为收入、租金收入、特许权使用费收入、接受捐赠收入和已作坏账处理后又收回到应收款、债务重组收入、补贴收入、违约金收入和汇兑收益等；

（2）财政拨款、行政事业性收费、政府性基金为不征税收入；

（3）企业实际发生的与取得收入有关的合理支出可以扣除，包括成本、费用、税金、损失和其他支出，准予在计算应纳所得税额时扣除；

（4）损失计入扣除部分，包括固定资产的盘亏、毁损、报废损失、呆账损失、坏账损失，自然灾害造成的损失；

（5）公益性捐赠支出，在年度利润总额 12% 以内的部分，准予在计算应纳税所得额时扣除；

（6）固定资产折旧、无形资产摊销、其他长期待摊费用可以扣除；

（7）企业纳税年度发生的亏损，准予向以后年度结转，用以后年度的所得弥补，但结转年限最长不超过 5 年。

2.6 收入、利润和利润率

2.6.1 收入

收入是企业销售产品、提供劳务及让渡资产使用权等日常活动中形成的经济利益的总流入，包括主营业务收入和其他业务收入。广义上的收入包括营业收入、投资收益、补贴收入和营业外收入。

收入的特点包括：

(1) 收入是企业日常活动中产生，不是偶发的交易或事项中产生的。

(2) 收入只包括企业经济利益的流入，不包括为第三方或客户代收的款项。

(3) 收入可能表现为企业资产的增加，也可以表现为企业的负债减少。

(4) 收入和成本对应，应该出现在生产运营期。

销售收入的计算式如下：

$$销售收入=产品产量\times产品单价 \tag{2-31}$$

销售收入中的产品单价按出售的市场价格计算。企业生产的产品只有在市场上被出售，才能给企业带来一定的效益，给社会带来一定的有用的使用价值。因而，销售收入是反映工业企业项目真实效益的一个重要指标，是技术经济分析中现金流量的一个重要项目。

在对技术方案进行经济效果评价时，为计算简便，假定年生产量等于年销售量，不考虑库存。但应注意年销售量应按投产期和达产期分别测算。

补贴收入是指企业可能因相关政策支持而获得的与收益相关的政府补助，包括先征后返的增值税、按销量或工作量等依据国家规定的补助定额计算并给予的定额补贴。

2.6.2 利润

利润反映了企业在一定时期内生产经营活动的经营成果。利润的实现表明了企业生产消耗得到了补偿并取得了盈利。企业利润既是国家财政收入的基本来源，又是企业扩大再生产的重要资金来源。企业利润的表现形式有营业利润、利润总额和净利润。企业的利润总额集中反映了企业经济活动的效益，是衡量企业经营管理水平和经济效益的重要综合指标。净利润表现为企业净资产的增加，是反映企业经济效果的重要指标。

2.6.2.1 营业利润

营业利润是企业利润的主要来源，其计算式如下：

$$\begin{aligned}营业利润=&营业收入-营业成本-营业税金及附加-期间费用-资产减值损失+\\&公允价值变动收益（损失为负）+投资收益（损失为负）\end{aligned} \tag{2-32}$$

期间费用包括管理费用、销售费用和财务费用。资产减值损失指企业计提各项资产减值准备所形成的损失。投资收益是指企业以各种方式对外投资所取得的投资收益减去投资损失后的净额。投资收益包括利润、股利、债券利息和投资到期收回的高于账面价值的差额等。投资损失包括对外投资分担的亏损、投资到期收回的低于账面价值的差额。公允价值变动收益（损失）是指企业进行交易性金融资产等公允价值变动形成的应计入当期损益的利得（或损失）。

2.6.2.2 利润总额

利润总额的计算式如下：

$$利润总额=营业利润+其他业务利润+营业外收入-营业外支出 \tag{2-33}$$

营业外收入和营业外支出是指与企业生产经营无直接关系的各项收入和支出。营业外收入包括固定资产盘盈、处理固定资产净收益、罚款收入、捐赠收入等。营业外支出包括固定资产盘亏、报废损毁、研究与开发失败损失、非常损失、捐赠支出等。

2.6.2.3 税后利润

税后利润，即净利润，其计算式如下：

$$税后利润=利润总额-应缴所得税 \tag{2-34}$$

例题 2-4 某施工企业年度工程结算收入为 2400 万元，营业成本和营业税金及附加为 500 万元，管理费用为 450 万元，财务费用为 150 万元，其他业务收入为 300 万元，投资收益为 150 万元，营业外收入为 200 万元，营业外支出为 80 万元，则企业当年应缴纳所得税为多少万元？所得税率为 25%。

解：营业利润 = 2400-500-450-150+300+150 = 1750 万元

利润总额 = 1750+200-80 = 1870 万元

所得税 = 1870×25% = 467.5 万元

税后利润 = 1870-467.5 = 1402.5 万元

2.6.2.4 经济利润

经济利润，又称超额利润，是指公司或个人在生产经营中产生的总收益减去经济成本和相关税金后得到的余额。经济利润的计算式为：

$$经济利润=会计利润-隐形成本 \tag{2-35}$$

2.6.2.5 边际利润

边际利润为边际收益扣除边际成本后的剩余，即每增加一单位产品产量所增加的利润。边际收益指增加一个单位产品时总收入的增加值，边际成本是企业多生产一单位产量所产生的总成本增加。边际利润的计算式为：

$$边际利润=边际收益-边际成本 \tag{2-36}$$

2.6.3 利润率

2.6.3.1 资本金利润率

资本金利润率是企业的利润总额与资本金总额的比率。资本金是企业吸收投资者投入企业经营活动的各种财产物质的货币表现。资本金利润率的计算式为：

$$资本金利润率=\frac{利润总额}{资本金总额}\times 100\% \tag{2-37}$$

资本金利润率用来衡量投资者投入企业资本金的获利能力。在市场经济条件下，投资者不仅关心企业全部资金所提供的利润，更关心投资者投入的资本金所创造的利润。资本金利润率指标越高，反映企业资本的获利能力越大。资本金利润率还是向投资者分配股利的重要参考依据，一般情况下，向投资者分配的股利率，要低于资本金利润率。

2.6.3.2 销售收入利润率

销售收入利润率是企业的利润总额与销售净收入的比率，销售收入利润率反映企业每百元销售收入所创造的利润。一般情况下，销售收入利润率越高越好。其计算式为：

$$销售收入利润率=\frac{利润总额}{销售收入净额}\times 100\% \tag{2-38}$$

2.6.3.3 成本费用利润率

成本费用利润率是企业的利润总额与成本费用总额的比率。它反映了投入与产出之间的比例关系，一般情况下，企业在一定时期内的成本费用水平越低，利润总额越高，则企业的投入产出效果越好。成本费用利润率的计算式为：

$$成本费用利润率=\frac{利润总额}{成本费用总额}\times 100\% \tag{2-39}$$

思考与练习

2-1 简述经济效果的内涵和表达形式，并举例说明各类表达形式的指标。

2-2 简述投资的含义，并分析投资的组成。

2-3 分析固定资产与流动资产之间的关系。

2-4 简述四种折旧方法的异同，并分析设备购置费、折旧费和预计净残值的关系。

2-5 一台机器购置费为 20 万元，折旧年限为 5 年，残值为 1 万元。（1）分别用平均年限法、双倍余额递减法和年数总和法计算每年的折旧额和每月的折旧额。（2）若该设备可以运行 10000 里程，单位里程的折旧费为多少？第 3 年运行了 500 里程，则采用工作量法计算第 3 年的年折旧。

2-6 简述并举例说明各类成本的含义。

2-7 简述矿山生产企业在生产过程中应缴纳的税种及其计算方法。

3 资金的时间价值及等值计算方法

学习目标

1. 掌握资金时间价值的含义。
2. 掌握衡量资金时间价值的尺度和计算方法。
3. 掌握资金等值计算模型及方法。
4. 掌握名义利率和实际利率的含义。

背景资料

某团队拟将其自主研发的技术产品投入生产，建设生产基地和进行生产运营，预计前期投资500万元，自筹资金200万元，其余资金将向银行贷款。通过初步调查，有A、B、C三家银行可以提供贷款。该团队如何选择贷款银行？如何制定和选择还款方案？最终还款多少万元？

为了制定合理的贷款方案，该团队必须搜集3家银行的贷款利率和计息周期等信息，发现A银行的利率最低，年实际利率为10%。再结合自身情况，考虑项目运行初期的资金压力较大，因此采用等额本息法还款，借款最短时间为6年。基于以上信息，利用资金的时间价值理论中等额支付系列等值计算方法，制定的还款方案为：确定A银行贷款300万元，贷款时间为6年，贷款年实际利率为10%，则每年末还款的本息和为68.88万元，6年内累计还款为413.28万元。

3.1 现金流量和现金流量图

3.1.1 现金流量的概念

现金流量是指特定经济系统在一定时期内（如年、半年、季度等）现金流入数量和现金流出数量。特定经济系统可以是一个建设项目、一个企业、一个地区、一个部门或一个国家。流入该经济系统的现金称为现金流入，通常用 *CI*（Cash Input）表示。流出该经济系统的现金称为现金流出，通常用 *CO*(Cash Output）表示。在同一时点上，现金流入与现金流出之差称为净现金流量，通常用 $(CI-CO)_t$ 表示。净现金流量大于零，则表示该时点有净收益，净现金流量小于零，则表示该时点有净支出。

现金流量的三个要素包括现金流量的大小、现金流量的方向和现金流量的作用点。其中，现金流量的大小指现金的数量。通常将现金流入记为“+”，将现金流出记为“-”。现金流量可能发生在某期期初、期中或期末，本书不做特殊说明时，一般假定现金流量发生在该期的期末。

3.1.2 现金流量图

现金流量图是指能反映特定经济系统现金流量运动状态的图式，即把经济系统的现金流量绘入一个时间坐标中，表示各个时间点发生的现金流入和现金流出的情况。通常从特定经济系统的视角和具体的工作内容，合理地确定现金流量的方向、大小及其作用点。例如，某企业四年前从银行借款 300 万元，利率为 10%，复利计息，四年后还款 439 万元。当站在银行的角度考虑，现金流量图如图 3-1 所示。

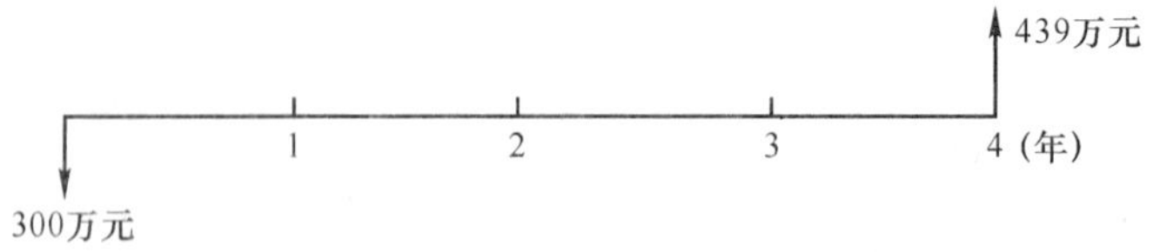

图 3-1 现金流量图

绘制现金流量图的规则如下：

(1) 以横轴为时间轴，向右延伸表示时间的延续，轴上刻度单位可以是年、月、季度等。

(2) 现金流量为垂直于时间轴的箭线线段，现金流量的性质（方向）是相对特定的主体而言的。

(3) 箭线长短与现金流量数值大小本应成比例，但适当体现各点现金流量数值差异。

(4) 箭线与时间轴的交点即为现金流量发生的时点，通常表示时点末。

工程项目寿命周期里的各个阶段，现金流量的构成要素不同，反映技术方案各个时期内资金的用途、货币收支状态和物质形态转化方式的差异。在建设期里，现金流出表现为固定资产投资、无形资产投资和递延资产投资等；生产运营期里，现金流出表现为流动资金投资、生产成本和税金等，现金流入表现为收入、固定资产回收余值和流动资金回收等。

3.2 资金时间价值及其等值计算

3.2.1 资金时间价值

3.2.1.1 资金时间价值的概念

投入一笔资金，即使不考虑通货膨胀因素，经过一段时间后，资金的价值将增加。因此，资金随时间延续发生的增值，即为资金的时间价值。资金随着时间延续发生增值，其实质原因为：资金进入流通领域，与劳动力相结合，生产出产品，反映了劳动力在生产过程中创造的剩余价值，再通过销售环节使产品价值得以实现，最终获取利润，从而使资金增值。利息也是资金时间价值的一种表现，投资者将资金存于银行，放弃了现期消费，故银行因占用资金付出利息，给予投资者必要的补偿。

3.2.1.2 资金时间价值的尺度

衡量资金时间价值的尺度包括利率和利息。利率是指资金在单位时间内产生的增值（利润或利息）与投入的资金额（本金）之比，它是衡量资金时间价值的相对尺度，记作 i。利息是指放弃使用资金应获得的补偿或占用资金应付出的代价，它是衡量资金时间价值的绝对尺度。利息计算方法分为单利法和复利法。单利计息法指仅以本金为基数计算利息的方法。复利计息法指以上期的本利和为基数计算利息的方法。单利计息法和复利计息法的计算公式如式（3-1）和式（3-2）所示。相同情况下，复利计息法计算的利息高于单利计息法计算的利息。当贷款本金 P 为 10 万元，贷款年利率 10%，贷款年限为 4 年，则按单利法和复利法分别计算的本息和 F 的差异，见表 3-1。

$$F = P(1 + ni) \tag{3-1}$$

$$F = P(1 + i)^n \tag{3-2}$$

表 3-1 单利法和复利法的计息差异 （%）

年份	单利法		复利法	
	年末未还本利和	当年利息	年末未还本利和	当年利息
1	11.0	1.0	11.0	1.0
2	12.0	1.0	12.1	1.1
3	13.0	1.0	13.3	1.2
4	14.0	1.0	14.6	1.3

因复利计息与资金在社会再生产过程中运动的实际状况相符，因此一般采用复利法计息。

3.2.1.3 名义利率和实际利率

实际经济活动中，资金的计息周期和资金的收付周期都分为年、半年、季、月、周、日等。资金的计息周期和收付周期是否相同，将影响计息结果。必须正确理解名义利率和实际利率的含义。

名义利率通常为年利率。实际利率分为计息周期实际利率和年实际利率。计息周期实际发生的利率称为计息周期实际利率。当计息周期小于一年时，计息周期实际利率乘以一年中计息的次数，可以确定名义利率。若名义利率为 r，一年中计息次数为 m，则计息周期利率为 r/m，根据利率的概念，可以按式（3-3）计算年实际利率 $i_{\text{eff年}}$。当 $m=1$ 时，名义利率等于计息周期实际利率。当 $m>1$ 时，年实际利率大于名义利率。当 $m\to\infty$，则可以确定连续复利，见式（3-4）。由表 3-2 可知名义利率和实际利率的差别。

$$i_{\text{eff年}} = \frac{P\left(1 + \frac{r}{m}\right)^m - P}{P} = \left(1 + \frac{r}{m}\right)^m - 1 \tag{3-3}$$

$$i_{\text{eff年}} = \lim_{m\to\infty}\left[\left(1 + \frac{r}{m}\right)^m - 1\right] = e^r - 1 \tag{3-4}$$

表 3-2 名义利率和实际利率的差异

名义利率	计息方式	计息次数	计息周期	计息周期利率 $\frac{r}{m}$/%	年实际利率 $i_{eff年}$/%
$r=12\%$	每年计息 1 次	1	年	12	12.00
	每半年计息 1 次	2	半年	6	12.36
	每季度计息 1 次	4	季度	3	12.55
	每月计息 1 次	12	月	1	12.68

可见，随着计息周期缩短，一年内计息次数越多，计息周期利率越小，年实际利率越大。也可以根据收付周期和计息周期的实际情况，计算季度实际利率、半年实际利率等。如名义利率为 12%，每月计息 1 次，则计息周期利率为 1%，年实际利率为 12.68%，季度实际利率为 $(1+1\%)^3-1=3.03\%$，半年实际利率为 $(1+1\%)^6-1=6.15\%$。

3.2.2 资金等值计算

3.2.2.1 资金等值的概念

考虑资金的时间价值，不同时点上数额不等的两笔资金在一定利率条件下具有相等的价值，则称这两笔资金等值。影响资金等值的因素有三个：资金额大小、资金周转时间长短和利率的大小。如图 3-2 所示，第一年初的资金 100 万元、第一年末的资金 110 万元和第二年末的 121 万元，在利率 10%的条件下是等值的。

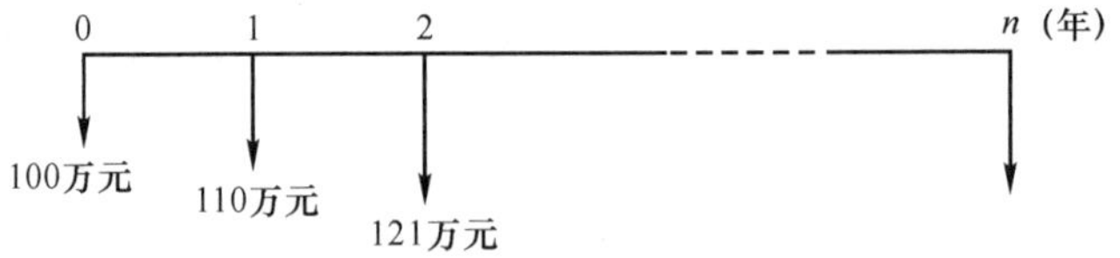

图 3-2 资金等值的内涵

利用等值概念，可以将任意时点发生的资金金额换算成另一任意时点的等值金额，这一计算过程被称为资金等值计算。若将未来发生的资金 F 换算到现在时点的等值金额 P，这一过程称为贴现或折现。贴现时所用的利率称贴现率或折现率。F 也被称为终值，P 也被称为现值，现值和终值是相对的。若每年发生数额相等的资金，则称之为年金 A。

3.2.2.2 资金等值计算模型

实践中，根据技术方案发生的资金流分布状态，可以分为一次支付等值计算模型、等额支付等值计算模型和等差支付等值计算模型三类。

A 一次支付等值计算模型

一次支付等值计算模型如图 3-3 所示，现值 P 和终值 F 的计算式见式（3-5）和式（3-6）。

$$P=F(1+i)^{-n}=F(P/F, i, n) \tag{3-5}$$

$$F=P(1+i)^{n}=P(F/P, i, n) \tag{3-6}$$

系数 $(1+i)^{-n}$ 和系数 $(1+i)^{n}$ 分别称为一次支付现值系数和一次支付终值系数，也可用符号（P/F，i，n）和（F/P，i，n）表示，可由附表查阅获取。利用一次支付等值计算模型（见图 3-3），可以解决两类问题：（1）已知 P，求 F；（2）已知 F，求 P。

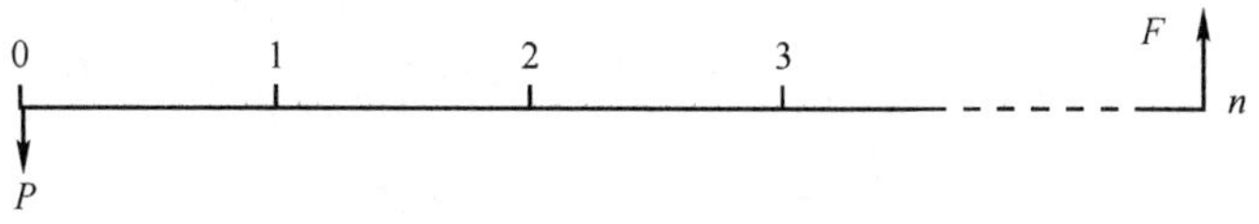

图 3-3　一次支付模型图

例题 3-1　某施工企业从银行借款 100 万元，限期 3 年，年利率为 8%，复利计息。（1）到期一次还本付息，则企业 3 年内一共偿还多少本利和？（2）若按年计息并于每年末付息，到期还本，则 3 年内企业一共需偿还多少本利？

解：一次支付模型图如图 3-4 和图 3-5 所示。

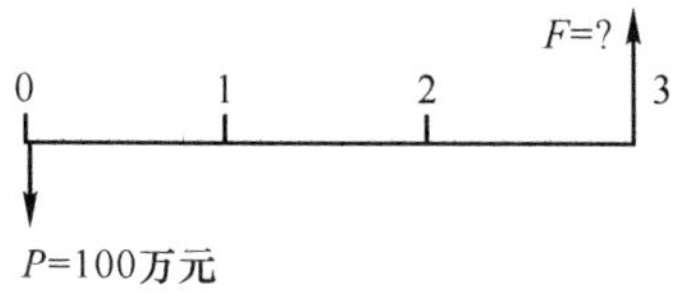

图 3-4　到期一次支付本息和

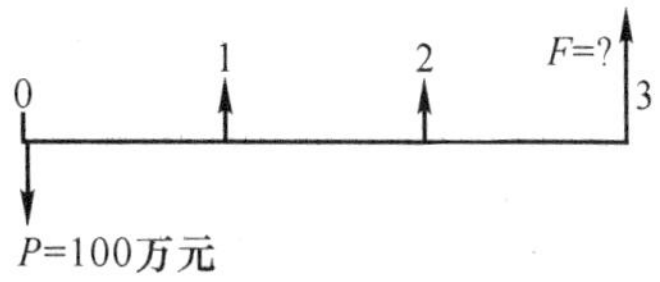

图 3-5　每期末还利息，到期偿还本金

（1）$F=100$（F/P，8%，3）= 125.97 万元

（2）$F=100+100\times8\%\times3=124.00$ 万元

例题 3-2　某人为了在 5 年后获得 10 万元，年利率为 5%，复利计息，则现在应该存入银行多少万元？

解：一次支付模型图如图 3-6 所示。

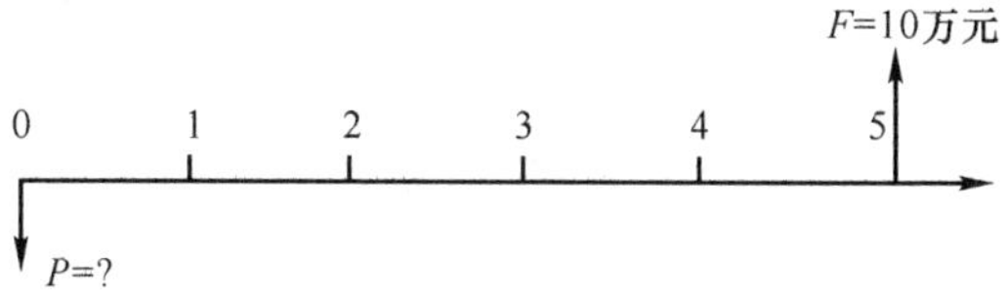

图 3-6　一次支付现金流量图

$P=10$（P/F，5%，5）= 7.83 万元

B　等额分付等值计算模型

等额分付等值计算模型分为两类情况，包括现值 P 和年金 A 的关系、终值 F 和年金 A 的关系。$F-A$ 的标准计算模型图如图 3-7 所示，其计算公式见式（3-7）和式（3-8）。

$$F=A\frac{(1+i)^{n}-1}{i}=A(F/A,\ i,\ n) \tag{3-7}$$

$$A=F\frac{i}{(1+i)^{n}-1}=F(A/F,\ i,\ n) \tag{3-8}$$

系数$\frac{(1+i)^n-1}{i}$和系数$\frac{i}{(1+i)^n-1}$分别称为等额分付年金终值系数和等额分付偿债基金系数，也可用符号（F/A，i，n）和（A/F，i，n）表示，可由附表查阅获取。利用这两个计算模型，可以解决两类问题：(1) 已知A，求F；(2) 已知F，求A。

P-A的标准计算模型图如图 3-8 所示，其计算公式见式（3-9）和式（3-10）。

$$P = A\frac{(1+i)^n-1}{i(1+i)^n} = A(P/A,\ i,\ n) \tag{3-9}$$

$$A = P\frac{i(1+i)^n}{(1+i)^n-1} = P(A/P,\ i,\ n) \tag{3-10}$$

系数$\frac{(1+i)^n-1}{i(1+i)^n}$和系数$\frac{i(1+i)^n}{(1+i)^n-1}$分别称为等额分付年金现值系数和等额回收基金系数，也可用符号（P/A，i，n）和（A/P，i，n）表示，可由附表查阅获取。利用这两个计算模型，可以解决两类问题：(1) 已知A，求P；(2) 已知P，求A。

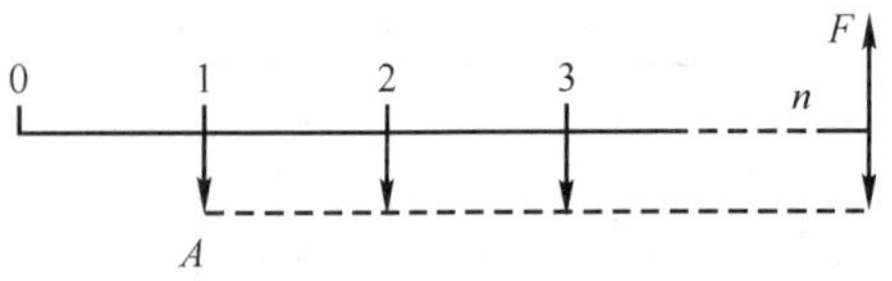

图 3-7　F-A 模型图

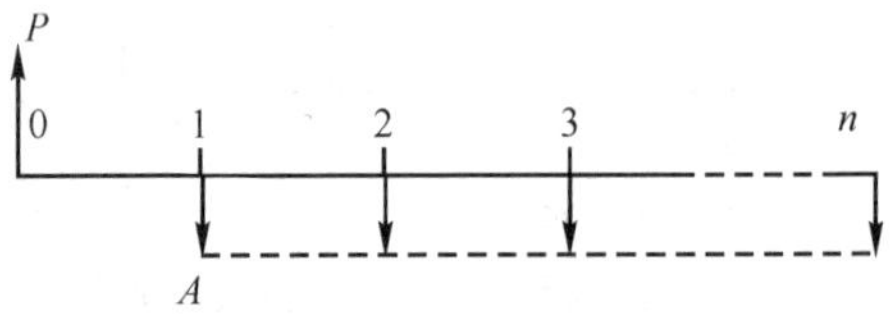

图 3-8　P-A 模型图

由图 3-7 可知，第n年末资金的终值总额F等于各年存入资金A在第n年的终值总和，即$F=A(1+i)^{n-1}+A(1+i)^{n-2}+\cdots+A(1+i)+A$。按照等比级数求和公式，确定年金终值公式（见式（3-7））。

由图 3-8 可知，若把等额分付A视为n个一次支付组合，利用一次支付现值公式可推导等额分付现值的计算过程如下，按照等比级数求和公式，可以确定等额分付现值公式（见式（3-9））。

$$P = \frac{A}{(1+i)} + \frac{A}{(1+i)^2} + \cdots + \frac{A}{(1+i)^n}$$

例题 3-3　某人期望 5 年内每年年末从银行提款 10000 元，该银行年利率为 10%，按年复利计息，则应在期初存入银行多少元？若他期望 5 年内每年年初从银行提款 10000 元，该银行年利率为 10%，按年复利计息，则又应该在期初存入银行多少元？

解：等额分付支付模型如图 3-9 和图 3-10 所示。

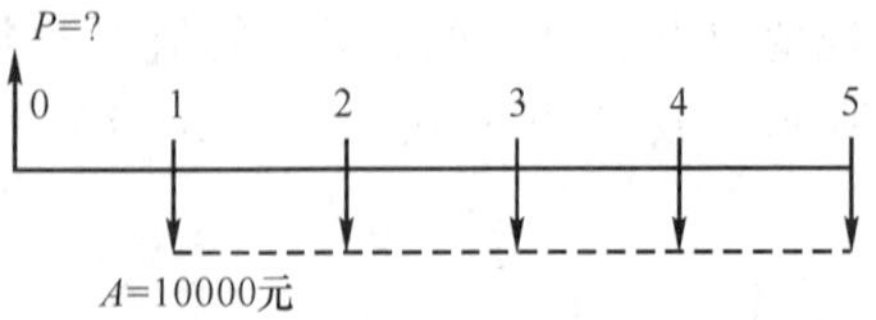

图 3-9　银行的现金流量图（年末支付）

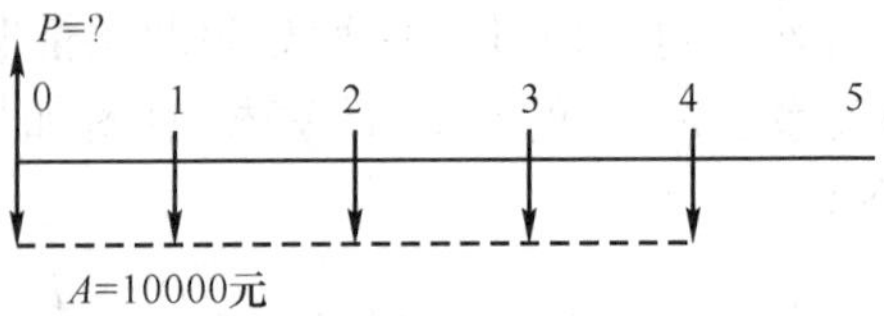

图 3-10　银行的现金流量图（年初支付）

年末支付的情况：

10000（P/A，10%，5）= 10000×3.7908 = 37908 元

年初支付的情况：

10000（P/A，10%，5）（F/P，10%，1）= 10000×3.7908×1.1 = 41699 元

例题 3-4　某人从现在起每年年末存款 1000 元，存款年利率为 12%，期末一次支付利息，则第 5 年年末本利和为多少元？若他从现在起每年年初存款 1000 元，存款年利率为 12%，期末一次支付利息，则第 5 年年末本利和为多少元？

解：等额分付支付模型如图 3-11 和图 3-12 所示。

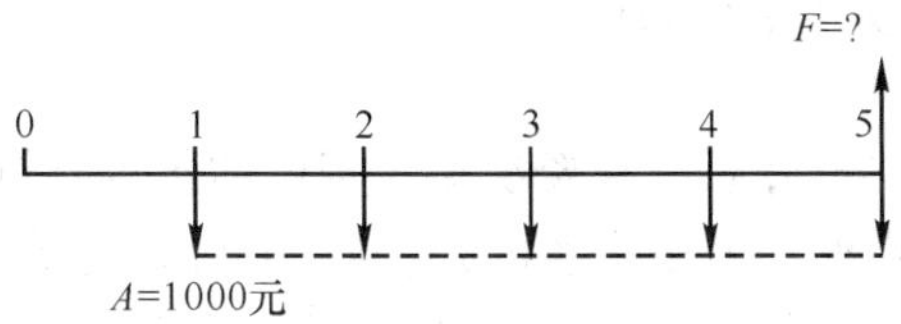

图 3-11　某人存款现金流量图（年末支付）

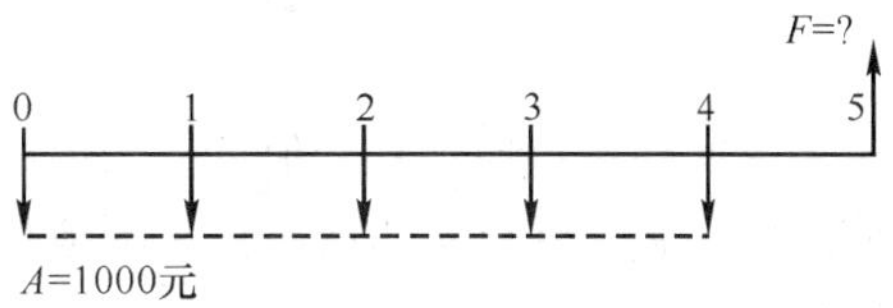

图 3-12　某人存款现金流量图（年初支付）

年末支付：1000（F/A，12%，5）= 1000×6.353 = 6353 元

年初支付：1000（F/A，12%，5）（F/P，12%，1）= 1000×6.353×1.1 = 7115 元

C　等差分付等值计算模型

等差分付现金流量的分布特点是：在一定的基础数值上，现金流量逐期等差增加或逐期等差减少。一般地，将第 1 期期末的现金流量作为基础数值，从第 2 期期末开始逐期等差递增或逐期等差递减，其现金流量图如图 3-13 所示。终值 F、年值 A 和现值 P 的计算公式见式（3-11）~式（3-13）。

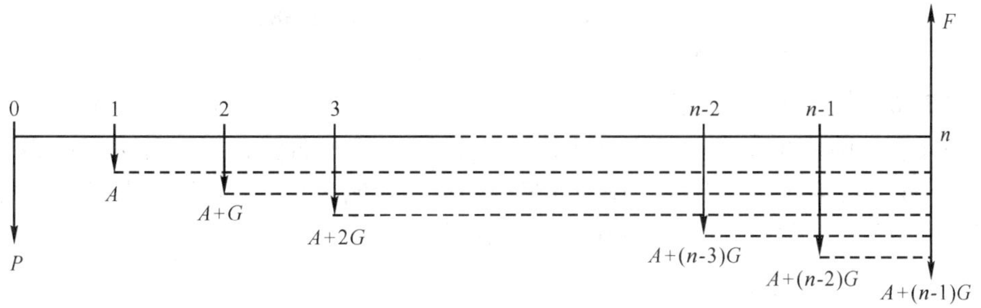

图 3-13　F-P-G 模型图

$$F_G = G\left[\frac{(1+i)^n - 1}{i^2} - \frac{n}{i}\right] = G(F/G,\ i,\ n) \tag{3-11}$$

$$P_G = G\left[\frac{(1+i)^n - 1}{i^2(1+i)^n} - \frac{n}{i(1+i)^n}\right] = G(P/G,\ i,\ n) \tag{3-12}$$

$$A_G = G\left[\frac{(1+i)^n - 1}{i^2} - \frac{n}{i}\right]\left[\frac{i}{(1+i)^n - 1}\right] = G(A/G,\ i,\ n) \tag{3-13}$$

系数$\frac{(1+i)^n-1}{i^2}-\frac{n}{i}$、系数$\frac{(1+i)^n-1}{i^2(1+i)^n}-\frac{n}{i(1+i)^n}$和$\left[\frac{(1+i)^n-1}{i^2}-\frac{n}{i}\right]\left[\frac{i}{(1+i)^n-1}\right]$分别称为等差分付终值系数、等差现值系数和等差年值系数，也可用符号（F/G，i，n）、（P/G，i，n）和（A/G，i，n）表示，可由附表查阅获取。利用这三个计算模型，可以解决三类问

题及其互逆问题：（1）已知 A、G，求 P；（2）已知 A、G，求 P；（3）已知 G，求 A。

生产实践中，还有等比系列的等值计算模型，但相对应用较多的是一次支付等值计算模型、等额分付等值计算模型和等差分付等值计算模型。在应用中，一般将所讨论问题的现金流量绘制出来，再利用以上等值计算模型计算和分析。在应用过程中，要注意这些计算模型中 F、A 和 P 之间的相对位置关系，才能正确地应用计算模型解决问题。

3.3　资金等值计算的应用

资金时间价值原理和等值计算公式广泛应用于财务管理、投资决策、资产估价等领域。在应用中，必须结合实际情况，灵活应用等值计算模型。值得注意的是，F、A 和 P 的等值计算模型可以相互转换，因此，对于同一个问题，可以采用不同的计算模型进行分析。

例题 3-5　某企业向银行贷款 100 万元，银行年利率为 10%，每季度复利计息一次，则该企业在四年后偿还贷款金额为多少万元？

解：资金等值计算模型如图 3-14 和图 3-15 所示。

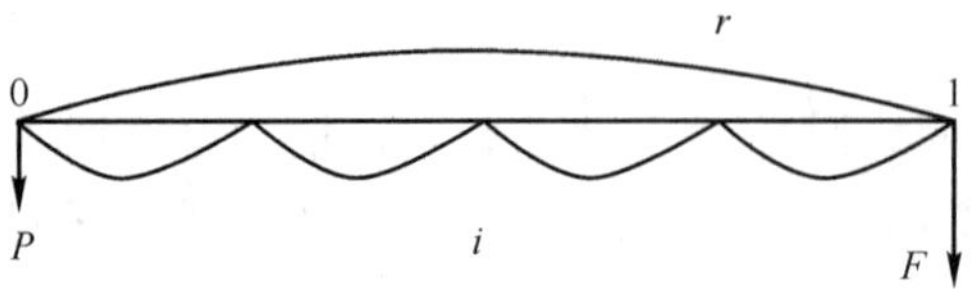

图 3-14　名义利率和年实际利率的关系图

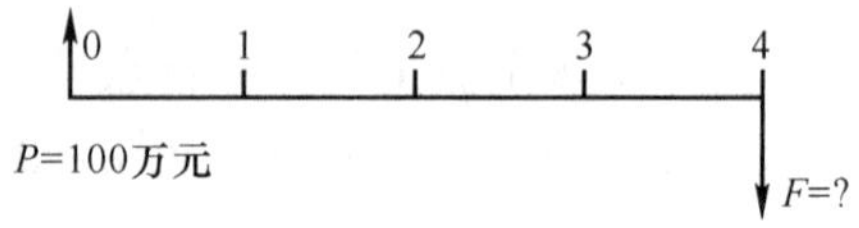

图 3-15　某企业贷款现金流量图

$$i_{\text{eff年}} = [P(1+2.5\%)^4 - P]/P = 10.38\%$$

$$F = 100(F/P, 10.38\%, 4) = 100(F/P, 2.5\%, 16) = 148.44 \text{ 万元}$$

例题 3-6　某人期望 5 年内每年年末向银行存款 10000 元，该银行年利率为 10%，按半年复利计息，则他在 5 年后可以获得多少本息和？某人期望 5 年内每半年向银行存款 10000 元，该银行年利率为 10%，按季度复利计息，则他在 5 年后可以获得多少本息和？

解：资金等值计算模型如图 3-16～图 3-19 所示。

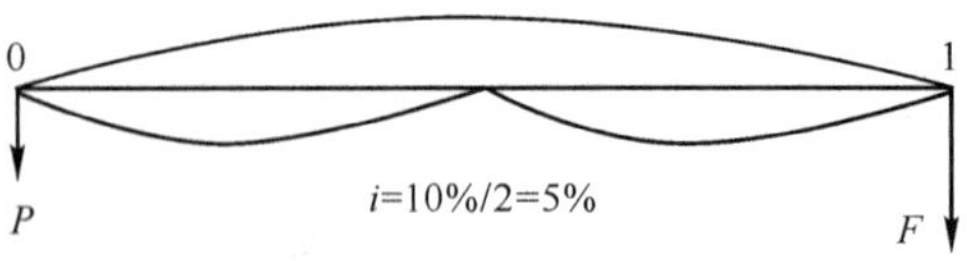

图 3-16　名义利率和年实际利率的关系图
（按半年复利计息）

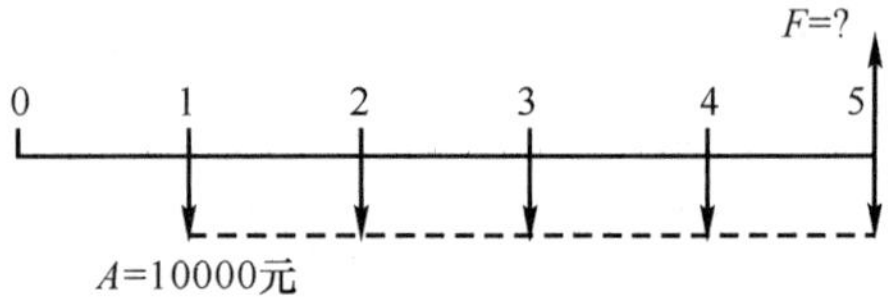

图 3-17　某人存款现金流量图
（半年计息，年末支付）

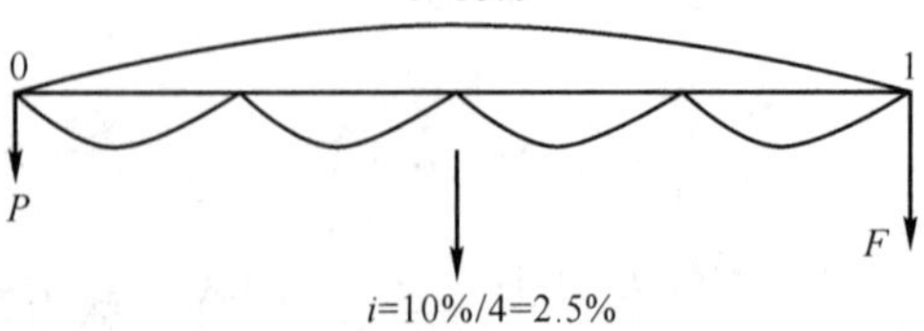

图 3-18　名义利率和年实际利率的关系图
（按季度复利计息）

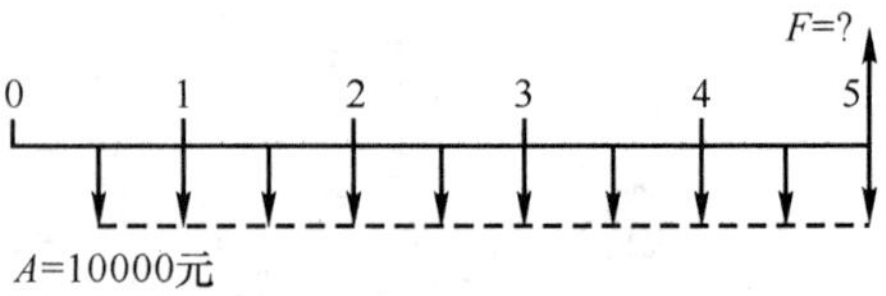

图 3-19　某人存款现金流量图
（季度计息，年末支付）

按半年复利计息（见图 3-16 和图 3-17），则年实际利率为 $i_{eff年}=[P(1+5\%)^2-P]/P=10.25\%$

年末支付的情况：10000（F/A，10.25%，5）= 61355.57 元

按季度复利计息（见图 3-18 和图 3-19），则 $i_{eff半年}=[P(1+2.5\%)^2-P]/P=5.06\%$

每半年支付的情况：10000（F/A，5.06%，10）= 126146.46 元

例题 3-7 某公司拟购买大型设备，价值 600 万元，有两种付款方式选择：(1) 一次性支付，优惠 8%；(2) 分期付款则不享受折扣，首次支付必须达到 50%，第 1 年年末付款 30%，第二年年末付款 20%。若企业利用自有资金购买设备，自有资金的机会成本为 10%，则采用哪种付款方式？若企业借款购买设备，借款利率为 15%，则应选择哪种付款方式？

解：资金等值计算模型如图 3-20 所示。

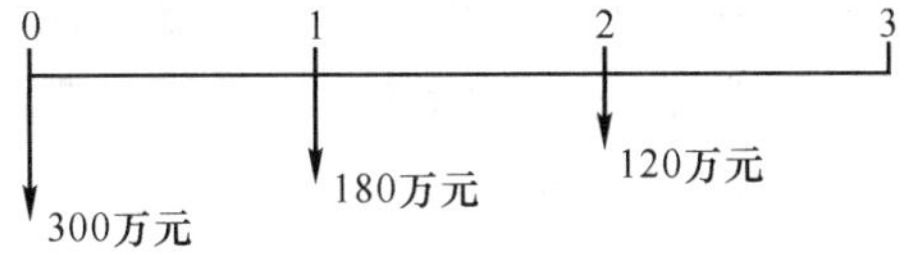

图 3-20　某企业贷款现金流量图

(1) 若采用自有资金购买设备，则：

1) 一次性付款为 600×(1-8%) = 552 万元

2) 分期付款，则按现金流量图 3-20，计算实际付款的现值为

$P=600\times50\%+600\times30\%(P/F, 10\%, 1)+600\times20\%(P/F, 10\%, 2)=562.81$ 万元

因此，应该采用一次性付款方式。

(2) 若采用借款购买设备，则：

1) 一次性付款为 600×(1-8%) = 552 万元

2) 分期付款，则按现金流量图 3-20，计算实际付款的现值为

$P=600\times50\%+600\times30\%(P/F, 15\%, 1)+600\times20\%(P/F, 15\%, 2)=547.26$ 万元

因此，应该采用分期付款方式。

例题 3-8 某保险公司向客户推荐一种产品，若客户连续 10 年每年末存款 1 万元，则客户在第 20 年后可以获取 20 万元，则该客户是否应该购买这个产品？（该客户希望获利 10%）

解：资金等值计算模型如图 3-21 所示。

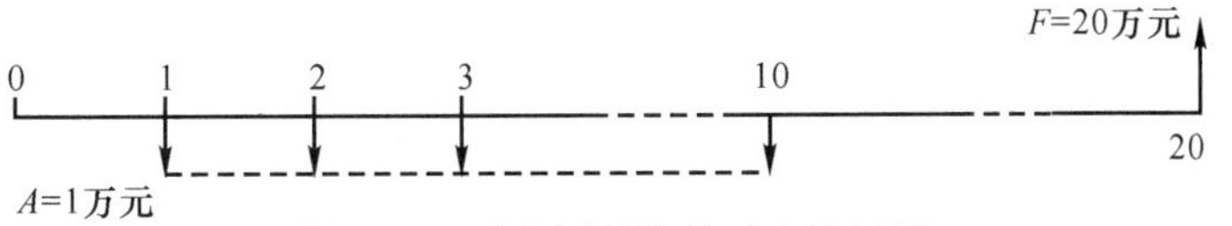

图 3-21　某人买保险的现金流量图

$F=1(F/A, 10\%, 10)(F/P, 10\%, 10)=1\times15.937\times2.594=41.34$ 万元 >20 万元

所以该客户不应该投资。

例题 3-9 某人投资 8 年前购买一套住房，花费 100 万元，在 8 年期间每年获取净收益 10 万元，现有人以 140 万元价格购买这套房产，则他是否出售此房产？（此人希望获

利 10%）

解：资金等值计算模型如图 3-22 所示。

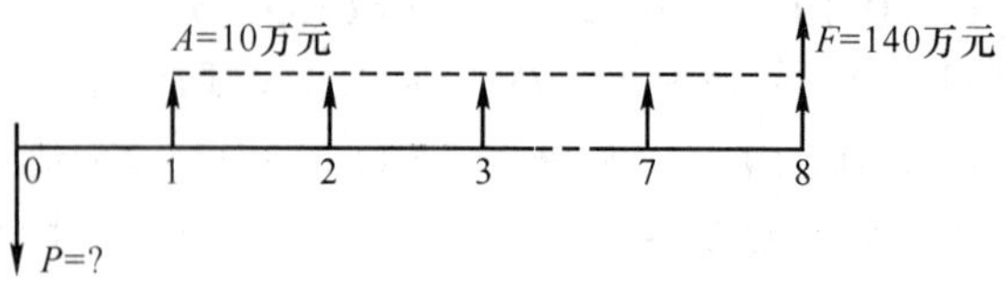

图 3-22 某人房产投资现金流量图

$P=140(P/F, 10\%, 8)+10(P/A, 10\%, 8)=140\times0.4665+10\times5.3349$

$=118.66$ 万元>100 万元

所以此人应该以 140 万元出售此房产。

例题 3-10 某企业第 1 年年初和第 1 年年末分别向银行借款 30 万元，年利率均 10%，复利计息，第 3~5 年年末等额本息偿还全部借款，则每年年末偿还金额多少万元？

解：资金等值计算模型如图 3-23 所示。

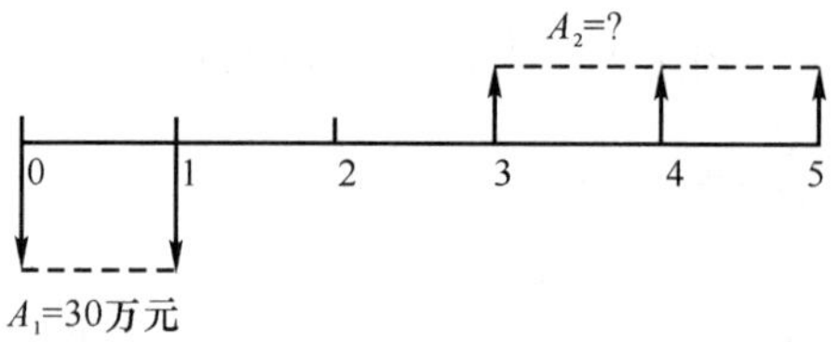

图 3-23 银行的现金流量图

$30(1+10\%)^2+30(1+10\%)=36.3+33.0=69.3$ 万元

$A=69.3(A/P, 10\%, 3)=27.87$ 万元

思考与练习

3-1 某施工企业年初从银行借款 200 万元，按季度计息并支付利息，季度利率为 1.5%，则该企业一年支付的利息总计为多少万元？

3-2 某企业现在向银行借款 350 万元，年利率 8%，经过 4 年后，一次还本付息多少万元？

3-3 某企业现在向银行借款 350 万元，年利率 8%，一年计息 4 次，经过 4 年后，一次还本付息多少万元？

3-4 某企业现在每年年末向银行存款 20 万元，年利率 6%，5 年后可以得到多少万元？

3-5 某企业现在每年年初向银行存款 20 万元，年利率 6%，5 年后可以得到多少万元？

3-6 某企业现在每年年末向银行存款 20 万元，年利率 6%，半年计息一次，5 年后可以得到多少万元？

3-7 某企业现在每年年初向银行存款 20 万元，年利率 6%，半年计息一次，5 年后可以得到多少万元？

3-8 某企业向银行贷款，甲银行年利率为 8%，按月计息，乙银行年利率为 8%，按季度计息，丙银行年利率为 8%，按年计息，则应向哪家银行贷款？

3-9 名义利率和实际利率的差异有哪些？

3-10 某人从 25 岁参加工作起至 59 岁，每年存入养老金 5000 元，若利率为 6%，则他在 60~74 岁间每年可以领到多少钱？

3-11 某企业获得 10 万元贷款，偿还期 5 年，年利率为 10%，试就下面四种还款方式，分别计算 5 年还款总额及还款额的现值。

(1) 每年年末还 2 万元本金及所欠利息；

(2) 每年年末只还所欠利息，本金在第五年末一次还清；

(3) 每年年末等额偿还本金和利息；

(4) 第 5 年末一次还清本金和利息。

3-12 简述名义利率和实际利率的概念及其关系。

3-13 简述资金等值的含义和等值计算模型的类型。

3-14 举例说明现金流出、现金流入和净现金流量的含义。

3-15 叙述现金流量图的绘制步骤和注意事项。

3-16 结合第 2 章和本章的知识，举例说明项目建设和运营期间的现金流入和现金流出的具体表现形式或经济要素。

4 技术方案的经济评价方法

学习目标

1. 掌握经济效果评价指标体系。
2. 掌握单一方案经济效果评价方法的步骤、特点、判定标准和适用条件。
3. 掌握多方案经济效果评价方法步骤、特点、判定标准和适用条件。

背景资料

某团队自主研发某技术产品，根据技术的可行性，拟定了甲、乙、丙 3 个技术方案，并参照相关技术经济资料，搜集并预测了 3 个技术方案的投资、生产成本、销售收入等经济要素数据为：甲、乙、丙 3 个方案的投资额分别为 3000 万元、4000 万元和 3200 万元，三个方案的年净收益分别为 700 万元、800 万元和 750 万元，项目残值都为 0。通过研究项目产品在市场上的适用期限和技术更新的情况，确定项目 3 个技术方案的寿命期都为 8 年。该团队如何从经济角度选择技术方案？

该团队将这 3 个技术方案视为互斥关系，考虑项目收益率为 15%，采用财务净现值法对 3 个方案的财务净现值进行计算，其结果分别为：$NPV_{甲}=141.11$ 万元，$NPV_{乙}=-410.16$ 万元，$NPV_{丙}=165.48$ 万元。则可以选择丙方案执行。

4.1 经济效果评价指标体系及分类

一般地，经济效果具有综合性特征，应从多个角度分析项目的经济效果。经济效果评价指标多种多样，分别从不同角度反映工程技术方案的经济性。各类指标各自独立且相互联系，构成了项目经济评价的指标体系，如图 4-1 所示。

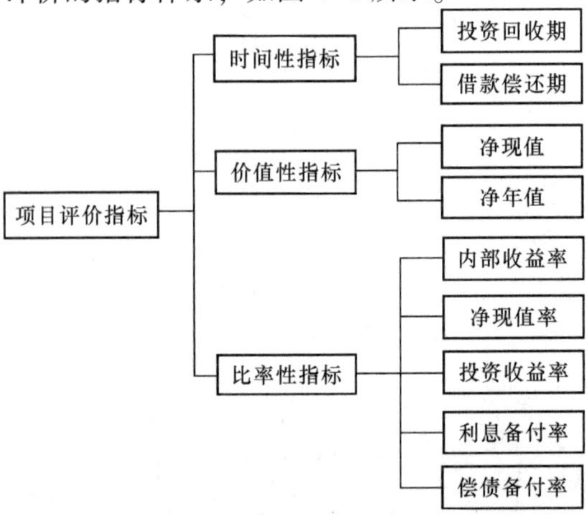

图 4-1 经济评价指标体系

项目经济效果评价指标可分为时间性指标、价值性指标和比率性指标。这三类指标从不同的角度说明项目的经济性，其计算步骤不同，也有各自的适用范围和特点。根据建设项目经济效果评价的需要，选用合适的评价指标及方法，从不同角度对项目的经济效果进行分析和评价，从而使经济效果的评价结果更全面、更科学、更准确。

考虑资金的时间价值，也可将经济效果评价方法分为静态评价方法和动态评价方法两类。不考虑资金时间价值的评价方法称为静态评价方法；考虑资金时间价值的评价方法称为动态评价方法。静态评价方法的计算简单、直观，但由于评价时没有考虑资金的时间价值，适用于短期投资项目、逐年收益大致相当的项目和进行粗略评价的项目。动态评价方法适用于长期投资项目和需要进行详细评价的项目。静态评价指标包括静态投资回收期、借款偿还期、投资收益率、利息备付率和偿债备付率等，动态评价指标包括动态投资回收期、净现值、净年值和内部收益率等。

一般地，项目经济评价分为盈利能力评价、清偿能力评价和财务生存能力评价。对应地，经济评价指标也可以分为盈利能力指标、清偿能力指标和财务生存能力指标。盈利能力指标包括投资回收期、总投资收益率、资本金净利润率、净现值、内部收益率、净现值率、净年值。清偿能力指标包括利息备付率、偿债备付率和资产负债率。通常采用净现金流量和累计盈亏资金分析财务生存能力。

4.2 经济评价指标

4.2.1 投资回收期法

投资回收期法，又叫投资返本期法或投资回收的期限，就是用投资方案所产生的净收益回收全部投资所需的时间。对于投资者来说，投资回收期越短，则其所冒风险越小。投资回收期通常从建设项目开始投入之日算起，包括建设期。如果从投产年算起时，应予以注明。时间单位通常用“年”表示。

4.2.1.1 静态投资回收期

静态投资回收期是在不考虑资金时间价值因素条件下，以项目净收益回收项目全部投资所需要的时间。它反映项目方案在财务上的投资回收能力，是考察项目投资盈利水平的经济效益指标。投资回收期 T_p（以年表示）的计算公式如下：

$$\sum_{t=0}^{T_p}(CI-CO)_t=0 \tag{4-1}$$

式中，T_p 为静态投资回收期；CI 为现金流入量；CO 为现金流出量；$(CI-CO)_t$ 为第 t 年的净现金流量。

根据实践情况，其具体计算又分以下两种情况：

（1）若投资一次完成，并且投产后各年的净现金流量相同，则静态投资回收期的计算公式如下：

$$T_p=\frac{I}{A} \tag{4-2}$$

式中，I 为项目投入的全部资金；A 为每年的净现金流量 $(CI-CO)_t$。

（2）若投资分几次完成，并且投产后各年的净现金流量不相同，则静态投资回收期可根据累计净现金流量求得（见图 4-2），也就是使得累计净现金流量为零的时刻。此时项目投资所产生的净收益恰好回收了前期的投资。其计算公式如下：

T_p =（累计净现金流量出现正值的年份数-1）+
上年累计净现金流量的绝对值/出现正值年份的净现金流量 （4-3）

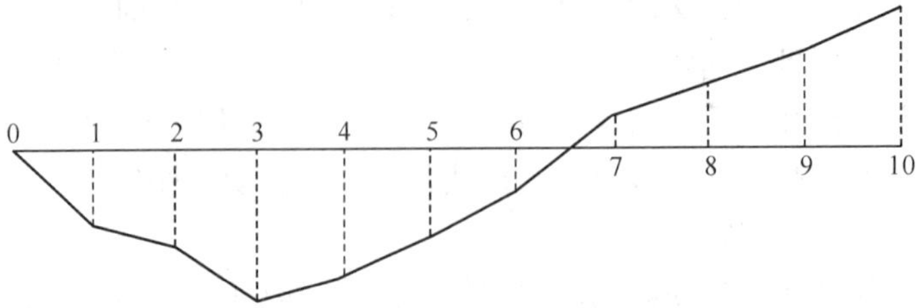

图 4-2 投资回收期示意图

静态投资回收期的评价准则：$T_p \leq T_c$，可行；$T_p > T_c$，不可行。其中，T_c 为行业基准投资回收期。

4.2.1.2 动态投资回收期

动态投资回收期是指在考虑资金时间价值条件下，设定一定的基准收益率，以项目的净收益收回项目全部投资所需要的时间，其计算公式如下：

$$\sum_{t=0}^{T'_p} (CI - CO)_t (1 + i_c)^{-t} = 0 \tag{4-4}$$

式中，i_c 为基准折现率。

计算 T'_p 更为实用的计算式如下：

T'_p =（累计净现金流量折现值出现正值的年份数 - 1）+
上年累计折现值的绝对值 / 出现正值年份的折现值 （4-5）

静态投资回收期指标容易理解，计算也简便，在一定程度上显示了资本的周转速度。一般地，资本周转速度越快，静态投资回收期越短，风险越小，技术方案抗风险能力越强。因此，在技术方案经济评价中一般都要求计算静态投资回收期，以反映技术方案原始投资的补偿速度和技术方案的投资风险性。对于技术更新快或资金短缺的技术方案，投资者又特别关心资金补偿的技术方案，采用静态投资回收期特别有实用意义。但不足之处是，静态投资回收期没有全面地考虑技术方案整个计算期内现金流量，只考虑投资回收之前的效果，不能反映投资回收之后的情况。因此，静态投资回收期作为技术方案选择和技术方案排队的评价准则是不可靠的，只能作为辅助评价指标，或与其他指标结合应用。动态投资回收期考虑了资金的时间价值，可以反映整个计算期内的现金流量，更为全面。

例题 4-1 某项目总投资为 1500 万元，其中固定资产投资为 1440 万元，流动资金为 60 万元，正常年产品数量为 20000 件，此项目共产出产品数量为 98000 件，有关基础数据见表 4-1。i_c=12%，T_c=4.5 年，n=6 年。

表 4-1 基础数据 (万元)

项目	建设期	生产期						合计
		投产年	正常年				减产年	
	0	1	2	3	4	5	6	
生产负荷%		40	100	100	100	100	50	
现金流入 *CI*	0	360	900	900	900	900	610	
销售收入		360	900	900	900	900	450	
固定资产残值							100	
流动资金回收							60	
现金流出 *CO*	1500	208	490	490	490	490	235	
建设资产投资	1440							
流动资金	60							
经营成本		120	300	300	300	300	150	
增值税及附加		88	190	190	190	190	85	
净现金流量	-1500	152	410	410	410	**410**	375	667
累计净现金流量	-1500	-1348	-938	-528	**-118**	**292**	667	
现值系数（$i_c=12\%$）	1.000	0.8929	0.7972	0.7118	0.6355	0.5674	0.5066	
净现金流量现值	-1500	136	327	292	260	233	190	-62
累计净现金流量现值	-1500	-1364	-1037	-745	-485	-252	**-62**	

解：$T_p=5-1+118/410=4.29$ 年$<T_c=4.5$ 可行；$T'_p>6$，项目不可行（$NPV<0$）。

4.2.2 净现值

净现值（*NPV*）是指反映方案在计算期内盈利能力的动态绝对评价指标，指在一定的基准收益率下，分别把整个计算期内各年的净现金流量 $(CI-CO)_t$ 折现到技术方案开始实施时的现值之和。其计算公式如下：

$$NPV=\sum_{t=0}^{n}(CI-CO)_t(1+i_c)^{-t} \tag{4-6}$$

计算出财务净现值，按照以下标准判断：当 $NPV>0$ 时，表明该方案除能达到要求的基准收益率外，还能获取超额收益，故方案可行；当 $NPV=0$ 时，表明该方案正好达到要求的基准收益率水平，该方案经济上合理，方案可行；当 $NPV<0$ 时，表明该方案没有达到要求的基准收益水平，该方案经济上不合理，故方案不可行。

财务净现值指标的优点：考虑了资金的时间价值，并全面考虑了技术方案在整个计算期内现金流量的时间分布情况；经济意义明确直观，能够直接以货币额表示技术方案的盈利水平；判断直观。不足之处为：必须先确定一个符合经济现实的基准收益率，而确定基准收益率是比较困难的。财务净现值不能真正反映技术方案投资中单位投资的使用效率，不能直接说明在技术方案运营期间各年的经营成果，没有给出该投资过程的收益率大小，不能反映投资的回收速度。

例题 4-2 某项目的投资总额为 1000 万元，第一年初投资额为 600 万元，第二年初投资额为 400 万元，第 2 年到第 8 年每年净收益为 300 万元，当基准收益率 $i_c=10\%$，则财务净现值为多少万元？当基准收益率 $i_c=12\%$，则财务净现值为多少万元？

解：现金流量图如图 4-3 所示。

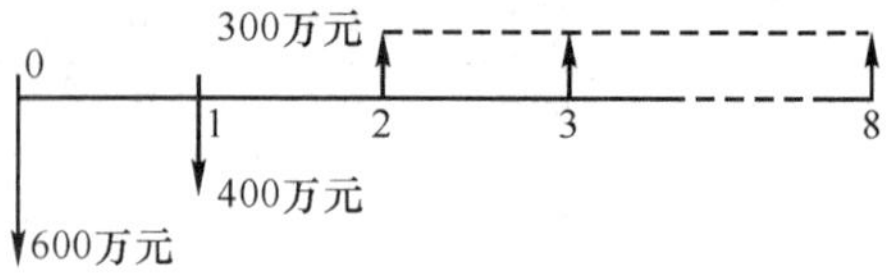

图 4-3 技术方案的现金流量图

$$NPV=-600-400(P/F,\ 10\%,\ 1)+300(P/A,\ 10\%,\ 7)(P/F,\ 10\%,\ 1)=364.12\text{ 万元}$$

$$NPV=-600-400(P/F,\ 12\%,\ 1)+300(P/A,\ 12\%,\ 7)(P/F,\ 12\%,\ 1)=281.05\text{ 万元}$$

可见，当基准收益率增大时，财务净现值减小。在计算财务净现值时，必须首先确定基准收益率。基准收益率也称为基准折现率，是企业或行业投资者以动态的观点所确定的、可接受的技术方案最低标准的收益水平。其实质体现了投资决策者对技术方案资金时间价值的判断和对技术方案风险程度的估计，是投资资金应获得的最低盈利率水平。基准收益率过高或过低都会影响投资决策的结果。因此，基准收益率是一个重要的经济参数。其测定通常考虑一定时期内行业发展战略、发展规划、产业政策、资源供给、市场需求、资金时间价值和技术方案目标等影响，结合行业特点和行业资本构成情况等因素综合测定。

投资者自行测定技术方案的最低可接受财务收益率，还应根据自身的发展战略和经营策略、技术方案特点及风险、资金成本和机会成本等因素综合确定。

资金成本指为取得资金使用权所支付的费用，包括筹资费和资金的使用费。筹资费为筹集过程中发生的各种费用，包括发行股票和债券而支付的注册费和代理费，向银行贷款的手续费等。使用费为因使用资金而向资金提供者支付的报酬，如银行利息和债券利息等。技术方案实施后所获取的利润必须能够补偿资金成本，故基准收益率应不小于资金成本。

投资的机会成本为投资者将有限的资金用于拟实施技术方案而放弃其他投资机会所能获取的最大收益。其表现形式包括收益、利润和利息等。机会成本是在技术方案外部形成的，不是实际支出，在选择方案时应该考虑机会成本的影响。

项目实施中的风险不确定，将影响项目的收益标准。因此，应采用合适的风险贴补率提高基准收益率。若项目风险越高，则风险贴补率越大，则基准收益率越高，那么项目投资立项的可能性就越小。这样就可以较好地限制对风险大、盈利低的项目进行投资，以减少项目失败的可能性。

通货膨胀是由于货币的发行量超过商品流通所需要的货币量而引起的货币贬值和物价上涨现象。在通货膨胀影响下，各类材料费和人工费都会上涨。为反映和评价拟实施方案在未来的真实经济效果，在确定基准收益率时，应考虑其影响。一般地，每年的通货膨胀率是不同的，但为了方便研究，常取一段时间的平均通货膨胀率，即将通货膨胀率视为固定的。

一般地，基准收益率应不低于单位资金成本和单位投资的机会成本，如式（4-7）所示。若技术方案现金流量是按基年不变价格预测估算的，预测结果已排除通货膨胀的影响，按式（4-8）确定基准收益率。若技术方案现金流量是按当年价格预测估算的，则考虑采用通货膨胀率修正基准收益率，按式（4-9）确定基准收益率。

$$i_1 \geqslant \max(\text{单位资金成本，单位投资机会成本}) \tag{4-7}$$

$$i_c = i_1 + i_2 \tag{4-8}$$

$$i_c = i_1 + i_2 + i_3 \tag{4-9}$$

式中，i_2 为投资风险贴补率；i_3 为通货膨胀率。

综上，资金成本和投资的机会成本是确定基准收益率的基础，投资风险和通货膨胀是必须要考虑的影响因素。

4.2.3 净现值率

净现值率 $NPVR$ 的经济含义是单位投资现值所取得净现值额，反映了投资资金的产出效率，常作为净现值指标的辅助指标。净现值率是指按基准折现率求得的方案在计算期内的净现值与其全部投资现值的比率，其计算公式如下：

$$NPVR = \frac{NPV(i_c)}{K_p} \tag{4-10}$$

式中，$NPVR$ 为净现值率；K_p 为项目总投资现值。

4.2.4 净终值

净终值是指以项目计算期末为基准，把不同时间发生的净现金流量按一定的折现率计算到项目计算期末的代数和，一般用 NFV 表示。其计算公式如下：

$$NFV = \sum_{t=0}^{n} (CI - CO)_t (1 + i_c)^{n-t} \tag{4-11}$$

按照以下标准判断：当 $NFV \geqslant 0$ 时，方案可行；当 $NFV<0$ 时，方案不可行。

4.2.5 净年值

净年值是把项目寿命期内的净现金流量，以设定的折现率折算成等值的各年年末净现金流量值，一般用 NAV 表示。其计算公式如下：

$$NAV = \sum_{t=0}^{n} (CI - CO)_t (1 + i_c)^{-t} (A/P,\ i_c,\ n) \tag{4-12}$$

按照以下标准判断：当 $NAV \geqslant 0$ 时，方案可行；当 $NAV<0$ 时，方案不可行。

4.2.6 费用现值和费用年值

费用现值（PC）就是把方案计算期内各年发生的年费用按基准收益率换算成基准年的现值之和。费用年值是将方案计算期内不同时点发生的所有费用支出，按基准收益率折算成等值的支付序列年费用，用 AC 表示。费用现值和费用年值的计算同财务净现值 NPV 和财务净年值 NAV 一样。不同之处为：计算财务净现值和财务净年值时，将现金流入记为“+”，将现金流出记为“-”；计算费用现值和费用年值时，将现金流入记为“-”，现金流出记为“+”。需要计算费用年值和费用现值时，往往现金流量图中，以现金流出为主。

例题 4-3　求解例题 4-2 中的净现值率、净终值、净年值（$i_c=10\%$）。

解：$NPVR=364.12/[600+400(P/F,\ 10\%,\ 1)]=37.79\%$

$NFV=NPV(F/P,\ 10\%,\ 8)=780.52$ 万元

$NAV=NPV(A/P,\ 10\%,\ 8)=68.25$ 万元

例题 4-4　某设备的购置费为 10 万元，在使用的 5 年期间，每年使用费为 1 万元，5 年后残值为 1 万元，请计算费用现值和费用年值（$i_c=10\%$）。

解：现金流量图如图 4-4 所示。

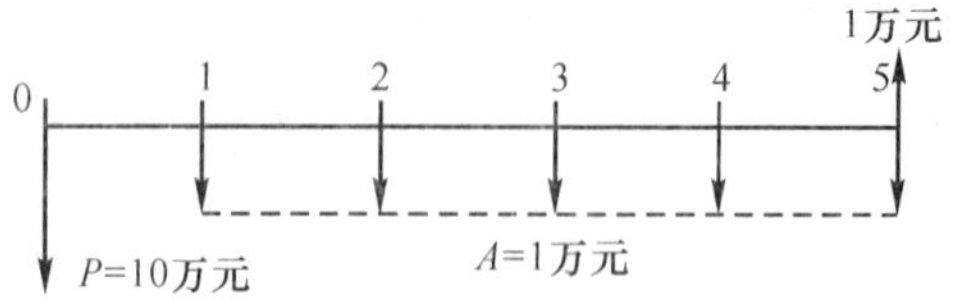

图 4-4　设备使用期现金流量图

$PC=10+1(P/A,\ 10\%,\ 5)-1(P/F,\ 10\%,\ 5)=13.17$ 万元

$AC=10(A/P,\ 10\%,\ 5)+1-1(A/F,\ 10\%,\ 5)=3.47$ 万元

4.2.7　内部收益率

内部收益率又称内部报酬率，反映了方案在计算期内盈利能力的动态绝对评价指标，是指项目在计算期内各年净现金流量的现值累计等于零时的折现率。其计算表达式见式（4-13）。*NPV* 随着 i 增大而逐渐减小，其变化规律关系图如图 4-5 所示。

$$NPV(FIRR)=\sum_{t=0}^{n}(CI-CO)_t(1+FIRR_c)^{-t}=0 \qquad (4-13)$$

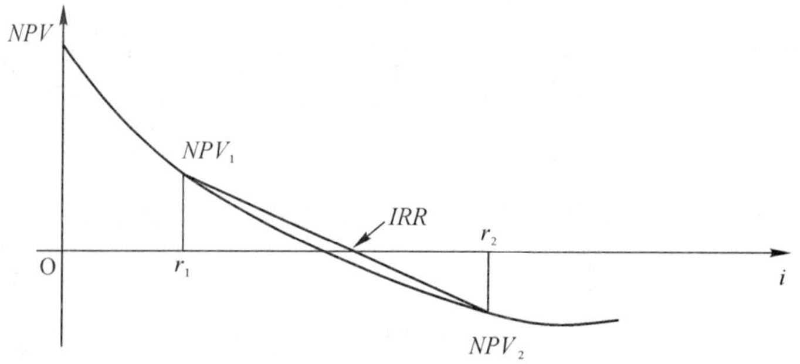

图 4-5　*NPV* 与 i 的变化规律关系图

由于式（4-13）是一个高次方程，直接求解 *IRR* 是比较困难的。因此，在实际应用中通常采用线性插值法求解近似解，其求解步骤如下：

（1）在满足下列两个条件的基础上，预先估计两个适当的折现率 i_1 和 i_2：

1）$i_1<i_2$，且 $i_2-i_1\leqslant5\%$；2）$NPV(i_1)>0$，$NPV(i_2)<0$。

（2）用线性插值法近似求得内部收益率 *IRR*，如图 4-5 所示。

$$IRR = i_1 + \frac{NPV_1}{NPV_1 + |NPV_2|}(i_2 - i_1) \tag{4-14}$$

式中，i_1 为插值用的低折现率；i_2 为插值用的高折现率；NPV_1 为用 i_1 计算的净现值（正值）；NPV_2 为用 i_2 计算的净现值（负值）。

利用内部收益率 IRR，判定项目可行的标准为：当 $IRR \geqslant i_c$ 时，则表明项目的收益率已达到或超过基准收益率水平，项目可行；$IRR \geqslant i_c$ 时，则表明项目的收益率没有达到或超过基准收益率水平，项目不可行。

例题 4-5　某项目的投资总额为 1000 万元，第一年初投资额为 600 万元，第二年初投资额为 400 万元，第 2 年到第 8 年每年净收益为 300 万元，该项目的财务净现值为多少？该项目是否可行？（基准收益率 $i_c = 10\%$）

解：按照图 4-3 绘制的现金流量图，进一步计算过程如下：

$NPV = -600 - 400(P/F, 10\%, 1) + 300(P/A, 10\%, 7)(P/F, 10\%, 1) = 364.12$ 万元

$NPV = -600 - 400(P/F, 15\%, 1) + 300(P/A, 15\%, 7)(P/F, 15\%, 1) = 137.50$ 万元

$NPV = -600 - 400(P/F, 20\%, 1) + 300(P/A, 20\%, 7)(P/F, 20\%, 1) = -32.18$ 万元

$$IRR = 15\% + \frac{137.50}{137.50 + |-32.18|}(20\% - 15\%) = 19.05\%$$

$IRR = 19.05\% > 10\%$，方案可行。

内部收益率的实质是投资（资金）的收益率，由项目现金流量分布情况决定，是内生决定的。项目的内部收益率越高，其经济性也就越好。内部收益率的经济含义是，在项目的整个寿命期内，会始终存在未能收回的投资，只有在寿命期结束时，投资才能被全部收回。因此，内部收益率是未回收投资的收益率。即在寿命期内各个时点，项目始终处于“偿还”未被收回投资的状态，只有到了寿命期结束的时点，才偿还全部投资，并获得 IRR 的回报（见表 4-2）。

表 4-2　投资方案的未回收投资在计算期内的恢复过程（$IRR = 19.9\%$）

第 t 期末	0	1	2	3	4	5	6
现金流量 A_t	-1000	300	300	300	300	300	300
F_{t-1}	—	-1000	-899	-778	-633	-459	-250
iF_{t-1}	—	-199	-179	-155	-126	-91	-50
F_t	-1000	-899	-778	-633	-459	-250	0

内部收益率指标考虑了资金的时间价值，对项目进行动态评价，并考察了项目在整个寿命期内的全部情况；能直观反映方案投资的最大可能盈利能力或最大的利息偿还能力。内部收益率是内生决定的，避免了净现值、净年值、净现值率等指标的计算须事先设定基准折现率的难题。但是，内部收益率指标计算繁琐，非常规项目有多解的现象，分析、检验和判别比较复杂。因此，内部收益率指标往往和净现值指标结合起来使用。

4.2.8　其他效率型指标

4.2.8.1　投资效益率

投资收益率也叫投资效果系数，是指项目达到设计生产能力后的一个正常年份的净收

益额与项目总投资的比率。对生产期内各年的净收益额变化幅度较大的项目，则应计算生产期内年平均净收益额与项目总投资的比率。其计算式如下：

$$R = \frac{A}{I} \times 100\% = \frac{A}{\sum_{t=0}^{m} I_t} \times 100\% \tag{4-15}$$

式中，I 为投资总额；I_t 为第 t 年的投资额；m 为建设期；A 为项目达产后正常年份的净收益或平均净收益；R 为投资收益率。

投资收益率的表达形式有总投资收益率、投资利税率、资本金净利润率。其计算式见式（4-16）~式（4-19）。

$$投资利润率 = \frac{正常年份的年息税前利润}{项目总投资} \times 100\% \tag{4-16}$$

$$投资利润率 = \frac{运营期内平均息税前利润}{建设投资+建设期利息+全部流动资金} \times 100\% \tag{4-17}$$

$$投资利税率 = \frac{正常年份的年利税总额}{项目总投资} \times 100\%$$

$$资本金净利润率 = \frac{NP}{EC} \times 100\% = \frac{正常年份的年净利润}{项目资本金} \times 100\% \tag{4-18}$$

$$资本金净利润率 = \frac{运营期内年平均净利润}{项目资本金} \times 100\% \tag{4-19}$$

式中，净利润等于利润总额与所得税的差额；税前利润为利润总额；年利税总额为销售收入与年总成本的差；息税前利润是利息和税前利润之和。

用投资收益率指标评价投资方案的经济效果的标准为：若 $R \geqslant R_c$，则项目可以考虑接受；若 $R<R_c$，则项目应予以拒绝，其中 R_c 为基准投资收益率。投资收益率指标主要反映投资项目的盈利能力，没有考虑资金的时间价值。投资收益率的经济意义明确、直观、计算简便，可适用于各种投资规模；指标计算的主观随意性强、其确定带有不确定性和人为因素，适用于计算期短、没有详细资料和工艺简单而生产情况变化不大的建设方案选择和投资经济效果评价。当总投资收益率或资本金净利润率高于同期银行利率，适度举债有利；反之，过高的负债比率将损害企业和投资者的利益。总投资收益率或资本金净利润率是衡量技术方案的获利能力，是技术方案筹资决策的依据。

例题 4-6　某项目的建设投资为 1500 万元，借贷资金为 500 万元，建设期 2 年，建设投资产生的利息为 90 万元，全部流动资金为 200 万元（自有资金），投产年的利润为 150 万元，正常年税前利润总额为 650 万元，增值税金及附加为 160 万元，每年支付利息 100 万元，则总投资收益率和资本金净利润率分别为多少？（所得税税率为 25%）

解：投资利润率 = (100+650)×100%/(1500+90+200) = 41.90%

投资利税率 = (650+160)×100%/(1500+90+200) = 45.25%

资本金净利润率 = 650×(1−25%)×100%/(1500−500+200) = 40.63%

4.2.8.2　效益-费用比

如前所述，用动态投资回收期、净现值或者内部收益率等指标评价工程方案（项目）

的经济效果时，都要求达到或超过标准的收益率。这是经营性方案经济决策的基本前提。但是，对于一些非经营性方案而言，投资的目的是为公众创造福利或效果，并非一定要获得直接的超额收益。例如，公路建设产生的公共效益包括汽车速度的提升、缩短运输距离、节约了燃料、汽车维修费用和减少车祸等等。此类项目一般采用效益（B）－费用（C）比对建设方案的经济性进行评价，其计算表达式如下：

$$效益-费用比=\frac{净效益\ B\ 现值（年值）}{净费用\ C\ 现值（年值）} \tag{4-20}$$

判断某一个方案的可行性时，若方案的净效益大于净费用，即 $B-C$ 比大于 1，则这个方案在经济上认为是可以接受的；反之，则不可行。若比较两个方案的优劣时，一般不能简单地根据两方案 $B-C$ 比的大小选择最优方案，而应采用增量指标的比较法，如式（4-21）所示。判断标准为：若即两方案增加的净效益与增加的净费用之比不小于 1，即 $\Delta(B-C)_{2-1}\geqslant 1$，则方案 2 优于方案 1，说明增加的净费用是有利的，即增加的净费用可以带来较大的净收益；反之亦然。通常方案 2 的费用高于方案 1 的费用。

$$\Delta(B-C)_{2-1}=\frac{\Delta B}{\Delta C}=\frac{B_2-B_1}{C_2-C_1} \tag{4-21}$$

例题 4-7 某市正计划建设一条公路，拟定沿河路线与越山路线两个方案，都可以将两条路线的平均车速都提高到 60km/h，日平均流量都是 2000 辆，寿命均为 20 年，且无残值，基准收益率 8%，其他数据见表 4-3，试用增量效益-费用比来比较两条路线的优劣。

表 4-3 公路修建基础数据图

方案	沿河路线	越山路线
全长/km	40	30
初期投资/万元	1350	1800
年维护及运行费/万元·千米$^{-1}$	7	9
大修费每 10 年一次/万元	190	210
运输费用节约/元·(千米·辆)$^{-1}$	0.35	0.45
时间费用节约/元·(时·辆)$^{-1}$	8.0	8.0

解：两种方案的现金流量图如图 4-6 和图 4-7 所示。

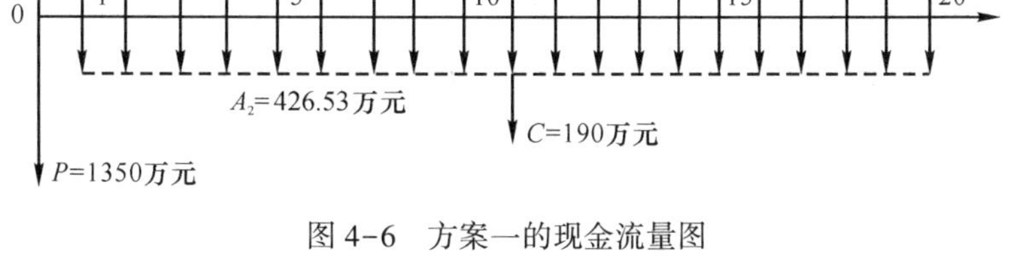

图 4-6 方案一的现金流量图

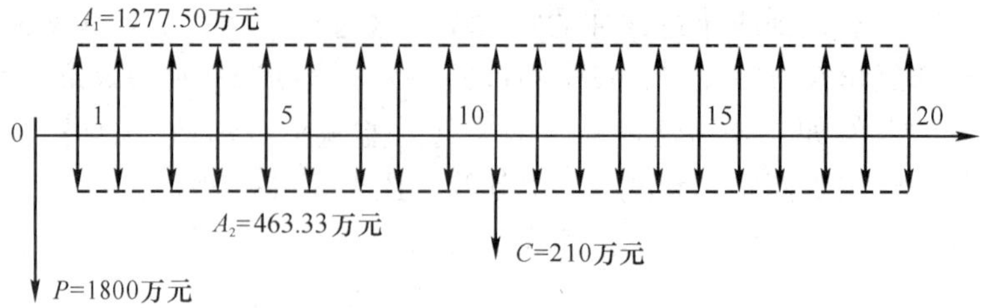

图 4-7　方案二的现金流量图

从公路建设的目的来看，方案的净效益表现为运输费用的节约和公众时间的节约；方案的净费用包括初期投资费用、大修费用以及维护运行费用。因此，用年值分别计算两方案的净效益和净费用。

方案一（沿河路线）：

时间费用节约=2000×365×（1-40/60）×8.0=194.67 万元/年

运输费用节约=2000×365×40×0.35=1022 万元/年

所以，方案一的净效益 B_1=194.67+1022=1216.67（万元/年）

投资、维护及大修等费用（年值）= 7×40+[1350+190(*P/F*，8%，10)](*A/P*，8%，20)= 426.53 万元/年

所以，方案一的净费用 C_1=426.53 万元/年。

方案一的费用效益比=1216.67/426.53=2.85>1，则方案可行。

方案二（越山路线）：

时间费用节约=2000×365×（1-30/60）×8.0=292.00 万元/年

运输费用节约=2000×365×30×0.45=985.50 万元/年

所以，方案二的净效益 B_2=292.00+985.50=1277.50 万元/年

投资、维护及大修等费用（年值）= 9×30+[1800+210(*P/F*，8%，10)](*A/P*，8%，20)= 463.33 万元/年

所以，方案二的净费用 C_2=463.33 万元/年

方案二的费用效益比=1277.50/463.33=2.76>1，则方案可行。

因比，增量效益费用比$_{(2-1)}$ = $(B_2-B_1)/(C_2-C_1)$ = (1277.50-1216.67)/(463.33-426.53)= 1.65>1

也就是说，越山路线（方案二）增加的净费用是值得的，应选择越山路线。

4.3　技术方案的经济评价方法

4.3.1　备选方案类型

在实践中，企业面临着对一组备选方案进行优选，以获得整体投资最优化。因此，要科学地决策，就必须梳理不同建设项目和不同技术方案之间的关系，采用合适的经济评价方法进行分析，最终作出正确的投资决策。

一般地，不同建设项目和不同技术方案之间的关系分为互斥型、独立型和混合型等，如图 4-8 所示。

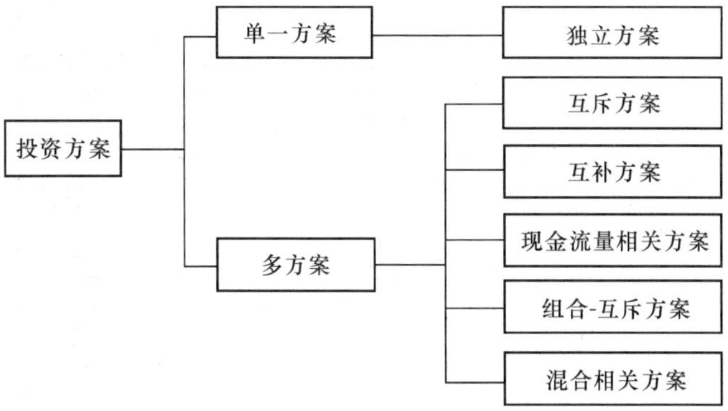

图 4-8 方案类型

4.3.1.1 独立型方案

独立型方案是指方案之间相互不干扰，经济上互不相关的备选方案。其特点是项目之间具有相容性，是否选择某一方案，并不影响对其他方案的选择。这些技术方案的现金流量具有可加性。对独立方案进行选择，主要是采用财务净现值、内部收益率和投资回收期等指标，判断项目自身的可行性，即对方案进行绝对经济效果检验。

4.3.1.2 互斥型方案

互斥型方案是指具有互不相容性（即相互排斥性）特点的若干备选方案。即选择了任何一个方案，就不再选择其他方案。对互斥方案进行选择，主要是采用财务净现值、内部收益率和投资回收期等指标，不仅判断项目自身的可行性，而且要判断这组方案中最优的方案。故对方案必须进行绝对经济效果检验和相对经济效果检验。

互斥性方案的其他表现形式还有互补方案、现金流量相关方案、组合-互斥方案和混合相关方案。

例如，某企业要建造汽车生产基地，则需要建设汽车配件生产车间 A 和汽车装配车间 B，才能形成企业的生产力。故 A 与 B 是项目互补方案。在建造 A 和 B 时，将采用不同的技术，拟定多个方案 A_1、A_2、A_3 和 B_1、B_2、B_3 等。这些方案之间具有互斥关系。

再如，某企业要设互相独立 A、B、C、D 项目，其投资分别为 10000 万元、6000 万元、4000 万元、3000 万元，当资金不受限制时，可按独立方案处理以选择最优；若资金限量为 10000 万元时，则可以将这四个方案组成以下组合：（1）A；（2）B+C；（3）B+D；（4）C+D。这些组合之间具有互斥关系。

又如，过江通行的技术方案有建设桥梁、建设隧道。当人们选择利用桥梁通行方式，则放弃了隧道通行方式。故采用建设桥梁方案，则会影响建设隧道方案的现金流入。因此，建设桥梁和建设隧道这两个方案之间形成了现金流量相关型的关系。

混合相关方案是指：在一组备选方案中，部分方案之间具有互斥关系，部分方案之间具有独立关系。混合型方案的典型结构关系如图 4-9 所示。在该图中，项目之间的关系可以是独立关系或互斥关系，每个项目下属的各个技术方案之间的关系也可以是独立关系和互斥关系。这样就形成了独立关系和互斥关系交互的复杂混合方案关系。

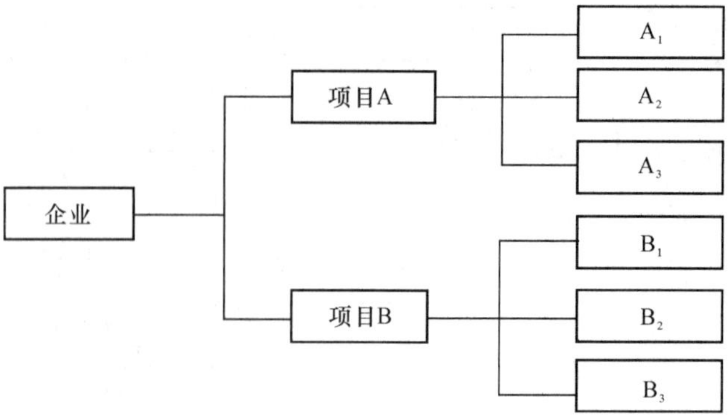

图 4-9　混合方案的典型结构

4.3.2　互斥方案的经济性评价方法

互斥型方案技术经济评价包括两部分内容：一是技术方案进行绝对经济效益评价，即分析各个备选方案自身的经济合理性，将经济效果评价不满足可行要求的方案予以淘汰；二是对技术方案进行相对经济效果评价，即在可行的技术方案中，根据其经济效益的大小，选出最优方案。通常将互斥方案的比较，分为寿命期相等的互斥方案比较和寿命期不等的互斥方案比较两种类型。

4.3.2.1　寿命期相等的互斥方案比较选择

A　净现值法

采用净现值法对寿命期相同的互斥方案进行比选的基本步骤为：计算所有方案的财务净现值，当方案的财务净现值 $NPV<0$ 时，则剔除该方案；将保留的方案（$NPV>0$ 的方案）进行比较，选择净现值最大的方案作为最佳方案。

B　净年值法

采用净年值法对寿命期相同的互斥方案进行比选的基本步骤为：计算所有方案的财务净年值，当方案的财务净年值 $NAV<0$ 时，则剔除该方案；将保留的方案（$NAV>0$ 的方案）进行比较，选择净现值最大的方案作为最佳方案。

C　增量净现值法

增量净现值法也称为差额净现值法，用 ΔNPV 表示。采用增量净现值法对寿命期相同的互斥方案进行比选的基本步骤为：按投资大小由高到低排列备选方案；将前两个方案进行比选，保留较好的方案；将保留方案与第三个方案比选，保留较好的方案，依此类推，得到最优方案。通常地，计算增量净现值 $\Delta NPV_{大-小}$，应将投资大的技术方案与投资小的技术方案的净现金流量的差额作为新方案，求解新方案的净现值，即为差额净现值。其判断标准为：$\Delta NPV_{大-小}=0$，表明增额投资的收益率正好达到了基准收益率，则一般考虑投资大的方案；$\Delta NPV_{大-小}>0$，表明增额投资的收益率超过了基准收益率，则投资大的方案优于投资小的方案，即增加的投资可以通过增加收益获得补偿；$\Delta NPV_{大-小}<0$，表明增额投资的收益率低于基准收益率，则投资大的方案劣于投资小的方案，即增加的投资不能通过增加收益获得补偿。

D 增量内部收益率法

增量内部收益率法也称为差额内部收益率法，增量内部收益率用 ΔIRR 表示。采用增量内部收益率法对寿命期相同的互斥方案进行比选的基本步骤为：按投资大小由高到低排列备选方案；将前两个方案进行比选，保留较好的方案；将保留方案与第三个方案比选，保留较好的方案，依此类推，得到最优方案。通常地，计算增量内部收益率 $\Delta IRR_{大-小}$，应将投资大的技术方案与投资小的技术方案的净现金流量的差额作为新方案，求解新方案的内部收益率，即为差额内部收益率。其判断标准为：$\Delta IRR_{大-小}=i_c$，表明投资大的方案多投资的那部分资金所取得收益的内部收益率恰好等于基准收益率，则在经济上两个方案等值，一般考虑选择投资大的方案；$\Delta IRR_{大-小}>i_c$，表明投资大的方案多投资的那部分资金所取得收益的内部收益率超过了基准收益率，则在经济上投资大的方案优于投资小的方案；$\Delta IRR_{大-小}<i_c$，表明投资大的方案多投资的那部分资金所取得收益的内部收益率低于了基准收益率，则在经济上投资大的方案劣于投资小的方案。

E 费用现值法和费用年值法

当现金流量以费用支出为主时，可以采用费用现值法和费用年值法分析多个互斥方案的优劣，其基本步骤为：计算每个方案的费用现值（费用年值），选择费用现值（费用年值）低的方案为最优方案。

例题 4-8 某公司拟生产两个新产品 A 和 B，经过市场调查和历史统计数据确定产品生产的基础信息如表 4-4 所示。因各种因素限制，只能选择其中一种新产品投入生产，试用 *NPV*、*NAV*、ΔNPV 和 ΔIRR 指标选择最优方案。基准收益率 15%。

表 4-4 产品生产的基础信息

方案	初始投资/万元	年净收益/万元	寿命/年
A	30	8	8
B	40	10	8

解：方案 A 和 B 的现金流量图分别如图 4-10~图 4-12 所示。

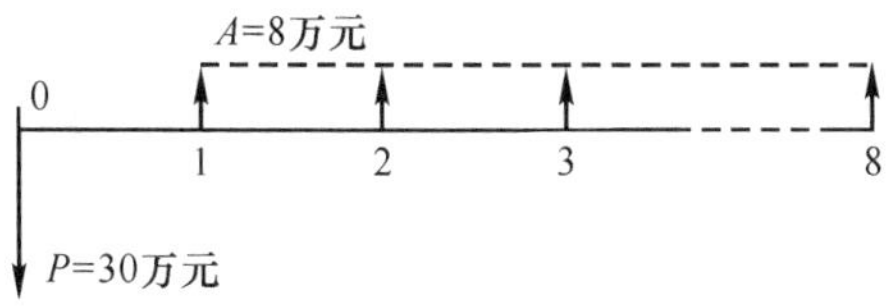

图 4-10 方案 A 的现金流量图

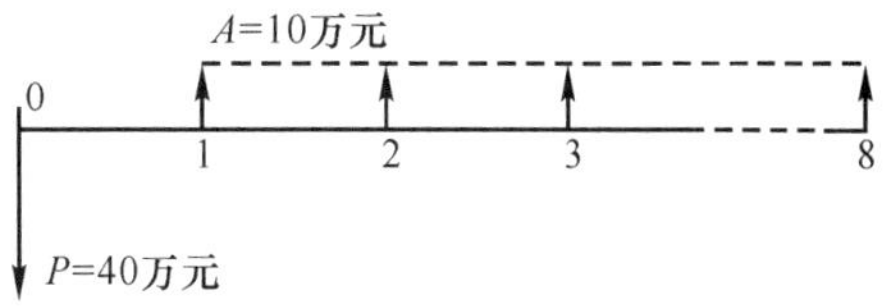

图 4-11 方案 B 的现金流量图

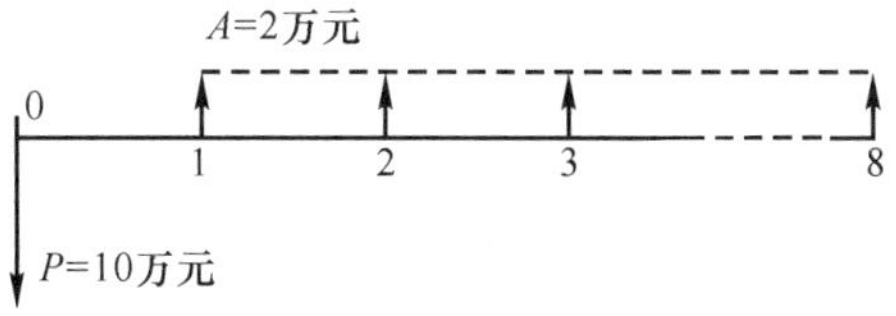

图 4-12 方案（B-A）的现金流量图

（1）*NPV* 法

$NPV_A=-30+8\ (P/A,\ 15\%,\ 8)=5.90$ 万元

$NPV_B=-40+10\ (P/A,\ 15\%,\ 8)=4.87$ 万元

$NPV_A>NPV_B>0$，故应选择 A 方案。

（2）*NAV* 法

$NAV_A=-30\ (A/P,\ 15\%,\ 8)+8=1.31$ 万元

$NAV_B=-40\ (A/P,\ 15\%,\ 8)+10=1.08$ 万元

$NAV_A>NAV_B>0$，故应选择 A 方案。

（3）Δ*NPV* 法

$\Delta NPV_{B-A}=-10+2\ (P/A,\ 15\%,\ 8)=-1.03$ 万元

$\Delta NPV_{B-A}<0$，选择投资小的方案 *A*。

（4）Δ*IRR* 法

$NPV(\Delta IRR_{B-A})=-10+2\ (P/A,\ \Delta IRR_{B-A},\ 8)=0$

$(P/A,\ \Delta IRR_{B-A},\ 8)=5$

则 $\Delta IRR_{B-A}=11.82\%<15\%$，故投资大的方案 B 劣于投资小的方案 A，应选择方案 A。

例题 4-9 针对某项目的技术特点，拟定方案 A 和 B，均能满足同样的功能需求，但两个方案的投资及年运营费用不同，见表 4-5。试选择最优方案，基准折现率为 15%。

表 4-5 方案的基础数据

方案	初始投资/万元	年费用/万元	寿命/年
A	80	12	10
B	120	10	10

解： 两方案现金流如图 4-13 和图 4-14 所示。

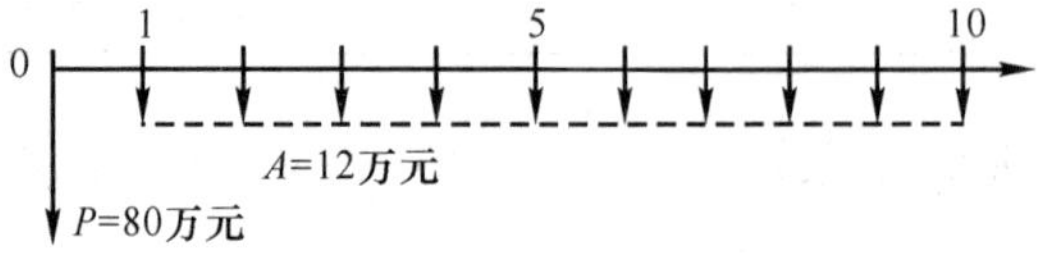

图 4-13 方案 A 的现金流量图

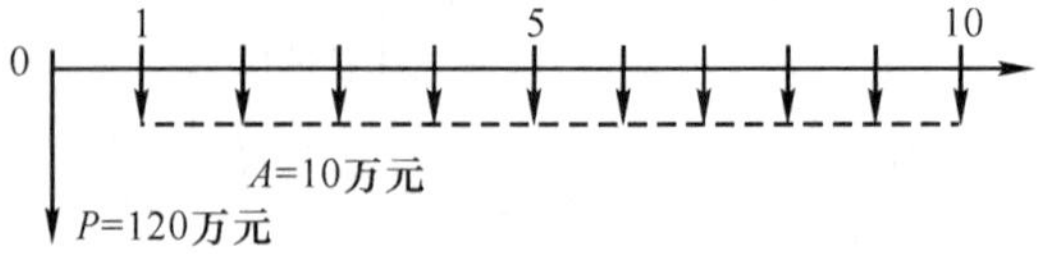

图 4-14 方案 B 的现金流量图

$PC_A=80+12\ (P/A,\ 15\%,\ 10)=140.23$ 万元

$PC_B=120+10\ (P/A,\ 15\%,\ 10)=170.19$ 万元

$PC_A<PC_B$，故应选择 A 方案。

$AC_A=80\ (A/P,\ 15\%,\ 10)+12=27.94$ 万元

$AC_B=120\ (A/P,\ 15\%,\ 10)+10=33.91$ 万元

$AC_A < AC_B$，故应选择 A 方案。

4.3.2.2 寿命期不等的互斥方案比较选择

比较寿命期不等的互斥方案的优劣，采用的方法也包括财务净现值法、财务净年值法、增量内部收益率法、增量净现值法、费用现值法和费用年值法。其计算步骤与寿命期相同的互斥方案比选一致，但需要统一计算期，才能进行比较。结合实际情况，处理方式如下：

（1）采用财务净现值法作为评价方法时，则采用最小公倍数法统一备选方案的计算期。

（2）采用财务净年值法作为评价方法时，则假定备选方案重复实施若干次或无数次，直至方案计算期相等为止。

（3）当技术方案涉及的技术更新较快时，选择一段时间作为计算期，一般以诸多方案中寿命期最短的时间为研究期，并考虑是否完全承认方案未使用价值，且预测未使用价值并记入研究期末的现金流入。

例题 4-10 两个项目的基础数据见表 4-6，$i_c = 10\%$，分别采用净现值法、内部收益率法、净年值法和增量内部收益率法评价方案。

表 4-6 基础数据表

项 目	方案 A	方案 B
投资/万元	4000	5000
年收益值/万元	2200	2600
年支出值/万元	640	1380
估计寿命/年	4	8

解： 两方案现金流量图如图 4-15～图 4-17 所示。

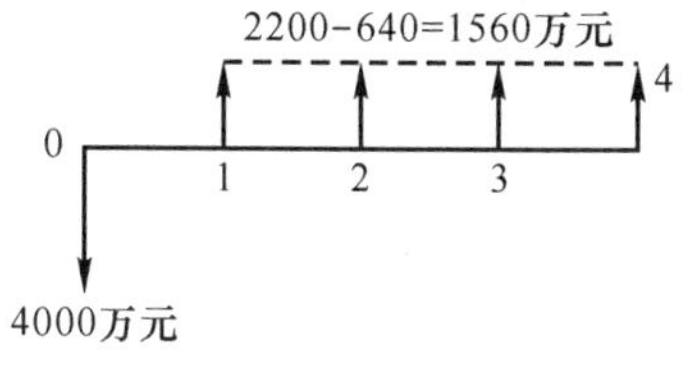

图 4-15 方案 A 现金流量图

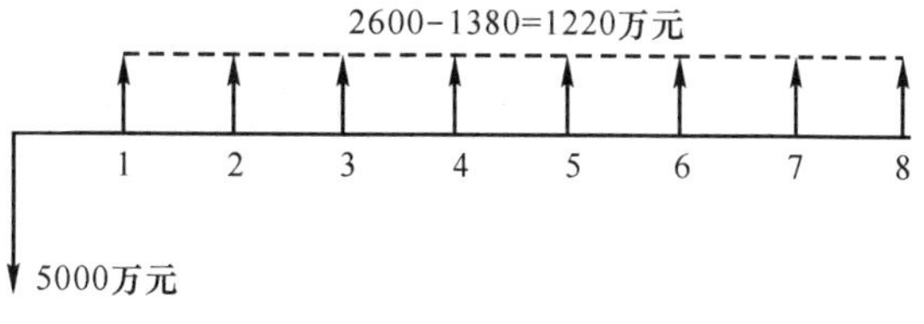

图 4-16 方案 B 现金流量图

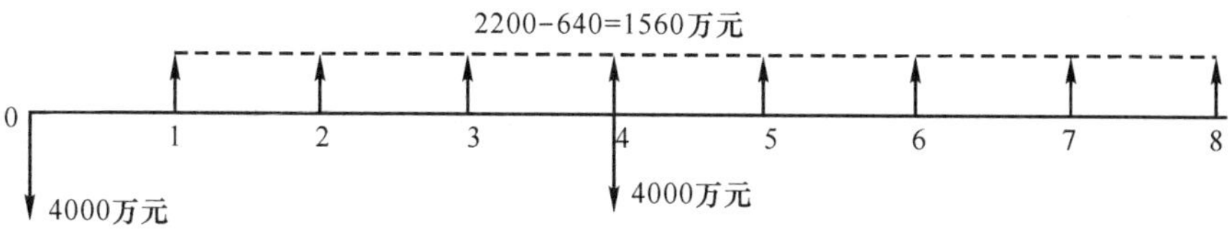

图 4-17 A 现金流量图（统一计算期）

（1）净年值法

$NAV_A=-4000\ (A/P,\ 10\%,\ 4)+1560=298.12$ 万元

$NAV_B=-5000\ (A/P,\ 10\%,\ 8)+1220=282.8$ 万元

$NAV_B<NAV_A$，则选择方案 A。

（2）净现值法

$NPV_A=-4000\ [1+(P/F,\ 10\%,\ 4)]+1560\ (P/A,\ 10\%,\ 8)=1590.44$ 万元

$NPV_B-5000+1220\ (P/A,\ 10\%,\ 8)=1508.58$ 万元

$NPV_B<\mathrm{NPV}_A$，则选择方案 A。

（3）内部收益率法

$NPV_A=-4000+1560\ (P/A,\ IRR_A,\ 4)=0$，因此 $(P/A,\ IRR_A,\ 4)=2.564$

$(P/A,\ 15\%,\ 4)=2.8550$，$(P/A,\ 20\%,\ 4)=2.5887$

$15\%<IRR_A=19.8\%<20\%$，方案 A 可行。

$NPV_B=-5000+1220\ (P/A,\ IRR_B,\ 8)=0$，因此 $(P/A,\ IRR_A,\ 4)=4.098$

$(P/A,\ 15\%,\ 8)=4.4873$，$(P/A,\ 20\%,\ 8)=3.8372$

$15\%<IRR_B=17.98\%<20\%$，方案 B 可行。

$NAV_{(B-A)}=-[5000\ (A/P,\ \Delta IRR,\ 8)]+[4000\ (A/P,\ \Delta IRR,\ 4)]+1220-1560=0$

$i_1=10\%$，$NAV_{(B-A)}=-15.32$；$\Delta IRR_{(B-A)}<10\%$，方案 A 优于方案 B，则选择方案 A。

以上经济评价方法为动态评价方法，下面介绍静态评价方法。

A 增量投资回收期。

增量投资回收期是指一个方案比另一个方案所追加的投资，用年费用的节约额或增加的年收益额补偿增量投资所需要的时间，用 ΔT 表示。其计算式见式（4-22）。采用增量投资回收期法对寿命期相同的互斥方案进行比选的基本步骤为：按投资大小由高到低排列备选方案；将前两个方案进行比选，保留较好的方案；将保留方案与第三个方案比选，保留较好的方案，依此类推，得到最优方案。通常地，计算增量投资回收期 ΔT，应将投资大的技术方案与投资小的技术方案的投资差额和收益差额或成本节约差额进行比较，其判断标准为：$\Delta T_{大-小}\leqslant T_c$，表明投资大的方案多投资的那部分资金可以通过增加的收益或节约差额回收，故选择投资大的方案；$\Delta T_{大-小}>T_c$，表明投资大的方案多投资的那部分资金不能通过增加的收益或节约差额回收，故选择投资小的方案。

$$\Delta T_{大-小}=\frac{\Delta I}{\Delta C} \tag{4-22}$$

B 增量投资收益率

增量投资收益率是指一个方案比另一个方案所追加的投资，用年费用的节约额或增加的年收益额补偿增量投资所实现的收益水平，用 ΔR 表示。其计算公式见式（4-23）。采用增量投资收益率法对寿命期相同的互斥方案进行比选的基本步骤为：按投资大小由高到低排列备选方案；将前两个方案进行比选，保留较好的方案；将保留方案与第三个方案比选，保留较好的方案，依此类推，得到最优方案。通常地，计算增量投资收益率 ΔR，应将投资大的技术方案与投资小的技术方案的投资差额和收益差额或成本节约差额进行比较，其判断标准为：$\Delta R_{大-小}\geqslant i_c$，表明投资大的方案多投资的那部分资金可以通过增加的收益或节约差额回收，故选择投资大的方案；$\Delta R_{大-小}<i_c$，表明投资大的方案多投资的那部

分资金不能通过增加的收益或节约差额回收，故选择投资小的方案。

$$\Delta R_{大-小}=\frac{\Delta C}{\Delta I}\times 100\% \tag{4-23}$$

例题 4-11 某企业生产一个新产品，拟定两个技术方案甲和乙，甲方案需一次性投资 140 万元，年费用 14 万元，乙方案需一次性投资 100 万元，年费用 18 万元，假设两个方案所产生的年收入相同，试用增量投资回收期法和增量投资收益率法优选方案（标准投资回收期为 8 年，基准收益率为 12%）。

解：$\Delta T_{甲-乙}=\frac{\Delta I}{\Delta C}=\frac{140-100}{18-14}=10>8$，则选择投资小的乙方案。

$\Delta R_{甲-乙}=\frac{\Delta C}{\Delta I}\times 100\%=\frac{18-14}{140-100}=10\%<12\%$，则选择投资小的乙方案。

4.3.3 独立方案的经济性评价方法

一般独立方案优选问题分为无资源限制条件下独立方案选择和资源限制条件下独立方案选择两种情况。

（1）无资源限制条件下独立方案的选择。如果独立方案之间共享的资源充足，则对多个独立方案进行比选，满足 $NPV\geqslant 0$，$NAV\geqslant 0$，$IRR\geqslant i_c$，$T_p\leqslant T_c$，则方案可行。

（2）资源限制条件下独立方案的选择。如果独立方案之间共享的资源是有限的，不能满足所有方案的需要，则在不超出资源限额的条件下，可以形成互斥的方案组合。对这类问题进行决策的步骤为：根据资源限制条件，罗列所有可能的方案组合，再采用互斥方案比选方法，对这些方案组合进行分析，最终确定最优的投资组合。

例题 4-12 现有独立方案 A、B、C，投资分别为 100 万元、70 万元和 120 万元，经计算各方案的净现值分别为 30 万元、27 万元和 32 万元，如果投资额不超过 250 万元，应如何选择方案。

解：按照投资额的大小，将各种方案的组合排列于表 4-7 中。

表 4-7 中的 7 种组合构成了 7 个互斥方案，根据互斥方案评选的准则，可以选取净现值最大的方案作为最优方案。显然，表中第 7 个组合净现值最大，但是它的投资额超过了约束，故不能选择该组合。因此，可以选择第 6 种组合，投资 A 方案和 C 方案，净现值为 62 万元，达到有限资金最佳的利用。

表 4-7 方案组合及净现值

序号	方案	初始投资/万元	净现值/万元
1	B	70	27
2	A	100	30
3	C	120	32
4	A+B	170	57
5	B+C	190	59
6	A+C	220	62
7	A+B+C	290	89

4.3.4 混合方案的经济性评价方法

混合方案的选择，是实际工作中经常遇到的一类问题。根据资金是否充足，可以分为资金无限制和资金有限制两类。如果资金无限制，只要从各独立方案中选择互斥方案中净现值（或净年值）最大且不小于零的方案加以组合即可。当资金有限时，选择方法包括混合项目方案群的互斥化法和增量效率指标排序法。

例题 4-13 某建设拟建三个项目 A、B、C，基础数据见表 4-8（$i_c=10\%$）。

（1）当资金不受限制时，请选择要建设的项目；（2）当资金为 6000 万元时，请选择要建设的项目。

表 4-8 基础数据及指标计算结果

项 目	A		B		C		
	A_1	A_2	B_1	B_2	C_1	C_2	C_3
投资/万元	3000	5000	1500	2500	2300	4000	4500
年净收益/万元	650	800	300	450	400	850	900
寿命期/年	8	12	10	10	8	8	8
NPV	467.75	451.2	343.5	265.25	-166	534.75	301.5
NAV	87.78	66	55.95	43.25	-31.06	100.4	56.7

解： 项目关系图如图 4-18 所示。

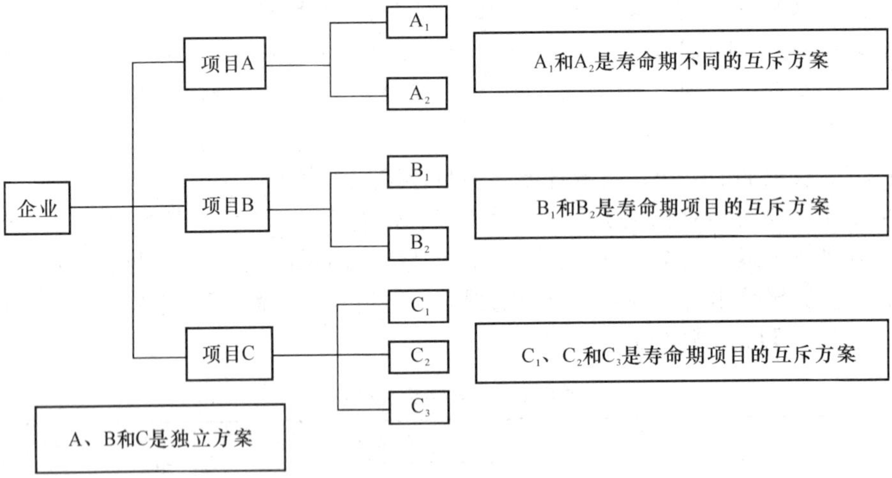

图 4-18 项目关系图

（1）当资金不受限制时，请选择要建设的项目。

$NPV=I+A\ (P/A,\ i,\ n)$；$NAV=A+I\ (A/P,\ i,\ n)$，计算结果见表 4-8。

则，选择 $A_1+B_1+C_2$ 同时建造。

（2）当资金为 6000 万元时，请选择要建设的项目。

方案组合为 A_1+B_1、A_1+B_2、B_1+C_2、B_1+C_3、A_2、C_2、C_3（互斥）

选择净现值最大的方案为投资方案组，即 B_1+C_2，$NAV=156.35$ 万元。

思考与练习

4-1 名词解释。

投资回收期　投资收益率　资本金净利润率　总投资利润率　投资利税率
基准收益率　资金成本　通货膨胀　内部收益率　财务净现值
财务净年值　财务净终值　增量投资回收期　增量内部收益率　增量投资收益率
净现值率　效益-费用比　费用现值　费用年值

4-2 生产实践中，技术方案的类型有哪些？其特点是什么？

4-3 简述投资回收期、财务净现值、内部收益率、投资收益率、费用现值、费用年值、效益-费用比、增量投资回收期、增量投资收益率和增量内部收益率等指标的特点和适用范围。

4-4 简述互斥型方案和独立型方案的比选方法及注意事项。

4-5 某公司要计划开发项目 M，估计其初始投资为 1800 万元，在第一年初投入；项目寿命期为 7 年；每年销售收入为 1600 万元，经营成本为 950 万元，请画出现金流量图，并采用表格法计算动态投资回收期、静态投资回收期、净现值；计算内部收益率，再判断该项目的可行性，并说明可行性研究的目的。（行业基准收益率为 $i=10\%$）

4-6 某企业投资项目拟定了 A、B 和 C 三个投资方案，其现金流量表见表 4-9。

（1）若三个方案互斥，请采用净现值法优选方案。

（2）若三个方案相互独立，请优选方案。

（3）若三个方案相互独立，且投资额为 3500 万元，请优选方案。

（4）请说明寿命期相同的互斥方案比选时的方法有哪些？优先采用哪种方法？

表 4-9　现金流量表　（万元）

方案	投资	1~10 年年净收益
A	-1000	180
B	-1500	260
C	-1600	280

4-7 某项目建设投资 3000 万元，全部流动资金 450 万元。项目投产期年息税前利润总额 500 万元，运营期正常年份的年平均息税前利润总额 800 万元，则该项目的总投资收益率为多少？

4-8 某设备的购置费为 20 万元，在使用的 10 年期间，每年使用费为 2 万元，5 年后残值为 2 万元，请计算费用现值和费用年值（$i_c=10\%$）。

4-9 某企业技术革新引进新生产线，已知新生产线的投资为 450 万元，经营成本为 20 万元；旧生产线的投资为 400 万元，经营成本为 25 万元。行业的投资回收期为 8 年，是否应引进新生产线？

4-10 某企业要从国外引进甲、乙技术，两者的生产效率相同，引进甲技术的一次投资为 300 万元，年生产成本为 20 万元；引进乙技术的一次性投资为 400 万元，年生产成本为 10 万元。基准收益率为 6%，则应该使用哪个技术？

4-11 某企业现有若干互斥投资方案，有关数据见表 4-10。

表 4-10　各方案费用数据　（万元）

方案	初始投资	年净收入
A	2000	500

续表 4-10

方案	初始投资	年净收入
B	3000	900
C	4000	1100
D	5000	1380

以上各方案寿命期均为 7 年，试问：

（1）当基准折现率为 10%，资金无限制，哪个方案最佳？

（2）基准折现率在什么范围时，B 方案在经济上最佳？

4-12 某制造厂考虑三个投资计划。在 5 年计划期中，这三个投资方案的现金流量情况见表 4-11，该厂的最低希望收益率为 10%。

表 4-11 各方案费用数据 （元）

方 案	A	B	C
最初投资	65000	58000	93000
年净收入（1~5 年年末）	18000	15000	23000
残值	12000	10000	15000

（1）假设这三个计划是独立的，且资金没有限制，那么应选择哪个方案或哪些方案？

（2）在（1）中的假定资金限制在 160000 元，试选择出最好方案。

（3）假设计划 A、B、C 是互斥的，试用增量内部收益率来选出最合适的投资方案。

5 技术方案的不确定性分析方法

学习目标

1. 理解建设项目投资风险的来源。
2. 掌握盈亏平衡分析方法的分析步骤、判定标准。
3. 掌握敏感性分析方法的分析步骤、判定标准。

背景资料

某团队拟将其自主研发的技术产品投入生产，通过技术经济分析，拟定甲、乙两个方案，并对两个方案进行经济评价，确定 $NPV_{甲}>NPV_{乙}>0$，该团队最终选定执行甲方案，但想确定，甲方案在实施过程中，项目会面临哪些风险？是否会出现项目失败的可能？应该控制哪些因素，以防止项目失败？

为更好地减小项目在实施中的风险，该团队对甲方案进行了盈亏平衡分析和敏感性分析。在盈亏平衡分析中，计算了产销量盈亏平衡点为 4 万件/年，生产能力利用率盈亏平衡点为 40%，项目的风险相对较小。通过分析投资、销售收入和经营成本在（-20%～20%）之间变化时，财务净现值的变化率分别为 30%、35%和 25%，则确定该项目的敏感因素为销售收入，据此提出了提高销售收入的防控措施。

5.1 投资风险及不确定

5.1.1 投资风险及不确定性的含义

投资风险是指由于市场、政策、竞争等原因引起的项目运行实际价值与预期价值之间的差异。风险是对可能结果的描述，即决策者事先可能知道决策所有可能的结果以及每一种结果出现的概率。风险可以通过数学方法来计量。不确定性是指决策者事先不知道决策的所有可能结果，或者知道所有可能结果但不知道其发生的概率。

不确定性产生的原因是经济评价中各类数据与实际值之间出现偏差。按照建设项目建设程序，在项目实施前，必须进行可行性分析，收集建设项目的收入、成本、税金、固定资产投资、流动资金等项目基础数据，再采用经济效果评价方法对建设项目的经济合理性进行分析。可见，建设项目的经济效果评价工作先于项目实施。即使建设项目的经济评价结论认为项目是可行的，项目在实施过程中也可能会出现不可行的状态。其原因是用于经济评价的大量数据来自于对未来的预测和估算，具有一定的不确定性。例如，现实中发生的收入比预测的收入低，则项目在实施中的现金流入将降低，经济效益降低。因此，为了提高投资决策的可靠性，减少投资者的投资风险，必须对投资项目的风险进行科学地分析，并锁定影响项目的关键因素，制定防范风险的措施。

5.1.2 投资活动中不确定因素

一般地，技术方案产生风险和不确定性原因，主要包括以下几点：

（1）国家政策和法律法规的变化。在发展经济的道路上，国家的经济政策随着国家经济形势发展和需要，在不同发展时期变化。特别是税收政策和利率政策的变化，对建设项目的经济效果有重要的影响。这些变化是投资决策人员无法预测和不能控制的，这些因素的变化，是不确定性的来源之一。

（2）竞争格局的影响。各个行业中，都有许多企业参与竞争。优胜劣汰是市场的重要机制。各个行业中的各个企业的激烈竞争，促使企业不断的技术改造，产品不断推陈出新。企业为了抢占市场，也采用不同的价格策略，进而影响产品的市场价格。影响行业的竞争状态的因素众多，且这些因素瞬息万变，投资决策者往往无法在较短时间里掌握竞争格局的全貌。

（3）通货膨胀和物价的变动。投入和产出的价格是影响投资项目经济效益的最基本因素。任何一个国家的货币价值都不是固定不变的，通常是随着时间的增长而降低。项目的寿命期一般长达10~20年，投入产出的价格不可能固定不变，投资者必然要承受物价上涨、货币贬值的风险。因为通货膨胀，产品的价格和固定资产投资的估算不容易确定，这些要素的大小将直接影响经济评价结论。

（4）技术变革和项目经济寿命期的影响。随着科学技术不断地进步，生产工艺的不断变革，项目采用的技术和设备可能提前老化，使项目寿命期提前结束。同样，市场需求的变化，也会使项目产品的生命周期提前结束。项目的寿命期减少，则项目效益将降低。这些因素无法预测和估计，一旦发生，将影响项目的经济效益。

5.1.3 不确定性分析程序及方法

为了减少项目投资的风险，通常对投资项目进行不确定性分析，常用的不确定性分析方法有盈亏平衡分析方法和敏感性分析方法。其工作程序为：确定重要的不确定因素，估计不确定因素的变化范围，常用合适的不确定性分析方法对项目风险进行分析，并锁定主要控制因素，以制定防范措施。

5.2 盈亏平衡分析

5.2.1 盈亏平衡分析的概念

盈亏平衡分析也称为量本利分析，就是将技术方案投产后的产销量作为不确定因素，通过计算技术方案盈亏平衡点的产销量，据此分析判定不确定性因素对技术方案经济效果的影响程度，说明技术方案实施的风险大小及技术方案承担风险的能力。盈亏平衡分析的目的是确定盈亏平衡点，盈亏平衡点的表达形式多样，可以用实物产量、单位产品售价、单位产品可变成本和年固定成本总量表示，也可以用生产能力利用率表示。其中，广泛应用的盈亏平衡点是产销量盈亏平衡点和生产能力利用率盈亏平衡点。

根据生产成本、销售收入与产销量之间的变化关系是否呈线性关系，盈亏平衡分析分为线性盈亏平衡分析和非线性盈亏平衡分析。

5.2.2 线性盈亏平衡分析

5.2.2.1 基本假定

(1) 生产量等于销售量，即当年生产的产品当年销售出去；

(2) 产销量变化，单位可变成本不变，总生产成本是产销量的线性函数；

(3) 产销量变化，销售单价不变，销售收入是产销量的线性函数；

(4) 只生产一种产品，或者生产多种产品，但可以换算为单一产品计算，不同产品的生产负荷率的变化应保持一致。

5.2.2.2 计算模型

线性盈亏平衡分析的模型图如图 5-1 所示。根据盈亏平衡计算的机理公式 (5-1)，确定盈亏平衡分析的计算公式见式 (5-2)～式 (5-7)。BEP_Q、BEP_R、BEP_Y、BEP_S、BEP_P 和 BEP_{C_V} 分别为年产量盈亏平衡点、销售收入盈亏平衡点、生产能力利用率盈亏平衡点、经营安全率、产品销售价格盈亏平衡点和单位产品变动成本盈亏平衡点。

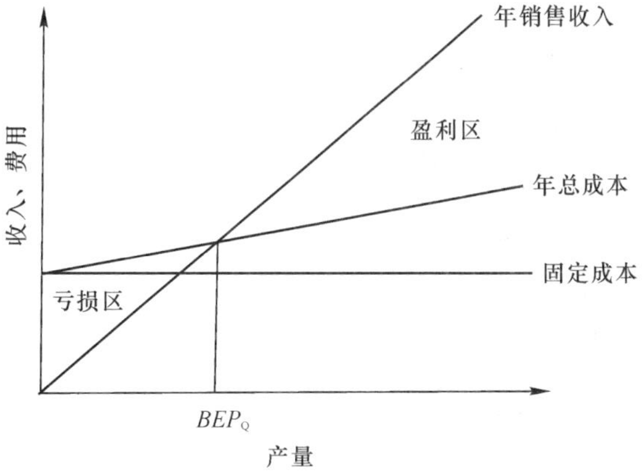

图 5-1 线性盈亏平衡分析

$$B = R - C = (P - C_V - T)Q - C_F \tag{5-1}$$

式中，R 为年总销售收入；P 为单位产品销售价格；Q 为项目设计生产能力或年产量；C 为年总成本费用；C_F 为总成本中的固定成本；C_V 为单位产品变动成本；T 为单位产品销售税金；B 为年利润。

年产量盈亏平衡点：

$$BEP_Q = \frac{C_F}{P - C_V - T} \tag{5-2}$$

销售收入盈亏平衡点：

$$BEP_R = P\left(\frac{C_F}{P - C_V - T}\right) \tag{5-3}$$

生产能力利用率盈亏平衡点：

$$BEP_{Y}=\frac{C_{F}}{(P-C_{V}-T)\times Q} \tag{5-4}$$

经营安全率盈亏平衡点：

$$BEP_{S}=1-BEP_{Y} \tag{5-5}$$

经营安全率一般不应小于25%。

产品销售价格盈亏平衡点：

$$BEP_{P}=\frac{C_{F}}{Q}+C_{V}+T \tag{5-6}$$

单位产品变动成本盈亏平衡点：

$$BEP_{C_V}=P-T-\frac{C_{F}}{Q} \tag{5-7}$$

例题5-1 某设计方案年产量为10万件，已知每件产品的销售价格为800元，每件产品缴付的销售税金为150元，单位可变成本为250元，年总固定成本费用为1500万元，试求各类盈亏平衡点。

解：$BEP_{Q}=\frac{C_{F}}{P-C_{V}-T}=\frac{1500\times10000}{800-250-150}=37500$ 件 $=3.75$ 万件

$BEP_{R}=P\left(\frac{C_{F}}{P-C_{V}-T}\right)=800\times3.75=3000$ 万元

$BEP_{Y}=\frac{C_{F}}{(P-C_{V}-T)\times Q}=\frac{3.75}{10}\times100\%=37.5\%$

$BEP_{S}=1-BEP_{Y}=1-37.5\%=62.5\%$

$BEP_{P}=\frac{C_{F}}{Q}+C_{V}+T=\frac{1500}{10}+250+150=550$ 元/件

$BEP_{C_V}=P-T-\frac{C_{F}}{Q}=800-150-\frac{1500}{10}=500$ 元/件

5.2.3 非线性盈亏平衡分析

在垄断竞争下，随着项目产销量的增加，市场上产品的单位价格下降，因而销售收入与产销量之间是非线性关系；同时，企业增加产量时原材料价格可能上涨，同时要多支付一些加班费、奖金以及设备维修费，使产品的单位可变成本增加，从而总成本与产销量之间也成非线性关系；这种情况下盈亏平衡点可能出现一个以上。

例题5-2 某企业生产某产品，其年固定成本为66000元，单位变动成本为28元，由于原材料整批购买，每多生产一件产品，单位变动成本可降低0.001元；单位销售价为55元，销售每增加一件产品，售价下降0.0035元。试求盈亏平衡点及最大利润时的销售量。

解：(1) 求盈亏平衡点的产量 Q_1 和 Q_2。

$$C(Q)=66000+(28-0.001Q)Q=66000+28Q-0.001Q^2$$

$$R(Q)=(55-0.0035Q)Q=55Q-0.0035Q^2$$

根据盈亏平衡原理：$C(Q)=R(Q)$

即 $Q_1 = 3470$ 件，$Q_2 = 7060$ 件。

(2) 求最大利润时的产量 Q_{max}。

由 $B = R - C = -0.0025Q^2 + 27Q - 66000 = 0$

确定当 $Q_{max} = \dfrac{27}{0.005} = 5400$ 件时，利润最大。

5.2.4 互斥方案的盈亏平衡分析

若对若干个互斥方案进行比选，可以先求出两方案的临界盈亏平衡点，再根据临界盈亏平衡点的大小和实际情况进行方案取舍。

例题 5-3 某企业生产一新产品，拟定两种生产方案，方案 A 初始投资为 170 万元，预期年净收益 130 万元；方案 B 初始投资 270 万元，预期年收益 150 万元。该项目产品的市场寿命具有较大的不确定性，如果给定基准收益率为 15%，不考虑期末资产残值，试就项目寿命期分析两方案的临界点。

解：设项目寿命期为 n，则

$$NPV_A = -170 + 130\ (P/A,\ 15\%,\ n)$$
$$NPV_B = -270 + 150\ (P/A,\ 15\%,\ n)$$

当 $NPV_A = NPV_B$ 时，有

$$-170 + 130\ (P/A,\ 15\%,\ n) = -270 + 150\ (P/A,\ 15\%,\ n)$$
$$(P/A,\ 15\%,\ n) = 5$$

查复利系数表，利用直线内插法确定 $n \approx 10$ 年。以项目寿命期为共有变量时，方案 A 与方案 B 的盈亏平衡点为 $n = 10$ 年，即如果根据市场预测项目寿命期小于 10 年，应采用方案 A；如果寿命期在 10 年以上，则应采用方案 B，如图 5-2 所示。

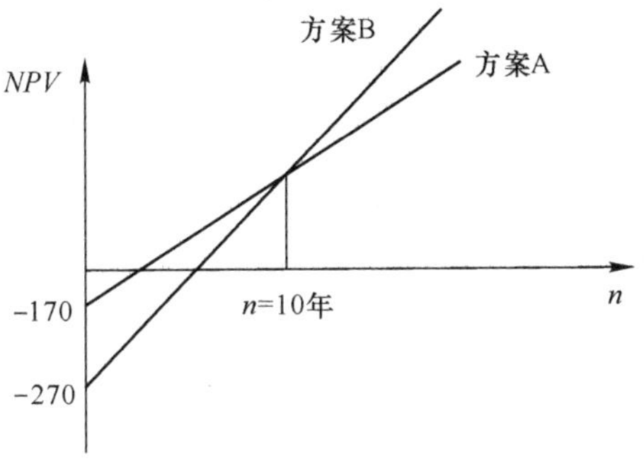

图 5-2 方案 A 和方案 B 的优劣盈亏平衡分析图

5.3 敏感性分析

5.3.1 敏感性分析的概念

敏感性分析是通过研究建设项目主要不确定因素发生变化时，对项目经济效果指标的影响，找出项目的敏感因素，确定其敏感程度，并分析该因素达到临界值时项目的承受能

力。敏感性分析分为单因素敏感性分析和多因素敏感性分析。

单因素敏感性分析是对单一不确定因素变化引起技术方案经济效果变化的分析，即假定各个不确定性因素之间相互独立，每次只考察一个因素变动，其他因素保持不变，以分析这个可变因素对经济效果评价指标的影响程度和敏感程度。

多因素敏感性分析是假设两个或两个以上互相独立的不确定因素同时变化时，分析这些因素变化对经济效果评价指标的影响程度和敏感程度。

为了找出关键的敏感因素，通常只进行单因素敏感性分析。

5.3.2 敏感性分析方法步骤

一般地，按以下步骤进行敏感性分析：

（1）确定敏感性分析的经济评价指标。

衡量建设项目经济效果的指标较多，敏感性分析时，通常对财务净现值、财务内部收益率、投资回收期等重要的指标进行分析。

如果主要分析技术方案状态和参数变化对技术方案投资回收快慢的影响，则可选用静态投资回收期作为分析指标；如果主要分析产品价格波动对技术方案超额净收益的影响，则可选择财务净现值作为分析指标；如果主要分析投资大小对技术方案资金回收能力的影响，则可选用财务内部收益率作为分析指标。

由于敏感性分析是在确定性经济评价的基础进行的，故选为敏感性分析的指标应与经济评价所采用的指标相一致。

（2）选定需要分析的不确定因素。

影响技术方案经济效果评价指标的因素有很多，但通常只对主要的影响因素进行分析。这些因素主要有：产品产量（生产负荷）、产品售价、主要资源价格（原材料、燃料或动力等）、可变成本、固定资产投资、建设期贷款利率及外汇汇率等。

（3）计算因不确定因素变动引起的评价指标的变动值。

一般就所选定的不确定因素，设若干级变动幅度（通常用变化率表示）。然后计算与每级变动相应的经济评价指标值，建立一一对应的数量关系，并用敏感性分析图或敏感性分析表的形式表示。

（4）确定敏感性因素。

敏感因素是指该不确定因素的数值有较小变动就能使项目经济评价指标出现较显著改变的因素。敏感度系数的计算公式如下：

$$\beta_{AF}=\frac{\Delta A/A}{\Delta F/F}=\frac{指标变化率}{因素变化率} \tag{5-8}$$

式中，β_{AF} 为评价指标 A 对于不确定因素 F 的敏感度系数；ΔA 为指标发生的变化；ΔF 为不确定因素发生的变化，$\Delta A/A$ 评价指标 A 的变化率，%；$\Delta F/F$ 为不确定因素 F 的变化率，%。

计算敏感性度系数判别敏感因素的方法是一种相对测定法，即根据不同因素变化对技术方案经济效果评价指标影响的大小，可以得到各个因素的敏感性程度排序。

当 $\beta_{AF}>0$ 时，表示评价指标与不确定因素同方向变化；当 $\beta_{AF}<0$ 时，表示评价指标与不确定因素反方向变化。$|\beta_{AF}|$ 越大，表明评价指标 A 对于不确定性因素 F 越敏感；反

之亦然。据此，可确定影响项目成败的关键因素。

（5）计算变动因素的临界点。

临界点是指项目允许不确定因素向不利方向变化的极限值。超过极限，项目的效益指标将不可行。例如，当建设投资上升到某个值时，内部收益率将刚好等于基准收益率，此点称为建设投资上升的临界点。临界点可用临界点百分比或者临界值分别表示，反映了某一变量的变化达到一定的百分比或者一定数值时，项目的评价指标将从可行转变为不可行。临界点可用专用软计计算，也可由敏感性分析图直接求得近似值。

利用临界点判别敏感因素的方法是一种绝对测定方法，技术方案是否接受的判据是各个经济效果评价指标能否达到临界值。如果某因素可能出现的变动幅度超过最大允许变动幅度，则表明该因素是技术方案的敏感因素。

在实践中，通常将敏感度系数和临界点结合起来确定敏感因素。

例题 5-4 设某项目基本方案的基本数据估算值见表 5-1，试进行敏感性分析（基准收益率 $i_c=8\%$）。

表 5-1 基本方案的基本数据估算值

因素	建设投资 I /万元	年销售收入 R /万元	年经营成本 C /万元	期末残值 L /万元	寿命 n /年
估算值	1700	600	250	200	6

解：（1）以年销售收入 R，年经营成本 C 和建设投资 I 为拟分析的不确定因素。

（2）选择项目的内部收益率为评价指标。

（3）绘制方案现金流量图如图 5-3 所示。

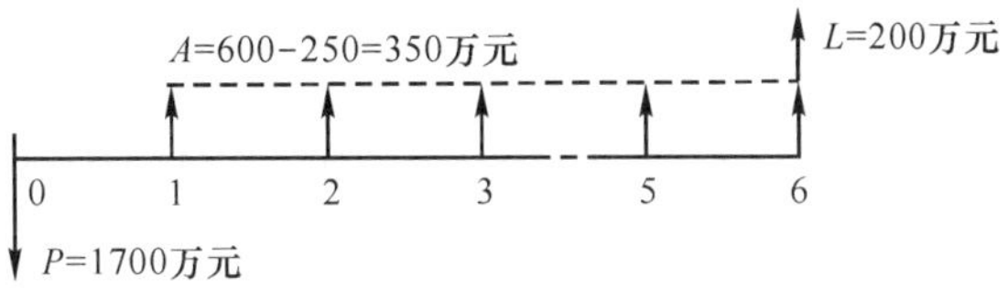

图 5-3 某项目投资方案现金流量图

$$-1700(P/F,IRR,6)+350(P/A,IRR,4)(P/F,IRR,1)+200(P/F,IRR,6)=0$$

$NPV(8\%)=-1700(P/F,8\%,6)+350(P/A,8\%,4)(P/F,8\%,1)+200(P/F,8\%,6)=44.06>0$

$NPV(10\%)=-1700(P/F,10\%,6)+350(P/A,10\%,4)(P/F,10\%,1)+200(P/F,10\%,6)=-62.75<0$

采用线性内插法可求得：$IRR=8\%+\dfrac{44.06}{44.06+7.92}(10\%-8\%)=8.83\%$

（4）计算销售收入，经营成本或建设投资变化对内部收益率的影响，结果见表 5-2。

表 5-2 因素变化对内部收益率的影响

因　　素	-10%	基本方案	+10%
销售收入	3.48%	8.83%	13.75%
经营成本	10.90%	8.83%	6.71%
建设投资	12.80%	8.83%	5.89%

（5）计算方案对各因素的敏感度。

年销售收入平均敏感度 $\beta_{IRR,\mathrm{R}}=\dfrac{(13.75\%-3.48\%)/8.83\%}{10\%-(-10\%)}=5.82\%$

年经营成本平均敏感度 $\beta_{IRR,\mathrm{C}}=\dfrac{(6.71\%-10.90\%)/8.83\%}{10\%-(-10\%)}=-2.37\%$

建设投资平均敏感度 $\beta_{IRR,\mathrm{I}}=\dfrac{(5.89\%-12.80\%)/8.83\%}{10\%-(-10\%)}=-3.91\%$

显然，内部收益率对年销售收入变化的反应最为敏感。内部收益率的敏感性分析图如图 5-4 所示。

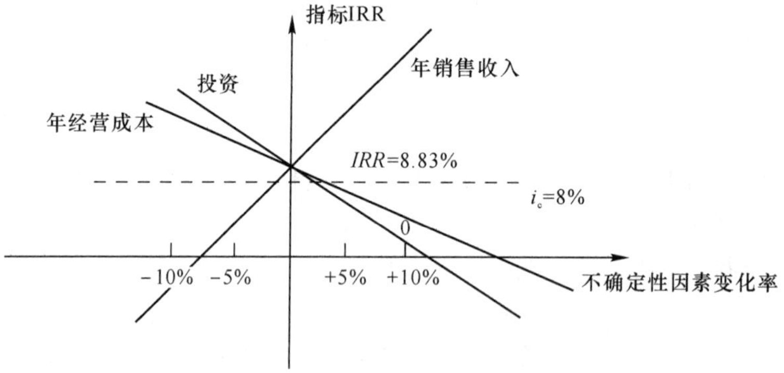

图 5-4 单因素敏感性分析图

例题 5-5 某项目的投资额为 12000 元，寿命期为 6 年，年收入和年支出分别为 6000 元和 3200 元，残值为 4000 元，基准收益率为 8%。如果可变因素为初始投资与年收入，并考虑它们同时发生变化，试通过净年值指标对该项目进行敏感性分析。

解：现金流量图如图 5-5 所示。

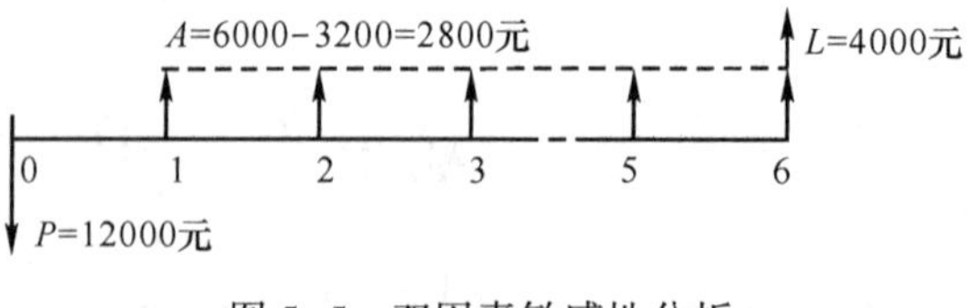

图 5-5 双因素敏感性分析

令 x 及 y 分别代表初始投资及年收入变化的百分数，则项目必须满足下式才能成为可行：

$$NAV = -12000(1+x)(A/P, 8\%, 6) + 6000(1+y) - 3200 + 4000(A/F, 8\%, 6) \geq 0$$

即 $749.6-2595.6x+6000y \geq 0$

将其在坐标图上表示出来（见图 5-6），$NAV \geq 0$ 的区域是可行区域。在临界线右下方的区域 $NAV<0$ 是不可行区域。

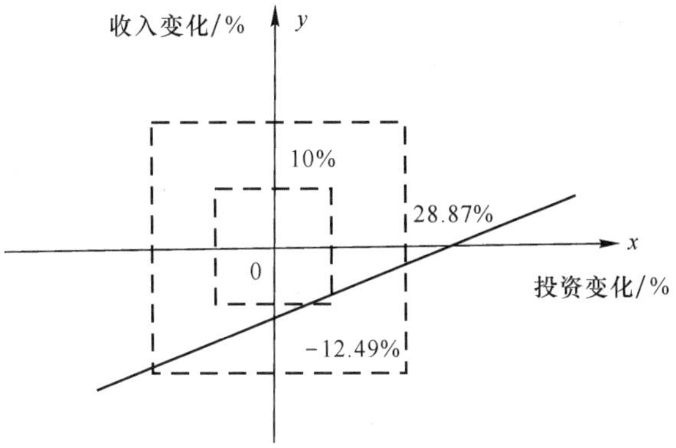

图 5-6　双因素变化敏感性分析图

敏感性分析在一定程度上就各种不确定因素的变动对方案经济效果的影响作了定量描述。这有助于决策者了解方案的风险情况，有助于在决策过程中及各方案实施过程中确定重点研究与控制的因素。但是，敏感性分析没有考虑各种不确定因素在未来发生变化的概率，这可能会影响分析结论的准确性。实际上，各种不确定因素在未来发生某一幅度变动的概率一般是有所不同的。通过敏感性分析找出的某一敏感未来发生不利变动的概率很小，因而实际上所带来的风险并不大，以至于可以忽略不计；而另一个不太敏感的因素未来发生不利变动的概率却很大，实际上所带来的风险比其他敏感因素的影响更大。这种问题是敏感性分析所无法解决的，可借助于风险概率分析方法。

思考与练习

5-1　不确定性分析方法有哪些？产生不确定的原因有哪些？

5-2　简述盈亏平衡分析的含义和目的。线性盈亏平衡分析的前提假设是什么？盈亏平衡点的生产能力利用率说明什么问题？

5-3　简述敏感性分析的目的、工作步骤和不足之处。

5-4　某设计方案年产量为 20 万件，已知每件产品的销售价格为 1600 元，每件产品缴付的销售税金为 300 元，单位可变成本为 800 元，年总固定成本费用为 2000 万元，试求各类盈亏平衡点。

5-5　拟建某工程项目，有三种技术方案，每一方案的产品成本见表 5-3，试比较三个方案。

表 5-3　成本数据

方　　案	A	B	C
产品可变成本/元・件	50	20	10
产品固定成本/元	1500	4500	16500

5-6 某投资项目其主要经济参数的估计值为；初始投资 15000 元，寿命为 10 年，残值为 0，年收入为 3500 元，年支出为 1000 元，基准收益率为 10%，当年收入变化时，试对内部收益率的影响进行敏感性分析。

5-7 某项目的投资额为 10000 元，寿命期为 5 年，年收入和年支出分别为 5000 元和 2200 元，残值为 2000 元，基准收益率为 8%。如果可变因素为初始投资与年收入，并考虑它们同时发生变化，试通过净年值指标对该项目进行敏感性分析。

6 设备更新与租赁决策方法

学习目标

1. 掌握设备有形磨损、无形磨损的类型和补偿方式及其对设备价值的影响。
2. 掌握设备经济寿命概念及其计算。
3. 掌握出现新设备条件下设备更新决策原则及方法。
4. 掌握设备租赁决策方法。

背景资料

某团队自主研发的技术产品投入生产，已经购买大型设备A花费100万元，已经使用了5年，估计还需要使用8年，年运营费逐年增高。现在产品升级改造，市场上出现了新型设备B。该团队就是否更新设备、何时更新设备、是改造设备A还是购买设备B或是租赁设备C等一系列问题展开讨论，该团队应该如何如何决策？

针对设备决策问题，该团队运用相关决策方法，计算设备A的经济寿命为7年，若从现在开始，在未来8年内继续使用设备A的年均费用为23000元，若购买新设备B，则根据相关预测数据分析设备B的经济寿命为10年，其年均费用为22000元。因此该团队决策购买新设备B。

6.1 设备磨损及补偿方式

6.1.1 设备磨损

设备购置后，或是使用，或是闲置，都会发生损耗。设备损耗分为有形磨损、无形磨损和综合磨损等三种类型。

6.1.1.1 有形磨损

有形磨损（又称物质磨损）分为以下两种形式：

（1）设备在使用过程中，在外力的作用下实体产生的磨损、变形和损坏，称为第一种有形磨损。这种磨损的程度与使用强度和使用时间长短有关，通常表现为零部件在外力作用下的原始尺寸改变及损坏。

（2）设备在闲置中受到自然力的作用产生锈蚀、腐蚀或老化等，被称为第二种有形磨损。这种磨损与闲置时间长短和所处的环境有关。

有形磨损造成设备性能和精度的降低，使设备的运行费用和维修费用增加，效率降低，反映了设备使用价值的降低。

6.1.1.2 无形磨损

无形磨损（又称精神磨损）是指由于科学技术进步、劳动生产率的提高和其他经济性原因而造成的设备的非实体性损耗。它是由于非使用和非自然力作用所引起的资产价值的一种损失，通常包括以下两种形式：

（1）设备的技术结构和性能并没有变化，但由于设备制造厂制造工艺不断改进，劳动生产率不断提高而使得生产相同机器设备所需的社会必要劳动减少，因而使原来购买的设备价值相应贬值。这种磨损称为第一种无形磨损。

（2）由于科学技术的进步，不断创新出性能更完善、效率更高的设备，使原有设备相对陈旧落后，其经济效益相对降低而发生贬值。这种磨损称为第二种无形磨损。这种无形磨损的后果不仅使原有设备价值降低，而且由于技术上更先进的设备使用使原有设备的使用价值局部或全部丧失。

6.1.1.3 综合磨损

综合磨损是指同时存在有形磨损和无形磨损。对任何特定的设备来说，这两种磨损必然同时发生和同时互相影响。某些方面的技术进步可能加快设备有形磨损的速度，例如高强度、高速度、大负荷技术的发展，必然使设备的物理磨损加剧。同时，某些方面的技术进步又可提供耐热、耐磨、耐腐蚀、耐振动、耐冲击的新材料，使设备的有形磨损减缓，但是其无形磨损加快。

6.1.2 设备磨损的补偿方式

设备磨损的补偿方式有大修理、现代化改造和更新三种形式。设备遭受磨损的形式不同，补偿磨损的方式也不一样。补偿分为局部补偿和完全补偿。设备有形磨损的局部补偿方式是修理，设备无形磨损的补偿方式是现代化改造。设备的完全补偿方式是更新。设备磨损及其补偿方式如图 6-1 所示。

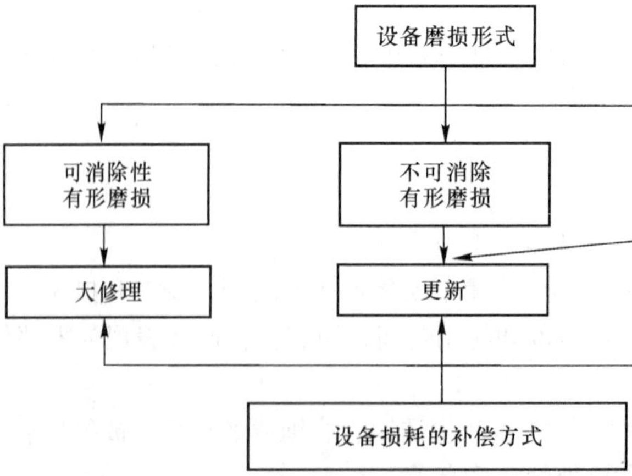

图 6-1 设备磨损及补偿方式

6.2 设备经济寿命

6.2.1 设备的寿命

设备寿命在不同需要情况下有不同的内涵和意义。设备寿命分为自然寿命、技术寿命和经济寿命。

6.2.1.1 自然寿命

自然寿命又称物质寿命，即设备从投入使用开始，直到因为因物质磨损严重而不能继续使用而报废为止所经历的全部时间。设备的自然寿命由有形磨损决定。做好设备保养和维修可以延长设备的物质寿命，但不能从根本上避免设备的有形磨损。故设备磨损到一定程度，设备的维修费和运营费会逐年增加，甚至出现恶性使用阶段，在经济上不合理，故必须更新。

6.2.1.2 技术寿命

技术寿命又称有效寿命，即设备从投入使用开始到因技术落后而被淘汰所延续的时间。设备的技术寿命由设备的无形磨损决定。由于科学技术迅速发展，对产品的质量和精度要求越来越高，同时不断涌现新型设备。虽然旧设备还能生产产品，但是因产品质量和功能需求的提高，现有设备无法满足其生产要求，故必须淘汰旧设备。

6.2.1.3 经济寿命

经济寿命指设备从投入使用开始，到继续使用在经济上不合理而被更新淘汰所经历的时间。设备的经济寿命由设备维护费的提高和使用价值的降低决定。设备使用年限越长，每年所分摊设备购置费的年资产消耗成本越少。但是随着使用年限的增加，一方面需要更多的维修费维持原有功能，同时设备的操作成本及能源耗费也会逐年增加。因此，设备使用到某一年份，其平均综合成本最低。我们称设备从开始使用到其等值年成本最小（或年盈利最高）的使用年限为设备的经济寿命。

影响设备寿命的因素包括设备结构及工艺、技术进步、设备成本、加工对象、生产类型、工作班次、操作水平、产品质量、维护质量和环境要求等。当设备更新决策时，应以设备的经济寿命为依据。

6.2.2 设备经济寿命计算

设备的经济寿命计算方法分为静态模式和动态模式。无论是何种计算模式，其计算机理如图 6-2 所示。静态模式和动态模式的计算公式分别见式（6-1）和式（6-2）。

$$\bar{C}_n = \frac{P - L_n}{n} + \frac{1}{n}\sum_{t=1}^{n} C_t \tag{6-1}$$

式中，$\bar{C}_N$ 为 N 年内设备的年平均使用成本；P 为设备目前实际价值，如果是新设备，则 P 为购置费和安装费，如果旧设备，则 P 为旧设备现在的市场价值和继续使用旧设备追加的

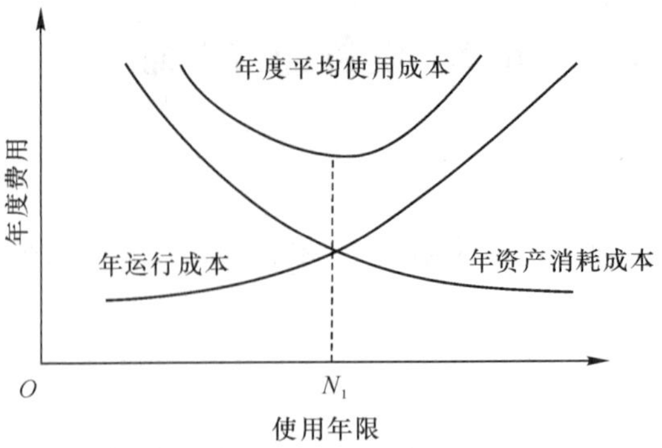

图 6-2 设备年费用组成

投资；C_t 为第 t 年费设备运行成本，包括人工费、材料费、能源费、维修费、停工损失费和废次品损失费等；L_N 为第 N 年末的设备净残值。

$$AAC_n = P(A/P,\ i,\ n) - L_N(A/F,\ i,\ n) + (A/P,\ i,\ n)\sum_{t=1}^{n} C_t(P/F,\ i,\ t) \quad (6\text{-}2)$$

在式（6-2）中，如果使用年限 n 为变量，则当为经济寿命时，应满足年均使用成本最低或年均收益最高。

由于设备使用时间越长，设备的有形磨损和无形磨损加剧，从而导致设备的维护修理费增加越多，这种逐年递增的费用 ΔC_t 称为设备的低劣化。如果每年设备的低劣化增量是均等的，即 $\Delta C_t=\lambda$，每年的变化呈线性增长，假定第一年的设备运行费为 C_1，则代入式（6-1），并求极值，可以确定低劣化值法的设备经济寿命的计算公式如下：

$$N_0 = \sqrt{\frac{2(P - L_N)}{\lambda}} \quad (6\text{-}3)$$

式中，N_0 为设备的经济寿命；λ 为设备的低劣化值。

例题 6-1 某机器 A 的原始购置费用为 24000 元，第 1 年的设备运营费为 8000 元，以后每年增加 5600 元，设备逐年减少的残值见表 6-1。基准收益率为 12%，求设备的静态经济寿命和动态经济寿命。

表 6-1 年使用费和净残值 （元）

年　末	1	2	3	4
年使用费	8000	13600	19200	24800
年末经残值	12000	8000	4000	0

解：静态经济寿命的计算过程见表 6-2。

表 6-2 年均使用成本的计算 （元）

年末	使用到第 n 年末的残值	年度运营成本	年资产消耗成本	年均运营成本	年均使用成本
1	12000	8000	12000	8000	20000
2	8000	13600	8000	10800	18800

续表 6-2

年末	使用到第 n 年末的残值	年度运营成本	年资产消耗成本	年均运营成本	年均使用成本
3	4000	19200	6667	13600	20267
4	0	24800	6000	16400	22400

第二年的年均使用成本最低，则静态经济寿命为 2 年。

求解动态经济寿命，则应考虑资金的时间价值，并计算每年的年均使用成本（见图 6-3）。

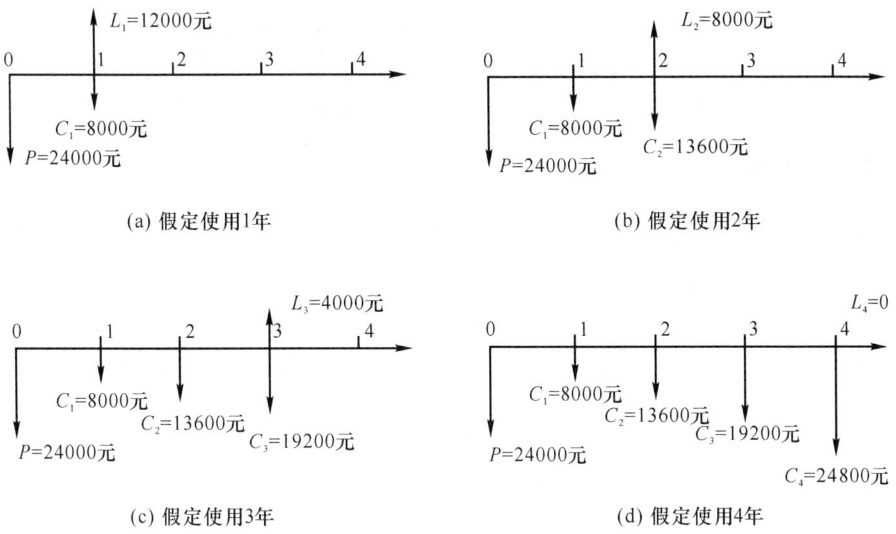

图 6-3 逐年使用设备的现金流量图

$$
\begin{aligned}
AAC_1 &= 24000(A/P,\ 12\%,\ 1) - 12000(A/F,\ 12\%,\ 1) + 8000(P/F,\ 12\%,\ 1)\\
&\quad (A/P,\ 12\%,\ 1)\\
&= 22880.38(\text{元})
\end{aligned}
$$

$$
\begin{aligned}
AAC_2 &= 24000(A/P,\ 12\%,\ 2) - 8000(A/F,\ 12\%,\ 2) + [8000(P/F,\ 12\%,\ 1) +\\
&\quad 13600(P/F,\ 12\%,\ 2)](A/P,\ 12\%,\ 2)\\
&= 21069.00\ \text{元}
\end{aligned}
$$

$$
\begin{aligned}
AAC_3 &= 24000(A/P,\ 12\%,\ 3) - 4000(A/F,\ 12\%,\ 3) + [8000(P/F,\ 12\%,\ 1) +\\
&\quad 13600(P/F,\ 12\%,\ 2) + 19200(P/F,\ 12\%,\ 3)](A/P,\ 12\%,\ 3)\\
&= 21985.18\ \text{元}
\end{aligned}
$$

$$
\begin{aligned}
AAC_4 &= 24000(A/P,\ 12\%,\ 4) + [8000(P/F,\ 12\%,\ 1) + 13600(P/F,\ 12\%,\ 2) +\\
&\quad 19200(P/F,\ 12\%,\ 3) + 24800(P/F,\ 12\%,\ 4)](A/P,\ 12\%,\ 4)\\
&= 23511.00\ \text{元}
\end{aligned}
$$

第二年的年均使用成本最低，则动态经济寿命为 2 年。

例题 6-2 某企业现有设备 B，目前实际价值为 10000 元，预计残值为 3600 元，第一年的设备运行费为 600 元，每年设备的低劣化值为 200 元，求该设备的经济寿命。

解： $N_0 = \sqrt{\dfrac{2\ (P-L_N)}{\lambda}} = \sqrt{\dfrac{2\times\ (10000-3600)}{200}} = 8$ 年

6.3 设备更新决策

6.3.1 设备更新的概念

设备更新是对旧设备的整体更换，可以分原型设备更新和新型设备更新。原型设备更新，就是用结构相同的新设备去更换有形磨损严重而不能继续使用的旧设备。新型设备更新，是以结构更先进、技术更完善、效率更高、性能更好、能源与材料消耗更少的新型设备替换技术上陈旧、经济上不宜继续使用的旧设备。设备更新通常指后一种情况。从实物形态上讲，设备更新是采用新型设备更换陈旧落后的设备。从价值形态上讲，设备更新是设备在运动中消耗价值的重新补偿。设备更新是消除设备综合磨损的重要手段。

6.3.2 设备更新策略其原则

设备更新就是用更经济或性能和效率更高的设备，来更换在技术上不能继续使用或在经济上不宜继续使用的设备。设备更新决策对企业的经济效益有着重要的影响。过早地更新设备，会造成资金浪费和失去资金的其他收益机会；过晚地更新设备，会造成生产成本迅速上升和失去竞争优势。因此，企业应该选择合适的时机更新设备，这是生产发展和技术进步的客观需要。

设备更新决策时，应该遵循以下 3 个原则：

（1）不考虑沉没成本。沉没成本是指既有企业过去投资决策发生的、非现在决策能改变（或不受现在决策影响）、已经计入过去投资费用回收计划的费用。由于沉没成本是已经发生的费用，这项费用都不可避免地要发生。因此，沉没成本一般不会影响现有的方案决策。沉没成本的计算公式见式（6-4）和式（6-5）。

$$沉没成本=设备目前账面价值-当前市场价值 \tag{6-4}$$

$$沉没成本=(设备购置费-历年折旧费)-当前市场价值 \tag{6-5}$$

例如，某设备 3 年前的购置费用为 3 万元，目前的账面价值是 1.8 万元，现在市场价值为 1 万元，则该设备的沉没成本为 0.8 万元，三年内的折旧费之和为 1.2 万元。

（2）站在客观的立场上分析问题。设备更新问题的要点是站在客观的立场上，而不要站在旧设备的立场上考虑问题。若要保留旧设备，首先要付出相当于旧设备当前市场价值的投资，才能取得旧设备的使用权。

（3）逐年滚动比较。在确定设备更新的最佳时机时，首先计算比较现有设备的经济寿命和新设备的经济寿命，然后采用逐年滚动比较方法进行比较。若 $\overline{C}_{旧}<\overline{C}_{新}$，则保留旧设备；若 $\overline{C}_{旧}>\overline{C}_{新}$，则采用新设备，即更新设备。

例题 6-3 某企业在 3 年前购置设备 A，花费购置费 25000 元，目前的账面价值为 10000 元，估计可以使用 10 年，第 10 年末估计净残值为 2500 元，年使用费为 8000 元，目前的售价是 7000 元。现在市场上同类设备 B 的购置费为 35000 元，估计可以使用 10 年，第 10 年末的净残值为 3500 元，年使用费为 5000 元。现有两个方案：方案一继续使用机器 A；方案二把机器 A 出售，然后购买机器 B。已知基准折现率为 15%，比较这两个方案的优劣。

解：根据设备更新比较原则，设备 A 的购置费是 3 年前发生的，目前的账面价值为 10000 元，当前市场价值为 7000 元，则沉没成本为 3000 元。这个费用是因为折旧时的决策影响了账面价值，是过去发生现在无法补偿的，因此不考虑沉没成本。目前该设备的市场价值为 7000 元，站在客观的立场上考虑设备更新，即若继续使用该设备，则放弃将其出售获取的收益 7000 元。即使用该设备，就要付出代价 7000 元。因此，绘制方案一的现金流量图和方案二的现金流量图分别如图 6-4 和图 6-5 所示。

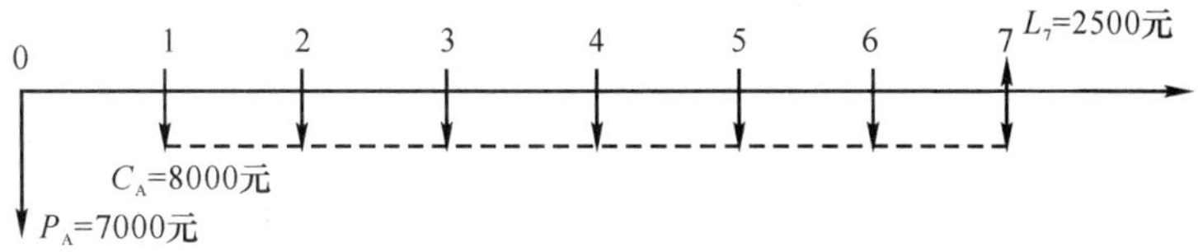

图 6-4　方案一的现金流量图

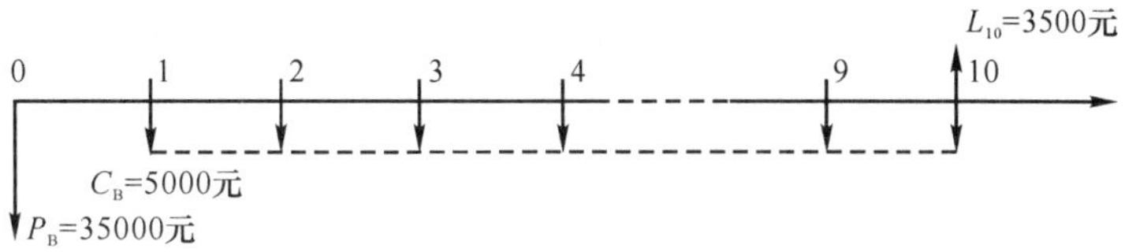

图 6-5　方案二的现金流量图

方案一：$AAC_A=7000(A/P,\ 15\%,\ 7)-2500(A/F,\ 15\%,\ 7)+8000=9456.8$ 元

方案二：$AAC_B=35000(A/P,\ 15\%,\ 10)-3500(A/F,\ 15\%,\ 10)+5000=11803$ 元

选择方案一，平均每年可以节约费用 2346.15 元。

对新、旧设备方案进行比较分析，是要决定立即购置新设备并淘汰旧设备，还是至少保留使用旧设备一段时间、再用新设备替换旧设备。由于新设备的购置费用高，营运费和维修费低，而旧设备的目前市场价值低、营运费和维修费高，就必须进行权衡，才能作出正确的选择。一般情况是仍然应用年值法，进行逐年比较。

例题 6-4　某设备目前实际价值为 10000 元，还能使用 4 年，保留使用情况见表 6-3。

表 6-3　某设备保留使用的情况

保留使用年数	年末净残值/元	年使用费/元
1	8000	3000
2	6000	4000
3	4000	5000
4	2000	6000

新设备的原始费用为 34000 元，经济寿命 8 年，第 8 年年末的净残值为 4000 元，平均年使用费为 500 元，基准折现率是 12%。问旧设备是否需要更换，如需更换，何时更换？

解：设新、旧设备的平均年费用分别为 AAC_N 与 AAC_0，则：

$AAC_N = 34000(A/P,\ 12\%,\ 8) - 4000(A/F,\ 12\%,\ 8) + 500 = 7019$

$AAC_0 = 10000(A/P,\ 12\%,\ 4) - 2000(A/F,\ 12\%,\ 4) + [3000(P/F,\ 12\%,\ 1) +$

$4000(P/F, 12\%, 2) + 5000(P/F, 12\%, 3) + 6000(P/F, 12\%, 4)] \times (A/P, 12\%, 4) = 7232.04$ 元

$AAC_N < AAC_0$，所以旧设备应该更换。

保留 1 年：$AAC_0(1) = 10000(A/P, 12\%, 1) - 8000(A/F, 12\%, 1) + 3000 = 6200$ 元

$AAC_N > AAC_0(1)$，所以旧设备应保留使用 1 年。

保留 2 年：$AAC_0(2) = 8000(A/P, 12\%, 1) - 6000(A/F, 12\%, 1) + 4000 = 6960$ 元

$AAC_N > AAC_0(2)$，所以旧设备应该保留。

保留 3 年：$AAC_0(3) = 6000(A/P, 12\%, 1) - 4000(A/F, 12\%, 1) + 5000 = 7720$ 元

$AAC_N < AAC_0(3)$，所以旧设备应该更换。

可见，旧设备应继续保留使用 2 年，于第 2 年年末更换。保留 1 年至 3 年的一年内现金流量图如图 6-6 所示。

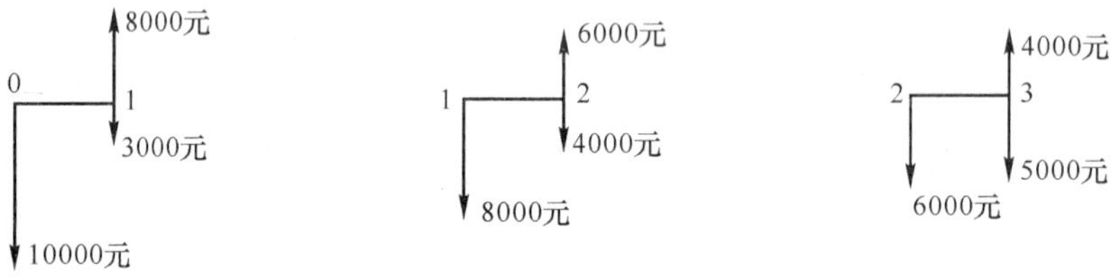

(a) 保留1年　(b) 保留2年　(c) 保留3年

图 6-6　旧设备保留使用不同年限的现金流量

6.4　设备租赁分析

6.4.1　租赁与购买决策

企业在经营过程中，常常会遇到购买新型设备的情况。但因为资金短缺，没有充足的资金及时购买设备，将会面临着购买设备或租赁设备的选择。若购买设备，需考虑贷款方案的优化选择；若租赁设备，需考虑租赁方案的选择。

这些方案之间形成互斥关系。对于互斥方案的优化选择，一般按寿命期限是否相同考虑分别处理：若寿命期相同，则采用净现值法（或费用净现值法）分析；若寿命期不同，则采用净年值法（费用年值法）分析。无论何种情况，采用何种方法，均以收益效果最大（或成本最小）为依据选择最优方案。

6.4.1.1　租赁的概念

设备租赁是设备使用者（承租人）按照合同规定，按期向设备所有者（出租人）支付一定费用而取得设备使用权的一种经济活动。设备租赁一般分为融资租赁和经营租赁两种方式。融资租赁将融资和融物结合起来的特点，租赁双方承担确定时期的租让和付费义务，而不得任意中止和取消租约，适合贵重设备的租赁。经营租赁中，租赁双方使用的设备。任何一方可以随时以一定方式在通知对方后的规定期限内取消或中止租约，适合临时设备租赁。

6.4.1.2 租赁的特点

租赁的特点如下：

（1）租赁的优点：在资金短缺情况下，承租人可以用较少的资金获得生产急需的设备，可以引进先进设备，加速技术进步的步伐；可获得良好的技术服务；可保持资金的流动状态，防止呆滞，不会使资产负债状态恶化；可避免通货膨胀和利率波动的冲击，减少投资风险；设备租金可在所得税前扣除，能享受税费上的利益。

（2）租赁的缺点：在租赁期间，承租人对设备没有所有权，只有使用权。承租人无权随意对设备进行改造，不能处置设备，也不能用于担保和抵押贷款。承租人在租赁期间所交的租金总额一般比直接购买设备的费用高。签订融资租赁合同，长年支付租金，形成长期负债。融资租赁合同规定严格，毁约要赔偿损失，罚款较多。

6.4.2 影响租赁或购买决策的主要因素

企业在决定租赁或购买设备之前，需要首先考虑以下因素：

（1）项目的寿命期或设备的经济寿命；

（2）每期（月）的设备支出费用；

（3）预付资金（定金），资金支付方式；

（4）支付期内的利率，是固定利率，还是浮动利率；

（5）获得该设备的资本预算计划；

（6）租赁所具有的帮助企业避免运用短期信用和保留其短期借款能力的功能；

（7）企业的经营费用减少与折旧费和利息减少的关系；

（8）租赁的节税优惠。

由以上诸因素可以看出，企业作出租赁或购买决定，其关键在于能否为企业节约更多的资金，实现最好的现金流量，然后通过经济指标评价比较后进行决策。

6.4.3 设备租赁与购买方案分析的步骤

（1）根据企业生产经营目标和技术状况，提出设备更新的投资建议。

（2）拟定若干设备投资、更新方案，例如，购置方案（一次性支付方案或分期支付方案）和租赁方案（租金支付方式不同的各类方案）。

（3）定性分析筛选方案，包括企业财务能力、设备技术风险和使用维修特点。首先，分析企业财务能力，考虑企业是否有财务支付能力，筛选出可行的方案。例如，企业不能一次筹集并支付全部设备价款，则删除一次支付方案。对技术过时、风险大、保养维护复杂、时间使用较短的设备，可以考虑租赁方案，反之，可以采用融资租赁或购买方案。

（4）定量分析优选方案，结合其他因素，做出租赁还是购买的投资决策。

6.4.4 租金计算方法

设备租赁费包括租赁保证金、担保费和租金。

6.4.4.1 租赁保证金

为保证租赁合同并保证其执行，承租人必须先交纳租赁保证金。当租赁合同结束时，租赁保证金将被退还给承租人或在偿还最后一期租金时加以抵扣。保证金一般按合同金额的一定比例计，或是某一基期数的金额。

6.4.4.2 担保费

出租人一般要求出租人请担保人对该租赁交易进行担保，当出租人由于财务危机付不起租金时，由担保人代为支付租金。一般情况下，出租人需要付给担保人一定数目的担保费。

6.4.4.3 租金

租金的计量是租赁合同的核心内容。一般要考虑出租人对出租资产的价值回收情况确定租金。通常采用附加率法和年金法计算租金。

（1）附加率法。附加率法是在租赁资产的设备货价或概算成本上再加上一个特定的比率来计算租金。每期的租金计算公式如下：

$$R = P\frac{(1 + N \times i)}{N} + P \times r \tag{6-6}$$

式中，P 为租赁资产的价格；N 为租赁期数，可按月、季、半年、年计；i 为与租期相对应的利率；r 为附加率。

（2）年金法。年金法是将一项租赁资产价值按动态等额分摊到未来各租赁期间内的租金计算方法。

年金法分为期初支付和期末支付两种方式，其计算公式见式（6-7）和式（6-8）。

$$R_{A初} = P(P/F, i, 1)(A/P, i, N) \tag{6-7}$$

$$R_{A末} = P(A/P, i, N) \tag{6-8}$$

例题 6-5 某建筑公司融资租赁一台施工设备，设备价格 300 万元，租期 6 年，每年年末支付租金，折现率为 6%，附加率为 3%，租赁保证金为 30 万元，租赁保证金在租赁期满时退还，担保费为 2 万元，租赁保证金和担保费的时间价值忽略不计，则按附加率和年金法计算设备的租金。

解：附加率法计算的租金：300/6+300（6%+3%）= 50+27 = 77 万元

年金法计算的现金流量图如图 6-7 和图 6-8 所示。

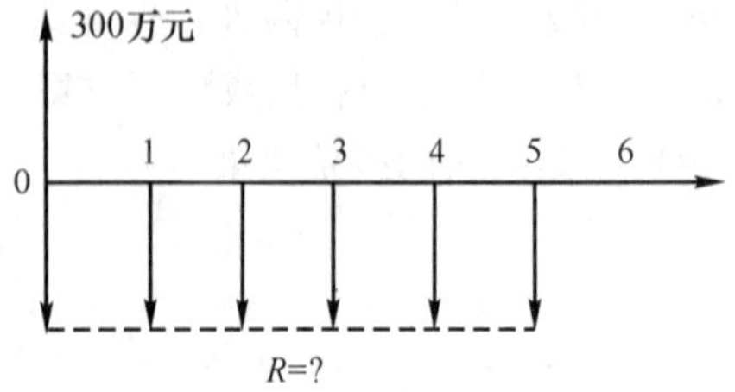

图 6-7 年金法（年初支付）

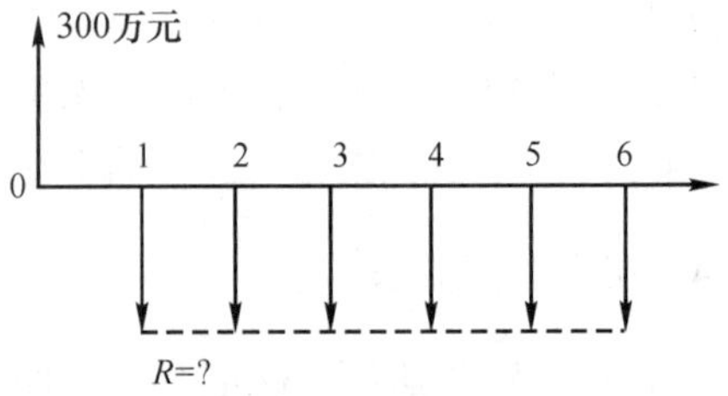

图 6-8 年金法（年末支付）

年金法-年初支付计算的租金：300（P/F，6%，1）（A/P，6%，6）= 57.57 万元

年金法-年末支付计算的租金：300（A/P，6%，6）= 61.02 万元

6.4.5 设备租赁与购买方案比选

企业对租赁设备还是购买设备进行对比时，通常可以针对两个方案的差异部分分析。

经营租赁设备时，其任意一期的净现金流量可按式（6-9）和式（6-10）计算：

净现金流量 = 营业收入-租赁费用-经营成本-与营业相关的税金-所得税　（6-9）

净现金流量 = 营业收入-租赁费用-经营成本-与营业相关的税金-所得税率×（营业收入-租赁费用-经营成本-与营业相关的税金）　（6-10）

融资租赁设备时，其任意一期的净现金流量可按式（6-11）计算：

净现金流量 = 营业收入-租赁费用-经营成本-与营业相关的税金-所得税率×（营业收入-经营成本-与营业相关的税金-折旧费-租金费中的手续费和利息）　（6-11）

自有资金购买设备的净现金流量的计算公式如下：

净现金流量 = 营业收入-经营成本-与营业相关的税金-所得税率×（营业收入-经营成本-与营业相关的税金-折旧费）　（6-12）

贷款购买设备的净现金流量的计算公式如下：

净现金流量 = 营业收入-经营成本-与营业相关的税金-利息-所得税率×（营业收入-经营成本-与营业相关的税金-折旧费-利息）　（6-13）

考虑税收优惠影响下，通常选择税后收益最大或税后成本最小的方案。按财务制度规定，租赁设备的租金允许计入成本；购买设备每年计提的折旧费也允许计入成本；若用借款购买设备，其每年支付的利息也可以计入成本。在其他费用保持不变的情况下，计入成本越多，则利润总额越少，企业交纳的所得税越少。以银行借款为例，某企业向银行借100 万元资金，年利率 10%，每年需支付 10 万元利息，则减少了企业税前利润 10 万元。若所得税率为 25%，则企业可以少交 2.5 万元所得税，因此，企业实际获得了 2.5 万元免税收益，借款实际成本为 7.5 万元。

考虑差额部分的影响，可以按下列两个公式比较方案的优劣。

设备租赁：　所得税率×租赁费-租赁费　（6-14）

设备购买：　所得税率×(折旧+贷款利息)-设备购置费-贷款利息　（6-15）

例题 6-6　某企业为生产其主要产品，需要一台价值为 1150000 元的设备，该设备的使用寿命 5 年，采用直线折旧法，残值为 100000 元。若采用租赁方式租用设备，则每年需付租金 280000 元。如借款购买设备，则每年需按借款利率 8%来等额分付本利和。假设企业的所得税税率为 25%，折现率为 10%。试对以上两种方案进行决策。

解：设租赁设备的成本现值为 PV（L），需扣除租金免税金，则：

$$PC_{租} = 280000\ (P/A,\ 10\%,\ 5) \times (1-25\%) = 796068\ 元$$

设借款购买设备的成本现值为 $PC_{购}$，设备折旧及借款利息可免税金，因此需先计算各年支付的利息，详见表 6-4。各年要还的本利和 A_1 为：

$$A_1 = 1150000\ (A/P,\ 8\%,\ 5) = 288025\ 年$$

表 6-4　各年支付的利息　（元）

年份	剩余本金	还款金额	其中：支付利息	当期偿还本金
1	1150000	288025	92000	196025
2	953975	288025	76318	211707
1	742268	288025	59381	228644
4	513625	288025	41090	246935
5	266690	288025	21335	266690
合计		1440125	290125	1150000

$$PC_{购}=1150000-\frac{1150000-100000}{5}\times 25\%\times(P/A,\ 8\%,\ 5)-$$
$$92000\times 25\%\times(P/F,\ 8\%,\ 1)-76318\times 25\%\times(P/F,\ 8\%,\ 2)-$$
$$59381\times 25\%\times(P/F,\ 8\%,\ 3)-41090\times 25\%\times(P/F,\ 8\%,\ 4)-$$
$$21335\times 25\%\times(P/F,\ 8\%,\ 5)-290125-100000\times(P/F,\ 8\%,\ 5)$$
$$=731198\text{ 元}$$

因为 $PC_{租}>PC_{购}$，应该选择购买设备的方案。

思考与练习

6-1　简述设备磨损及补偿方式。

6-2　简述设备各类寿命的概念。

6-3　设备更新决策依据哪种寿命？影响设备寿命的因素有哪些？

6-4　某机器 A 的原始购置费用为 30000 元，第 1 年的设备运营费为 4000 元，设备使用费和残值见表 6-5。基准收益率为 12%，求设备的静态经济寿命和动态经济寿命。

表 6-5　年使用费和净残值　（元）

年　末	1	2	3	4	5
年使用费	4000	5000	6500	8000	10000
年末经残值	18000	15000	12000	9000	4000

6-5　某企业现有设备，目前实际价值为 8000 元，预计残值为 800 元，第一年的设备运行费为 600 元，每年设备的低劣化值为 300 元，求该设备的经济寿命。

6-6　某企业在 4 年前购置设备 A，花费购置费 20000 元，目前的账面价值为 8000 元，估计可以使用 10 年，第 10 年末估计净残值为 2000 元，年使用费为 6000 元，目前的售价是 9000 元。现在市场上同类设备 B 的购置费为 3000 元，估计可以使用 10 年，第 10 年末的净残值为 3000 元，年使用费为 5000 元。现有两个方案：方案一继续使用机器 A；方案二把机器 A 出售，然后购买机器 B。已知基准折现率为 15%，比较这两个方案的优劣。

6-7　某设备目前的价值为 9000 元，如保留使用 3 年，各年年末残值及年运行成本见表 6-6。

表 6-6　各年年末残值及年运行成本　　（元）

保留是用年份	年末残值	各年运行成本
1	6000	3000
2	3000	5000
3	0	7000

新设备的原始费用为 18000 元，经济寿命 6 年，6 年年末的净残值为 2000 元，平均年使用费为 600 元，基准折现率是 12%。问旧设备是否需要更换，如需更换，何时更换？

6-8　某企业租赁设备，该设备的价格为 120 万元，租期为 4 年，每年年初支付租金，折现率为 10%，附加费率为 3%，则按年金法、附加率法计算租金。

7 价值工程方法及应用

学习目标

1. 掌握价值工程的含义和提高价值的途径。
2. 熟悉价值工程的工作程序。
3. 能应用价值工程方法解决实际工程问题。

背景资料

某企业多年来生产经营三类产品 A、B 和 C，整体运用的经济效果欠佳。面对竞争越来越激烈的市场环境，为了提高企业的整体经济效果，该企业管理层就“产品结构如何优化”“如何锁定问题产品”“如何对每类产品进行升级改造”等问题进行了多次讨论，但因这些工作系统而复杂和管理层意见不容易统一，故迟迟未制定具体的执行方案。该企业管理层究竟如何抉择？

从产品销售的具体信息看，B 类产品的用户意见较多，其竞争力较差；从成本管理的信息看，B 类的生产成本比重其他两种产品的成本比重高。因此，该企业初步锁定 B 产品是研究的重点对象，并详细收集了该产品功能、成本、销售、技术等相关的信息。经过企业产品研发小组对该产品的功能进行系统分析，整理了功能系统图，计算了各个功能的价值系数，发现产品的充电速度慢，故重点改进的对象为充电系统。研发小组针对当前充电系统的缺点，制定了甲、乙两个技术方案，综合分析两个方案的技术、性能改进和成本增加等情况，采用价值工程方法计算两个方案的价值系数分别为 $V_{甲}=1.36$ 和 $V_{乙}=1.16$，最终确定采用方案甲为执行方案。通过方案甲的实施回访，发现 B 产品的市场销售量大幅增加，用户意见反馈较好。

7.1 价值工程的基本概念

7.1.1 价值工程的产生和发展

价值工程（Value Engineering，VE）是 20 世纪 40 年代起源于美国的一种新兴的科学管理技术，可以系统地分析和查找公司产品生产运营中存在的问题，也可有效地制定降低产品成本的具体措施，是提高公司经济效益的重要方法。

第二次世界大战期间，“石棉”事件使管理者意识到产品功能的重要性，并逐渐摸索出一套特殊的工作方法，综合考虑产品功能、产品成本和产品价值，采用技术和经济统一比较的标准来衡量问题，进而将这种价值分析的思想和方法推广到研究产品开发、设计、制造及经营管理等方面。1947 年，《价值分析程序》研究成果的发表，标志着价值工程的正式产生。1965年，功能分析系统技术理论（Function Analysis System Technique，FAST）的提出，加速推广了价值工程方法在世界各国的广泛应用。我国于20世纪70年代开始运用价值工程方法解决实际问题。当前，基于价值工程方法的产品系统开发和方案优选研究广泛，也在各行各业中获得了较好的应用效果。

7.1.2　价值工程的基本概念

价值工程是以产品或作业的功能分析为核心，以提高产品或作业的价值为目的，力求以最低寿命周期成本实现产品或作业使用所要求的必要功能的一项组织创造性活动。价值工程涉及功能、寿命周期成本和价值等三个基本要素。

7.1.2.1　功能

功能是指产品的某种属性，是产品满足人们某种需要的能力和程度，即为产品或作业的功用、效用、作用和用途等。产品的功能实质上是指产品的使用价值。

7.1.2.2　寿命周期成本

寿命周期成本是指产品或作业在寿命期内所花费的全部费用，包括生产制造费和使用费。生产制造费包括产品研制成本、生产成本和生产后的储存、流通、销售等费用。其计算公式为：

$$C = C_1 + C_2 \tag{7-1}$$

式中，C 为寿命周期成本；C_1 为研制费用和生产制造费用；C_2 为使用费用。

一般地，产品或作业的功能越高，其制造成本也越高，但用户在使用过程中花费的使用成本越少，反之亦然。如图7-1所示。

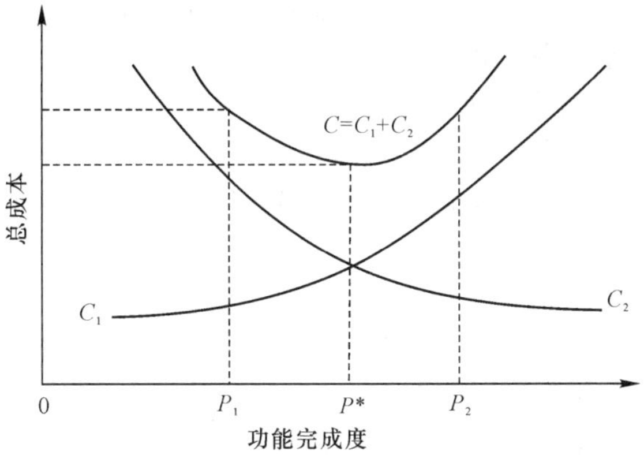

图7-1　功能-成本变化规律

价值工程的目的，就是以最低的寿命周期成本，实现用户所要求的功能，即当满足所需的功能时，其寿命周期成本最小，可用公式表示为：

$$C_{min} = \min(C_1 + C_2) \tag{7-2}$$

式中，C_{min} 为最低寿命周期成本。

7.1.2.3 价值

价值是指对产品或作业具有的必要功能与取得该功能的寿命周期成本的比值，即效用（或功能）与费用之比，其表达式为：

$$V = F/C \tag{7-3}$$

式中，V 为产品或作业的价值；F 为产品或作业具有的必要功能；C 为功能的寿命周期成本。

根据式（7-3）的定义，提高产品或作业价值的途径有五种方式，见表 7-1。其中，提高价值的理想途径是双向型。在实践中，受客观条件限制，往往采用其他途径提高产品或作业的价值。

表 7-1 提高价值的方式

方式	双向型	改进型	投资型	节约型	牺牲型
功能 F	提高	提高	显著提高	不变	略降低
成本 C	下降	不变	略提高	降低	显著降低
模式	$\frac{F\uparrow}{C\downarrow}=V\uparrow$	$\frac{F\uparrow}{C\rightarrow}=V\uparrow$	$\frac{F\uparrow\uparrow}{C\uparrow}=V\uparrow$	$\frac{F\rightarrow}{C\downarrow}=V\uparrow$	$\frac{F\downarrow}{C\downarrow\downarrow}=V\uparrow$

7.1.3 价值工程的特点

价值工程是一种以提高产品和作业价值为目标的管理技术，具有以下特点：

（1）价值工程强调产品功能的研究，功能分析是价值工程的核心。

（2）价值工程的工作思路：同时考虑功能和寿命周期成本的变化对提供产品价值的影响，以最低寿命周期成本实现产品必须具备的功能。

（3）价值工程强调不断改革和创新，开拓新构思和新途径，以制定新方案，从而简化产品结构，节约原材料，提高产品的技术经济效益。

（4）价值工程要求将功能定量化，即将功能转化为能够与成本直接相比的货币值，这项工作是难点和重点。

（5）价值工程是以集体的智慧开展的有计划、有组织的活动。通过团队有组织、有计划的研究，以全面系统地定量化分析取代经验分析，使决策更加科学。

通过价值工程方法的推广应用结果分析，有序开展价值工程活动，可查找企业问题产品、优化企业产品结构方案和实现产品升级改造，一般能降低成本 10%~30%。

7.2 价值工程的工作程序

采用价值工程方法，对产品进行研发和改造升级，必须遵循一定的工作程序。通过价值工程工作程序，系统地分析产品信息，才能更好地发现问题和有效地解决问题。

7.2.1　价值工程的工作程序

价值工程的活动过程，包括四个阶段15个工作步骤，见表7-2。

表7-2　功能分析与方案创造阶段活动内容

<table>
<tr><th rowspan="2">工作阶段</th><th rowspan="2">价值工程活动</th><th colspan="2">工作步骤</th><th rowspan="2">对应问题</th></tr>
<tr><th>基本步骤</th><th>详细步骤</th></tr>
<tr><td>准备阶段</td><td>制定工作计划</td><td>确定目标</td><td>1. 工作对象选择
2. 信息资料搜集</td><td>研究对象是什么？</td></tr>
<tr><td rowspan="2">分析阶段</td><td rowspan="2">功能评价</td><td>功能分析</td><td>3. 功能定义
4. 功能整理</td><td>产品的功用是什么？</td></tr>
<tr><td>功能评价</td><td>5. 功能成本分析
6. 功能评价
7. 确定改进对象</td><td>产品成本是多少？
产品价值是多少？</td></tr>
<tr><td>创新阶段</td><td>初步设计、设计方案
完善、改进和优化</td><td>制定创新方案</td><td>8. 方案创造
9. 概略评价
10. 调整完善
11. 详细评价
12. 提出方案</td><td>改进产品的方案有哪些？
改进产品的哪个方案最优？</td></tr>
<tr><td>实施阶段</td><td>检查实施情况
并评价活动成果</td><td>方案实施与
成果评价</td><td>13. 方案审批
14. 方案实施与检查
15. 成果评价</td><td>方案执行效果如何？
是否偏离目标？</td></tr>
</table>

7.2.2　价值工程准备阶段

7.2.2.1　价值工程研究对象的选择

选择价值工程活动的对象，就是要明确研究目标，即究竟改进什么产品或功能？一般地，从以下几方面考虑价值工程的对象选择：

（1）从设计方面看，通常将结构复杂、性能和技术指标差、体积和总量大的工程产品作为价值工程研究和改进对象；

（2）从施工生产方面看，一般将量大面广、工序繁琐、工艺复杂、原材料和能源消耗高、质量难以保证的工程产品作为改进对象；

（3）从市场方面看，选择用户意见多和竞争力差的工程产品进行改进；

（4）从成本方面看，选择成本高或成本比重大的工程产品作为价值工程改进对象。

往往采用定性分析和定量分析确定价值工程的研究对象。常用的方法有因素分析法、ABC分类法、强制确定法、百分比法和价值指数法等。

A　经验分析法

经验分析法又称因素分析法，是一种VE对象选择的定性分析方法运用这种方法选择对象时，实际上是利用一些有丰富实践经验的专业人员和管理人员对企业存在问题的直接感受，经过主观判断确定价值工程对象。采用该方法对各种影响因素进行综合分析，区分主次轻重，既考虑需要，也考虑可能，以保证对象选择的合理性。经验分析法的优点是简便易行，考虑问题综合全面。缺点是缺乏定量分析，在分析人员经验不足时易影响结果的准确性。

B ABC 分析法

ABC 分析法也称为帕累托法，其主要思想是“少数的关键，多数的非关键”，ABC 分析法的优点是抓住重点，突出主要矛盾，常在于对复杂产品的零配件的问题分析。其具体工作步骤为：分别对研究对象的零配件数量占比和成本占比进行统计和分析，按照产品成本占比的高低排列所有零配件，若零配件的数量占总数的 10%左右，而成本却占总成本 70%时，该零配件为 A 类；若零配件数量占总数 20%左右，而成本占 20%左右时，则该类零配件为 B 类；若零配件数量占总数的 70%左右，而成本只占总成本的 10%左右时，则该类零配件为 C 类。A 类零配件是价值工程的重点分析对象，ABC 分析法如图 7-2 所示。

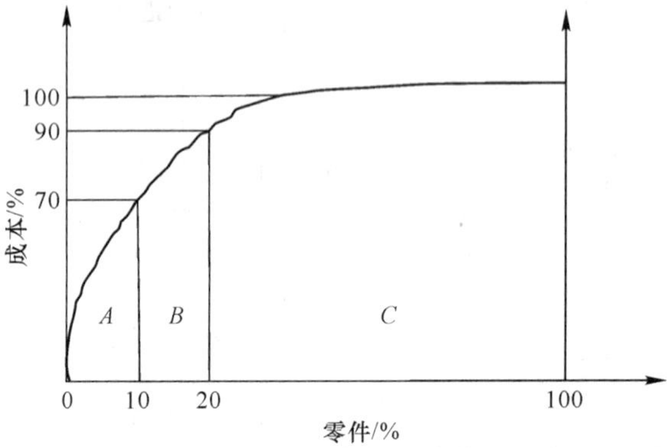

图 7-2 ABC 分析法

C 价值系数法

价值系数法又称强制确定法。在选择对象中，通过计算零配件功能重要度系数和成本系数，然后求出两个系数之比，即价值系数。根据价值系数大小来判断 VE 对象，一般把价值系数低的零配件选做 VE 活动的对象，其具体步骤如下：

（1）采用 0-1 评分法（见表 7-3）、0-4 评分法、环比评分法（又称 DARE 法，见表 7-4）确定功能重要度得分，再按式（7-4）计算零配件功能重要性系数；

（2）按式（7-5）计算各零配件的成本系数；

（3）按式（7-6）计算零配件的价值系数（见表 7-5）；

（4）将价值系数低的零配件选做 VE 活动的对象。

$$\text{功能重要度系数}\ (W)=\frac{\text{某零部件功能重要性得分}}{\text{得分总和}} \tag{7-4}$$

$$\text{成本系数}=\frac{\text{零配件现实成本值}}{\text{产品成本总值}} \tag{7-5}$$

$$\text{价值系数}=\frac{\text{零件功能重要度系数}}{\text{该零件成本系数}} \tag{7-6}$$

表 7-3 0-1 评分法评分表

零部件	*A*	*B*	*C*	*D*	*E*	总分	修正得分	功能重要性系数
A	—	1	0	1	1	3	4	0.27
B	0	—	0	1	1	2	3	0.20
C	1	1	—	1	1	4	5	0.33
D	0	0	0	—	0	0	1	0.07
E	0	0	0	1	—	1	2	0.13
合计						10	15	1.00

表 7-4 环比评分法

零配件	零配件相对得分	零配件得分	零配件重要性系数
X_1	3	9.0	0.62
X_2	3	3.0=1.0×3	0.21
X_3	2	1.0=0.5×2	0.07
X_4	0.5	0.5=1.0×0.5	0.03
X_5	—	1.0	0.07
小计			1.00

表 7-5 价值系数计算

零部件名称	功能重要性系数(1)	现实成本/元(2)	成本系数(3)	价值系数(4)=(1)/(3)	*VE* 对象选择顺序
A	0.27	80	0.53	0.51	1
B	0.20	24	0.16	1.25	2
C	0.33	20	0.13	2.54	4
D	0.07	8	0.05	1.4	3
E	0.13	18	0.12	1.08	
合计	1.00	150	1		

价值系数计算结果可能出现以下几种情况：

(1) $V=1$，说明该零配件价值高，其功能与成本匹配合理，一般无需改进，不应选为 VE 工作对象；

(2) $V<1$，说明零配件成本过大，有改进的潜力，是 VE 活动重点改进的对象；

(3) $V>1$，说明零件功能分配偏高或成本分配过低，应当查明原因，或者剔除多余功能，或者适当增加成本；

(4) $V=0$，表明该零配件不重要，可以取消或合并。

7.2.2.2 对象情报的收集

确定了价值工程的研究对象后，进一步收集这些研究对象的详细信息。在功能定义阶段，必须清楚地了解与对象有关的各种情报资料，分析研究对象的所有功能，并进行分类整理，梳理出价值工程研究对象应具备的必要功能。在功能评价阶段，要收集相关信息，以综合比较确定实现功能的最低成本方案。在制定方案阶段，为了创造和选择最优改进方案，也需要大量的情报资料。

一般说，情报资料掌握得越多，VE 对象分析得越透彻，改进的可能性就越大，价值提高的可能性就越大。收集情报要明确如下两个问题：收集情报资料的步骤以及要重点收集的情报资料。收集情报资料的步骤为：（1）确定收集情报资料的目的；（2）制定收集情报资料的计划；（3）收集并整理情报资料；（4）分析甄别情报资料；（5）建立情报的资料查询方法。

收集的情报资料包括技术、经济、市场、用户情况、法律法规等多个方面。关于技术方面的情报主要有产品新设计原理、新工艺、新设备和新材料等。新设计原理是新产品的技术基础，对企业技术发展和经济效益产生重大影响；新工艺的出现引起制造加工方法的重大变化，对设计设备也提出了新要求；新材料的应用对产品性能、差别有很大影响，同时引起工艺、设备的变化。关于经济方面的情报主要包括：产品产销量的演变及目前的产销情况；市场需求量及市场占有率的预测；产品竞争情况、主要竞争企业和产品的产量、质量、价格、销售服务、成本、利润、经营特点和管理水平等；同类企业和同类产品的发展计划、拟增投资额、规模大小。关于用户的情报主要包括：了解用户性质、经济承受能力、消费偏好、使用目的、使用环境；用户对产品的意见反馈，如用户对产品性能、价格、外观、售后服务等方面的意见要求。若涉及外协问题，还需要了解产品生产的外协情报。包括外协单位状况以及外协件的品种、数量、质量、价格、交货期等。涉及环境方面的信息收集包括减少粉尘和有害液气体外泄、减少噪声污染、减轻劳动强度、保障人身安全的技术等。

7.2.3　价值工程功能分析阶段

功能分析阶段包括功能分析和功能评价。其中，功能分析是通过透彻分析产品情报信息资料，梳理产品的功能，并对其进行分类整理，最终绘制功能系统图。功能评价则是对功能及其成本的匹配程度进行分析，以进一步锁定改进的内容和范围。

7.2.3.1　功能定义

用简洁的语言把价值工程所研究对象的功能表达出来，称为功能定义。功能定义就是对 VE 改进对象所具有的功能进行描述，明确功能的内容和水平。功能定义的根本任务就是通过产品的形式实体，准确抓住用户的本质需求。功能定义，可以通过采用一个动词、一个名词，以动宾关系把功能用简洁而准确的语言表达出来。例如手机的功能定义为联系。在功能定义描述中，既要注意表达产品的有形特征——外观、材质、质量等，又要注意产品的无形特征，以揭示产品的本质。

产品的功能可以按以下标志分类：

（1）按功能的重要程度，功能可以分为基本功能和辅助功能。基本功能是必不可少的功能，辅助功能属于次要功能。如手机的基本功能是联系，它的辅助功能是记事和计算等。

（2）按功能的性质，功能可以分为使用功能和外观功能。如台灯用于照明是使用功能，其外观特征涉及美学功能。

(3) 按目的和手段，功能可以分为上位功能和下位功能。上位功能是目的性功能，下位功能是实现上位功能的手段性功能。这种上位与下位，目的和手段又是相对的。

(4) 按总体与局部，功能可以分为总体功能和局部功能。总体功能与局部功能是目的与手段的关系。

(5) 按功能的有用性，功能可分为必要功能和不必要功能。必要功能包括使用功能、美学功能、基本功能、辅助功能等。不必要功能主要表现为多余功能、过剩功能等。

7.2.3.2　功能整理

功能整理就是按照一定的逻辑关系，把产品各构成要素的功能相互联结起来，组成一个体系，绘制功能系统图，如图 7-3 所示。对局部功能与整体功能的相互关系分析，要区分基本功能、辅助功能、不必要功能、不足功能等，以便确定需要改进的功能。关于功能整理的方法，国外已经总结出了一套规范的功能系统技术（简称 FAST），其步骤大致如下：建立功能卡片，针对每个功能的特征，对功能进行定义，进而确定功能名称；确定基本功能，并把其中最基本功能排列在左端（即上位功能）；逐个明确功能之间的关系，是上下位关系还是并列关系，梳理功能之间的逻辑关系，通过排列、修改、取消卡片，最终绘制功能系统图。在图 7-3 中，F_{12} 相对于 F_1 是下位功能，也是实现 F_1 的手段，F_1 是 F_{12} 的上位功能，也是 F_{12} 的目标。从功能系统图可知，功能是逐级得以实现的，通过分析功能应改善的幅度，以改进幅度最大为原则确定价值工程改善的对象。

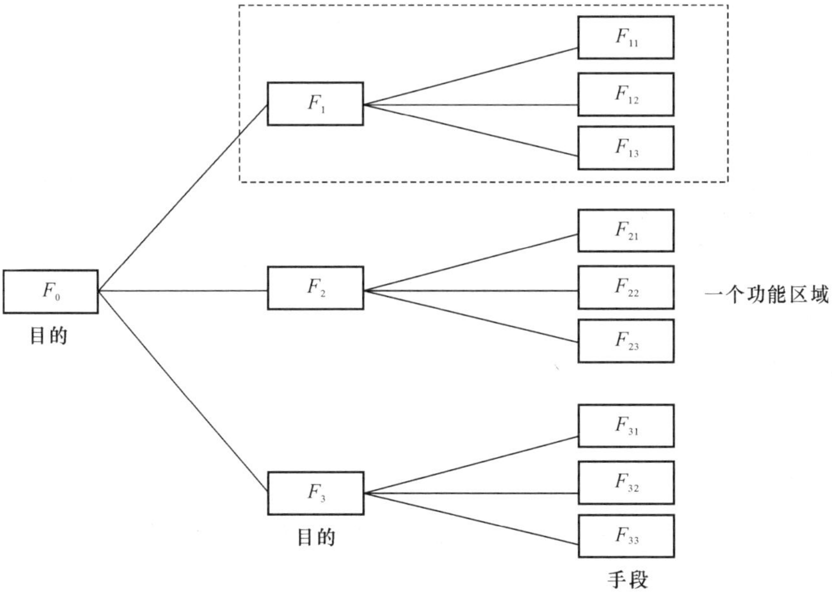

图 7-3　功能系统图

7.2.3.3　功能评价

功能评价是价值活动工程的中心环节，功能定义和功能整理仅说明了功能系统及其范围，在此基础上，通过功能评价，进一步求出实现某种功能的最低成本（或称目标成本），即确定功能的评价值，通过对比实现该功能的现实成本和目标成本，确定其成本降低幅度。

功能评价的基本程序是：(1) 计算功能的现实成本 C（目前成本）；(2) 确定功能的评价值 F（目标成本）；(3) 计算功能的价值 V（功能价值系数）；(4) 计算功能成本改善期望值 ΔC；(5) 选择价值系数低、成本改善期望值大的功能或功能区域作为重点改进对象。

A 计算功能现实成本

一般地，成本是以产品或零配件为对象进行核算的。功能的现实成本则以功能为单位进行分析和计算。产品中零配件与功能之间常常不是一一对应的关系，因此，在对功能成本进行计算时，必须采用适当的方法对零配件成本进行分配计入。

若一个零配件只实现一项功能，且这项功能只由这个零配件实现时，零配件的成本就是功能的现实成本。当一项功能由多个零配件实现，且这多个零配件为实现这项功能服务时，这多个零配件的成本之和就是该功能的现实成本。当一个零配件实现多项功能，且这多项功能只由这个零配件实现时，则按该零配件实现各功能所起作用的比重将成本分配给各项功能，即为各功能的现实成本，见表 7-6。

表 7-6 功能现实成本计算表

零配件			功能或功能区域			
序号	零配件名称	零配件成本/元	F_1 比重/%，成本/元	F_2 比重/%，成本/元	F_3 比重/%，成本/元	F_4 比重/%，成本/元
1	A	80		80，64		20，16
2	B	24	30，7.2		30，7.2	40，9.6
3	C	20	60，12	40，8		
4	D	8		50，4	50，4	
5	E	18			50，9	50，9
功能现实成本合计		C_0	C_{01}	C_{02}	C_{03}	C_{04}
		150	19.2	76	20.2	34.6

在表 7-6 中，A 零配件对实现 F_2、F_4 两项功能所起的作用分别为 80%和 20%，故功能 F_2 分配成本为 80%×80=64 元，F_4 分配成本为 20%×80=16 元。按此方法，将所有零配件的成本分配到有关功能中去，再按功能进行相加，即可得出 F_1~F_4 四种功能的现实成本 C_{01}~C_{04}。

B 确定功能的评价值

功能评价值是依据功能系统图上的功能概念，预测出对应功能的成本。这项工作不是一般概念的成本计算，而是把用户需求的功能换算为货币金额，即实现该功能的目标成本，也是功能的评价值。可以采用功能重要度系数法来确定功能的评价值。功能重要度系数法，即强制确定法，是一种间接评价的方法，其步骤为：将产品功能划分为几个功能区域，并根据各功能区域的重要程度和复杂程度，确定各个功能区域的功能重要度系数，然后将产品的目标成本按功能重要度系数分配给各功能区域作为该功能区域的目标成本，即功能评价值。该方法的关键是确定产品整体的目标成本和确定功能重要度系数。

产品的目标成本，可以参照同行业的先进水平或本企业的历史最好情况来确定，一般适用于具有同类可比性的产品或零部件；或者根据市场竞争的需要来确定产品的目标成本。对新产品，往往是在成本核算的基础上确定产品的目标成本。目标成本既要有先进性，即必须经过努力才能达到，又要有可行性，即有实现的可能。根据尽可能搜集到同行业、同类产品的情况，从中找出最低费用水平作为该产品的目标成本。

确定功能重要度系数的方法主要采用功能打分法，常用的功能打分法仍是强制打分法、0-1 评分法、0-4 打分法和环比评分法等。以 0-4 评分法确定表 7-6 中的四项功能的重要性系数。0-4 评分法的评分标准为：非常重要的（或实现难度非常大的）功能得 4 分，很不重要的（或实现难度很小的）功能得 0 分；比较重要（或实现难度比较大的）功能得 3 分，不太重要的（或实现难度不太大）的功能得 1 分；两个功能重要程度（或实现难度）相同时各得 2 分。分析结果见表 7-7。

表 7-7　功能重要度系数计算表（0-4 评分表）

评价对象	F_1	F_2	F_3	F_4	得分	功能重要度系数
F_1	2	3	4	4	13	0.41
F_2	1	2	3	3	9	0.28
F_3	0	1	2	0	3	0.09
F_4	0	1	4	2	7	0.22
合计					32	1.00

确定了产品的目标成本和功能重要度系数以后，按功能重要度系数就可以分摊目标成本，从而得出各功能评价值。如果产品目标成本为 120 元，根据用 0-4 评分法得出的功能重要度系数（见表 7-7），可以求出各功能的评价值，计算公式如下：

$$\text{功能评价值}=\text{功能重要度系数}\times\text{目标成本} \tag{7-7}$$

C　计算功能的价值系数和成本改善期望值

功能价值系数是评价各功能价值实现情况的指标，它等于功能评价值除以功能现实成本值，其计算公式如下：

$$\text{功能价值系数}\ (V)=\frac{\text{功能评价值}\ (F)}{\text{功能现实成本}\ (C)} \tag{7-8}$$

成本改善期望值是功能现实成本与功能评价值的差额，其计算公式如下：

$$\text{成本改善期望值}=\text{功能现实成本}\ (C)\ -\text{功能评价值}\ (F) \tag{7-9}$$

进一步按照式（7-7）~式（7-9）计算各个功能的改进幅度和价值系数，见表 7-8。

表 7-8 功能评价值计算表

评价对象	现实成本	功能重要度系数	功能评价值	价值系数	改进幅度	改进次序
F_1	19.2	0.41	0.41×120=49.2	2.56	—	—
F_2	76.0	0.28	0.28×120=33.6	0.44	42.4	1
F_3	20.2	0.09	0.09×120=10.8	0.53	9.4	2
F_4	34.6	0.22	0.22×120=26.4	0.76	8.2	3
合计	150.0	1.00	120			

D 选择功能改进对象

选择功能改进对象时，考虑的因素主要是功能价值系数大小和成本改善期望值的大小，分为3种情况：

（1）当价值系数等于或趋近于1时，功能现实成本等于或接近于功能评价值，说明功能现实成本是合理的，价值最佳，无需改进。

（2）当价值系数小于1时，表明功能现实成本大于功能评价值，说明功能现实成本偏高，有改进的潜力，是重点改进的对象，如 F_2、F_3、F_4。

（3）当价值系数大于1时，表明功能现实成本小于功能评价值，说明功能现实成本偏低。其原因可能是功能不足，满足不了用户要求。在这种情况下，应增加成本，更好地实现用户要求的功能。

在选择改进对象时，要将价值系数和成本改善期望值两个因素综合起来考虑，即选择价值系数低、成本改善期望值大的功能或功能区域作为重点改进对象。

7.2.4 价值工程创新阶段

7.2.4.1 方案的创造

确定了需要改进的对象后，要进一步对改进对象收集相关信息，提出改进方案，即创造方案。通常采用头脑风暴法、模糊目标法和专家意见法制定新方案。

（1）头脑风暴法，即面对面讨论方法，与会人员自由地思考，努力捕捉瞬时的灵感，构思新方案，通常由一名熟悉研究对象，善于启发思考的人主持会议，一般按以下四条原则组织会议：畅所欲言，自由地发表意见；尽可能多地收集方案；不评论提出的方案；要求结合别人的意见提设想。

（2）模糊目标法是美国人哥顿提出的方法，又称哥顿法。该法是以会议方式提出改进方案，通常由若干不同背景的人参与会议，会议前将所要研究解决的问题加以适当抽象，会议的具体目的只有会议主持人知道。在会上，主持人并不把要解决的问题提出，而是提出一个抽象模糊的功能概念，让与会者开阔思路，多提方案。主持人根据会议的进行情况，将主题逐渐明确，经过讨论，力求取得统一的意见。

（3）专家意见法也称为德尔菲法，即背靠背收集意见法。通过组织者将研究对象的问题和要求，以函寄给若干有关专家，由专家返回意见，经整理出若干方案和建议后，再匿名函寄给有关专家征求意见，再回收整理，经过几轮收集意见后确定出新的功能实现方案。这种方法专家们彼此不见面，可以无所顾虑地大胆提出方案。

7.2.4.2 方案的评价

方案评价是在方案创造的基础上对若干新构思的方案进行技术、经济、社会和环境效益等方案的评价，以便选择最佳方案。方案评价分为概略评价和详细评价两个阶段，其过程如图 7-4 所示。

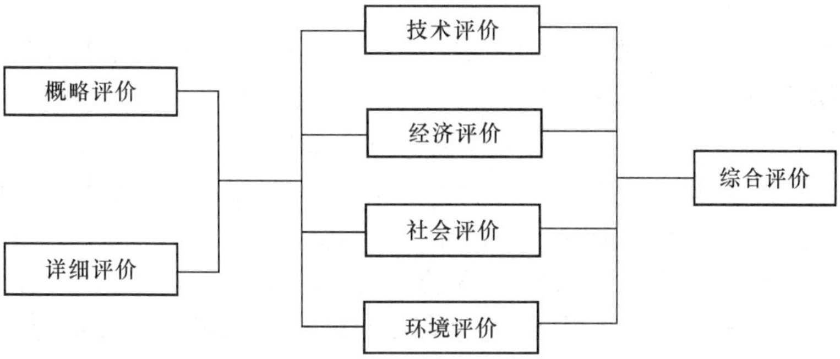

图 7-4 方案评价步骤及内容

A 方案的概略评价

在进行方案创造时，不同的人可能从不同的角度提出了很多的方案。为获得技术可行、经济上合理、能尽可能地实现用户多要求的各项功能的新方案、新产品，必须对新方案进行整理和评价，初选最佳的方案，其工作步骤为：(1) 将构思相同或类似的方案进行归纳分类；(2) 将抽象或模糊的方案明确化；(3) 调整和优化方案；(4) 根据新方案在技术上实现功能的可能性、成本的节约情况、有无污染环境或违反国家某些政策的情况，最后选择较好的方案。

B 方案的详细评价

方案的详细评价是在对经过初步评价所保留的方案进一步整理、充实和完善的基础上，通过详细的调查研究和技术经济分析，选择出最佳方案，并实施。与初步评价相比，详细评价在内容上更为广泛，方法上更为复杂，要求上更为严格。详细评价主要分为技术评价、经济评价、社会评价和环境评价。

C 技术评价

技术评价主要是以用户所要求的功能为依据，评价方案的必要功能和功能实现的制约条件以及实现过程。一般来说，对产品方案的技术评价，应考虑：(1) 必要功能能否实现及其实现程度；(2) 方案各项技术参数能否达到；(3) 方案在技术上实施的可能性；(4) 产品的安全性和操作性；(5) 产品的外观；(6) 产品的加工性、装配性、搬运性；(7) 产品本身与周围环境、条件的协调；(8) 产品中采用技术对现有问题的解决程度。

D 经济评价

经济评价应该反映一个产品或项目的经济性指标如下：(1) 费用成本的节省（包括年总成本和单位产品成本）；(2) 一次性投资的节省；(3) 投资效果系数与投资回收期；(4) 市场销路和产品可能获得的利润。

E 社会评价与环境评价

社会评价是从国家、企业、用户三个方面的利益出发评价的好坏，通常要考虑如下因素：(1) 方案需要条件与国家有关技术政策、科技发展规划是否一致；(2) 企业所取得的效益与社会效益是否协调一致；(3) 方案实施与环境保护、生态平衡是否协调。

7.2.4.3 方案的综合选择

方案经过评价，从中选出技术上先进、经济上合理和社会效益佳的方案。方案综合选择的方法很多，主要有以下几种方法：

(1) 优缺点列举法。把每一个方案在技术上、经济上的优缺点详细列出，进行详细地综合分析，用淘汰法逐步缩小考虑范围，从而确定最佳方案。

(2) 直接打分法。根据各种方案能够达到各项功能要求的程度，按 10 分制（或 100 分制）打分，然后算出每个方案达到功能要求的总分，比较各方案总分，作出采纳、保留、舍弃的决定，再对采纳、保留的方案进行成本比较，最后确定最优方案。

(3) 加权打分法（矩阵评分法）。这种方法是将功能、成本等各种因素，根据要求的不同进行加权计算，权数大小应根据其在产品中所处的地位而定，算出综合分数，最后与各方案寿命周期费用进行综合比较分析，选择最优方案。

针对表 7-8 中的功能分析结果，可知功能 F_2 是急需改进的，组织团队成员采用头脑风暴法拟定了甲乙两个方案，进一步组织专家对两个方案进行综合评价（采用加权打分法），详见表 7-9 和表 7-10。

表 7-9 方案评分表（10 分制）

方案	因素（权重）			
	技术	社会	环境	综合总分
	0.4	0.25	0.35	
甲	9	8.5	9.2	8.95
乙	8	8.9	9	8.58

表 7-10 方案评价及选择

方案	综合总分	功能系数	成本/元	成本系数	价值系数	方案选择
甲	8.95	0.51	850	0.505	1.01	√
乙	8.58	0.49	832	0.495	0.99	

7.2.5 价值工程实施阶段

价值工程实施阶段应做到组织落实、经费落实、物质落实和时间落实等。组织落实，即把具体的实施方案落实到职能部门和有关人员；经费落实，即把实施方案所需经费的来源和使用安排落实好；物质落实，即把实施方案所需的物资、装备落实好；时间落实，即把实施方案的起止时间及各阶段的时间妥善安排好。在方案实施过程中，做到对方案实施情况的检查，发现问题及时解决，方案实施完成后，要进行总结评价和验收。

7.3 价值工程的应用

7.3.1 价值工程在产品生产经营管理中的应用

7.3.1.1 案例背景

某企业经营多种产品A、B和C，经过两年的生产运营发现生产的整体经济效果不佳，针对三类产品的生产经营情况，收集相关信息并进行分析，以确定改进的对象和针对现有问题提出改进方案。

7.3.1.2 收集资料

从客户意见、生产成本数据、销售情况等信息，发现：产品A的技术陈旧，产品B的生产量较大、工序较烦琐，产品C的用户意见多、竞争力差，三类产品的成本数据见表7-11。采用定性分析和定量分析确定价值工程的研究对象，采用百分比法分析确定B为企业重点研究对象。

表7-11 产品的基础信息

指 标	产 品		
	A	B	C
成本比重/%	5.2	19.8	7.2
利润比重/%	8.8	6.4	7.6
利润-成本比	1.69	0.32	1.06

7.3.1.3 功能分析

针对B进行功能分析，产品B有五个功能B_1、B_2、B_3、B_4和B_5，进一步收集信息，产品B的目标成本为1200元，见表7-12，采用价值工程分析方法分析需要重点改进的功能是B_4。

表7-12 产品功能成本及改进幅度

指 标	功 能					
	B_1	B_2	B_3	B_4	B_5	合计
功能得分	4	5	2	3	1	15
现实成本/元	360	430	175	282	80	1327
功能重要性系数	0.27	0.33	0.13	0.20	0.07	1.00
功能目标成本	324	396	156	240	84	1200
现实成本/元	360	430	175	282	80	1327
改进幅度/元	36	34	19	42	—	

7.3.1.4 方案评价

为了改进功能，提出甲、乙、丙、丁四个改进方案，改进方案的功能指数和单方造价见表 7-13，采用价值工程方法进行分析，确定丙方案执行。

表 7-13 方案优化选择

指 标	方 案				
	甲	乙	丙	丁	合计
功能指数	0.22	0.23	0.35	0.20	1.00
每平方米造价/元	2650	2550	2520	2580	10300
成本指数	0.26	0.25	0.24	0.25	
价值系数	0.85	0.92	1.46	0.79	

7.3.2 价值工程在选房中的应用

7.3.2.1 背景资料

某家庭想购买一套住房，根据家庭需要，拟在三个小区分别将其中 2 套住房作为考虑对象，该家庭为如何选房收集了资料，见表 7-14。

表 7-14 备选方案及其指标值

指 标	方 案					
	A_1	A_2	A_3	A_4	A_5	A_6
X_1 价格/元 · m^{-2}	4500	4800	3800	4000	4200	4100
X_2 容积率	1.53	1.53	2.20	2.20	2.00	2.00
X_3 绿化率/%	45	45	36	36	44	44
X_4 基础设施评分	9.5	9.5	9.0	9.0	9.2	9.2
X_5 户型	9.0	9.2	9.2	9.4	9.3	9.1

7.3.2.2 方案选择

采用价值工程方法的思路，性价比最大的方案为最优方案，故计算各个方案的功能系数见表 7-15。由于绿化率是越大越好的，因此将总分 10 分按比例分配给各个小区。容积率是越小越好的，所以将总分 10 分按比例分配给各个小区，其结果见表 7-15。进一步分析各个指标的权重系数，计算各个方案的价值系数，最终选择 A_3。

表 7-15 备选方案的功能系数计算

指 标	方 案					
	A_1	A_2	A_3	A_4	A_5	A_6
X_2 容积率（0.3）	3.84	3.84	2.67	2.67	3.49	3.49

续表 7-15

指标	方案					
	A_1	A_2	A_3	A_4	A_5	A_6
X_3 绿化率（0.2）	3.6	3.6	2.9	2.9	3.5	3.5
X_4 基础设施评分（0.2）	9.5	9.5	9.0	9.0	9.2	9.2
X_5 户型（0.3）	9.0	9.2	9.2	9.4	9.3	9.1
总分	6.47	6.53	5.94	6.00	6.38	6.32
功能系数	0.172	0.169	0.150	0.148	0.153	0.148
成本系数	0.177	0.189	0.150	0.157	0.165	0.161
价值系数	0.971	0.895	1.002	0.938	0.926	0.918

思考与练习

7-1 什么叫价值工程?

7-2 价值工程中的价值、成本功能的含义是什么?

7-3 提高产品价值的主要途径有哪些?

7-4 试举例说明新产品开发中价值分析的重要性。

7-5 某产品由 12 种零部件组成，各种零部件的个数和每个零部件的成本见表 7-16，用 ABC 分析法选择价值工程研究对象，并画出 ABC 分析图。

表 7-16 某产品零部件构成表

零部件名称	A	B	C	D	E	F	G	H	I	J
零部件个数	1	1	2	2	18	1	1	3	5	3
每个零部件成本/元	5.12	4.28	2.15	1.76	0.15	0.83	0.76	0.33	0.35	0.19

7-6 利用 0-1 评分法对习题 7-5 的产品进行功能评价，评价后零部件的平均得分见表 7-17。利用价值系数判别法，如果取价值系数最小的零部件作为价值工程研究对象，应该选哪种零部件?

表 7-17 某产品零部件功能得分表

零件名称	A	B	C	D	E	F	G	H	I	J
平均得分	8	7	3	4	4	11	10	8	7	11

7-7 已知某产品由 4 个主要零部件、7 种功能组成，经过专家用 0~4 评分法得到的各功能评分值及功能现实成本列于表 7-18 中。若产品目标成本为 60 元，试根据已知资料进行该产品功能改善幅度目标计算。

表 7-18 功能评分值和功能现实成本

序号	项目		
	功能	功能评分值	功能现实成本/元
1	F_1	105	19

续表 7-18

序 号	项 目		
	功能	功能评分值	功能现实成本/元
2	F_2	104	15
3	F_3	103.5	16
4	F_4	109.5	10
5	F_5	108	6
6	F_6	102	6
7	F_7	70	5
合 计		702	77

8 建设项目融资管理

学习目标

1. 掌握项目融资方式及特点。
2. 掌握资金成本概念及其计算方法。
3. 掌握融资模式、特点及适用范围

背景资料

某投资咨询公司为一客户提供了可行性研究的咨询服务。针对市场调查信息和客户提供的财务基础数据：建设期 3 年，运营期 12 年，总投资 12 亿元，生产规模 20 万件/年，预计销售价格 1200 元，年销售额 2.4 亿元，固定成本 0.8 亿元，单位产品变动成本为 400 元/件，销售税金及附加率为 12%，该公司为客户（企业）提出投资建议：该项目可以投资。此客户（企业）决定投资该项目，但自有资金仅有 3 亿元，如何处理呢？

为此，该投资公司继续为客户（企业）提供了融资方案制定的服务。通过梳理该项目投资组成发现，该项目投资中，大型设备购置费用为 2 亿元，故投资公司与相关设备租赁公司和多家银行联系，考虑资金成本的高低和借款期长短的影响，最终制定该项目剩余资金来源为：通过设备租赁方式解决大型设备购置的资金需求，与两家银行签订贷款合同，贷款金额分别为 3 亿元和 4 亿元。

8.1 融资主体及其融资方式

8.1.1 项目融资主体

项目的融资主体是指进行融资活动、并承担融资责任和风险的项目法人。一般而言，项目融资主体可分为既有法人融资主体和新设法人融资主体两类。

8.1.1.1 既有法人融资主体适用条件

（1）既有法人为扩大生产能力而兴建的扩建项目或原有生产线的技术改造项目；

（2）既有法人为新增生产经营所需水、电、汽等动力供应及环境保护设施而兴建的项目；

（3）项目与既有法人的资产以及经营活动联系密切；

（4）现有法人具有为项目进行融资和承担全部融资责任的经济实力；

（5）项目盈利能力较差，但项目对整个企业的持续发展具有重要作用，需要利用既有法人的整体资信获得债务资金。

8.1.1.2 新设法人融资主体适用条件

（1）项目发起人希望拟建项目的生产经营活动相对独立，且拟建项目与既有法人的经营活动联系不密切；

（2）拟建项目的投资规模较大，既有法人财务状况较差，不具有为项目进行融资和承担全部融资责任的经济实力，需要新设法人募集资金；

（3）项目自身具有较强的盈利能力，依靠项目自身未来的现金流量可以按期偿还债务。

8.1.2 项目融资方式

既有法人融资方式包括内部融资、新增资本金和新增债务资金。新增债务资金依靠既有法人整体的盈利能力来偿还，并以既有法人整体的资产和信用承担债务担保。新设法人融资方式包括项目公司股东投入的资本金和项目公司承担的债务资金。无论是何种情况，现代企业的资本来源包括权益资本和债务资本。这两种资本之间应该保持合理的比例关系。权益资金主要指项目的资本金。债务资金是指公司向金融机构贷款的资金。

8.1.2.1 项目资本金

A 资本金的概念

项目资本金是指在项目总投资中，由投资者认缴的出资额。这部分资金对项目的法人而言，是非债务资金，即投资者不承担这部分资金的任何利息和债务。投资者可以转让其出资，但不能以任何方式抽回，投资者以出资比例获取权益。

B 资本金出资形式

项目资本金的出资方式为货币、实物、工业产权、非专利技术、土地使用权和作价出资的资源开采权等。作价出资的实物、工业产权、非专利技术、土地使用权和资源开采权，必须经过有资格的资产评估机构依照法律法规评估作价。其中，以工业产权、非专利技术作价出资的比例不得超过资本金总额的20%，但经特别批准，部分高新技术企业可以达到35%。

C 资本金比例

建设项目的资本金占总投资的比例不低于20%。项目审批部门对项目资本金有相关规定，贷款的银行或其他金融机构在选择项目为其提供贷款时，也要考虑资本金的比例。因为项目投资者的资本金是金融机构的安全保障，投资者的资本金比例越大，金融机构承担的风险越小。为减少金融机构的投资风险，不同行业的资本金比例有所提高。《国务院关于调整和完善固定资产投资项目资本金制度通知》（国发〔2015〕51号）中调整了固定资产投资项目的最低资本金比例，例如，城市轨道交通项目、铁路和公路项目、保障性住房和普通商品房项目、电力项目和玉米深加工项目的项目资本金最低比例为20%，港口、沿海及内河航运、机场项目、化肥（钾肥除外）的项目资本金最低比例为25%；煤炭、电石、铁合金、烧碱、焦炭、黄磷等项目的项目资本金最低比例为30%；水泥项目的资本金为35%；钢铁、电解铝项目的项目资本金最低比例为40%。对于城市地下综合管廊、城市停车场项目，以及经国务院批准的核电站等重大建设项目，可以在规定的最低资本金比例基础上适当降低。

投资项目的资本金一次认缴，并根据批准的建设进度按比例逐年到位。凡是资本金不落实的投资项目，一律不得开工建设。

D 资本金筹措渠道和方式

既有法人作为项目法人进行项目资本金筹措，不组建新的独立法人，筹资方案应与既有法人公司的总体财务安排相协调。既有法人的项目资本金来源分为内部来源和外部来源。内部资金来源包括企业的现金、未来生产经营中获得的可用于项目的资金、企业资产变现和企业产权转让。外部资金来源包括企业增资扩股、优先股和国家预算内投资。

新设法人项目资本金筹措方式有两种形式：一种是在新法人设立时由发起人和投资人按项目资本金额度要求提供足额资金；另一种是由新设法人在资本市场上进行融资来形成项目资本金。新设项目法人项目资本金通常以注册资本的方式投入。项目法人筹措资本金形式主要包括私募、公开募集和合资合作等渠道。

8.1.2.2 债务资金

A 债务资金的概念

债务资金是指项目投资中除项目资本金外，以负债方式取得的资金。债务资金是项目公司的重要资金来源。债务融资的优点是速度快、成本较低，缺点是融资风险较大，有还本付息的压力。

B 债务资金的筹集渠道

债务资金的筹集渠道包括信贷方式融资、债券方式融资和租赁方式融资。

（1）信贷方式融资。信贷方式融资是项目负债融资的重要组成部分，是公司融资和项目融资中最基本和最简单，也是比重最大的债务融资形式。国内信贷资金主要有商业银行和政策性银行等提供的贷款。国外信贷资金主要有商业银行贷款，以及世界银行、亚洲银行和政策性银行等国际金融的贷款。此外，还有外国政府贷款、出口信贷以及信托投资公司等非银行金融机构提供的贷款。信贷融资方案应说明拟提供贷款的机构及其贷款条件，包括支付方式、贷款期限、贷款利率、还本付息方式及附加条件等。

信贷方式融资来源分为商业银行贷款、政策性银行贷款、出口信贷、银团贷款和国际金融贷款等。

（2）债券方式融资。债券是债务人为筹集债务资金而发行的、约定在一定期限内还本付息的一种有价证券。企业债券融资是一种直接融资。发行债券融资可从资金市场直接获得资金，资金成本一般低于银行借款。由于有较为严格的证券监管，只有实力很强并且有很好信用的企业才有能力发行企业债券。发行债券融资，大多需要有第三方担保，获得债券信用增级，以使债券发行成功，并可降低债券发行成本。

可转换债券融资是企业发行的一种特殊形式债券。在预先约定的期限内，可转换债券的持有人有权选择按照预先规定的条件将债权转换为发行人公司的股权。在公司营业业绩变好时，股票价值上升，可转换债券的持有人倾向于将债权转为股权；当公司业绩下降或者没有达到预期效益时，股票价值下降，则倾向于兑付本息。现有公司发行可转换债券，通常并不设定后于其他债权受偿，对于向其他公司提供贷款的债权人来说，可转换债券不能视为公司的资本金融资。可转换债券的发行条件与一般企业债券类似，但由于附加有可转换为股权的权利，通常可转换债券的利率更低。

债券融资的特点：债券利息固定；资金成本低于股票成本；不影响企业控权（债券持有者不参与企业管理）；企业所得税少（债券利息计入成本）；资产收益率低于债券利息率时，产生财务杠杆负效益；财务风险和破产风险使债务资金成本和权益资金成本增加，从而增大了企业总资金成本；债券合同的保护性条款对资金调度和股息策略融资制约，降低了经营灵活性。

（3）租赁方式融资。租赁方式融资是指当企业需要筹措资金、购置必要的设备时，可以通过租赁公司代其购入所选择的设备，并以租赁的方式将设备租给企业使用。大多数情况下，出租人在租期内向承租人分期回收设备的全部成本、利息和利润。租赁期满后，将租赁设备的所有权转移给承租人，通常为长期租赁。租赁分为经营性租赁和融资性租赁。经营租赁适合临时设备，融资租赁适用于贵重设备。

8.1.3 筹集项目资本金应注意的问题

（1）确定项目资本金的具体来源渠道。对于一个工程项目来讲，资本金是否落实或者到位是非常重要的，这不仅决定项目能否开工，还决定其他资金的提供者。工程项目的资本金可能来自多种渠道，既可能有投资者自己的积累，也可能有政府的拨款、主管部门的投入或发行股票等。但作为具体的工程项目，其资本金的来源渠道可能是有限的，因此，项目的投资者可根据自己所掌握的有关信息，确定资本金的具体的、可能的来源渠道。

（2）根据资本金的额度确定项目的投资额。政府职能部门审批项目和金融机构提供贷款，都要求投资者投入一定比例的资本金，否则项目不能开工。这就要求投资者根据自己所能筹集到的资本金确定工程项目的投资额。

（3）合理掌握资本金投入比例。无论从承担风险的角度看，还是从合理避税、提高投资回报率角度看，投资者投入的资本金比例越低越好。所以，投资者在投入资本金时，除了满足政府有关职能部门和其他资金提供者的要求外，不宜过多的投入资本金。如果企业自有资金比较充足，可以多投一些在项目上，但不宜全部作为资本金。这样不但可以相应地减少企业的风险，而且可以提高投资收益水平。

（4）合理安排资本金到位的时间。实施一个工程项目，特别是大中型工程项目，往往需要比较长的时间，短则1~2年，长的可能超过2年。一般情况下，一个工程项目的资金供应是根据其实施进度进行安排的。如果资金到位的时间与工程进度不符，要么是影响工程进度，要么是形成资金的积压，增加了融资成本。作为投资者投入的项目资本金，不一定要一次到位，可以根据工程进度和其他相关因素，安排资本金的到位时间。

8.2 资金成本及计算方法

在初步确定工程项目的资金筹措方式和资金来源后，应进一步对融资方案进行分析，以降低融资成本和融资风险。

8.2.1 资金成本

8.2.1.1 资金成本的含义

资金成本是投资者为筹集和使用资金而付出的代价，包括筹集费用和资金占用费。

资金筹集费用是指投资者在资金筹措过程中支付的各项费用，主要包括向银行借款的手续费；发行股票、债券而支付的各项代理发行费用，如印刷费、手续费、公证费、担保费和广告费等。资金筹集费用属于一次性费用，筹资次数越多，资金筹集成本也就越大。

资金占用费主要包括支付给股东的各种股利、向债权人支付的贷款利息以及支付给其他债权人的各种利息费用等。资金占用费一般与资金筹集数额及资金使用时间长短有关，具有经常性、定期支付的特点。

8.2.1.2 资金成本的作用

（1）资金成本是选择资金来源和筹资方式的重要依据。企业筹集资金的方式多种多样，如发行股票、债券、银行借款等，不同的筹资方式，其个别的资金成本也不尽相同。企业力求选择资金成本最低的筹资方式。

（2）资金成本是投资者进行资金结构决策的基本依据。项目的资金结构由权益资金和债务资金组成，这种组合有多种方案。如何寻求两者间的最佳组合，一般计算各种方案的综合资金成本，选择其综合资金成本最低的筹资方案。

（3）资金成本是评价企业经营业绩的基准。资金成本是衡量企业经营业绩的尺度，全部投资的利润率应高于资金成本，否则表明业绩欠佳，需要改善经营管理。

8.2.2 资金成本的计算

资金成本可用绝对数表示，也可用相对数表示。为便于分析比较，资金成本一般用相对数表示，称为资金成本率。其一般计算公式为：

$$K = \frac{D}{P - F} = \frac{D}{P(1 - f)} \tag{8-1}$$

式中，K 为资金成本率（一般通称为资金成本）；P 为筹集资金总额；D 为资金占用费；F 为筹资费；f 为筹资费费率（即筹资费占筹集资金总额的比率）。

考虑资金筹集方式的差异，确定各类资金成本的计算方法如下。

8.2.2.1 银行借款的资金成本

（1）不考虑资金筹集成本，则银行借款的资金成本计算式如下：

$$K_d = (1 - T) \times R \tag{8-2}$$

式中，K_d 为银行借款的资金成本；T 为所得税税率；R 为银行借款利率。

（2）项目贷款实行担保，则银行借款的资金成本计算式如下：

$$K_d = (1 - T) \times (R + V_d) \tag{8-3}$$

$$V_d = \frac{V}{P \times n} \times 100\% \tag{8-4}$$

式中，V_d 为担保费率；V 为担保费总额；P 为企业借款总额；n 为担保年限。

（3）考虑资金筹集成本，则银行借款的资金成本计算式如下：

$$K_d = \frac{(1 - T) \times (R + V_d)}{1 - f} \tag{8-5}$$

例题 8-1　某企业为某建设项目申请银行长期贷款 2000 万元，年利率为 8%，每年付息一次，到期一次还本，贷款管理费及手续费率为 0.6%。企业所得税税率 25%，试计算该项目长期借款的资金成本。

解：$K_d = \dfrac{(1-25\%)\times 8\%}{1-0.6\%} = 6.04\% < 8\%$

8.2.2.2　债券资金成本

发行债券的成本主要是指债券利息和筹资费用。债券的筹资费用一般比较高，不可在计算融资成本时省略。债券资金成本的计算公式为：

$$K_b = \frac{(1-T)\times I_b}{B(1-f_b)} \tag{8-6}$$

式中，K_b 为债券资金成本；B 为债券筹资额；f_b 为债券筹资费率；I_b 为债券年利息。

若债券溢价或折价发行，为了更精确地计算资金成本，应以其实际发行价格作为债券筹资额。

例题 8-2　假定某公司发行面值为 600 万元的 8 年期债券，票面利率 6%，发行费率 5%，发行价格 650 万元，公司所得税税率为 25%，试计算该公司债券的资金成本。如果公司以 550 万元发行面额为 600 万元的债券，则资金成本又为多少？

解：(1) 根据公式，以 650 万元价格发行时的资金成本为：

$$K_b = \frac{(1-T)\times I_b}{B(1-f_b)} = \frac{600\times 6\%\times(1-25\%)}{650\times(1-5\%)} = 4.37\%$$

(2) 以 550 万元价格发行时的资金成本为：

$$K_b = \frac{(1-T)\times I_b}{B(1-f_b)} = \frac{600\times 6\%\times(1-25\%)}{550\times(1-5\%)} = 5.17\%$$

8.2.2.3　优先股成本

与负债利息的支付不同，优先股的股利不能在税前扣除，因而在计算优先股成本时无需经过税赋的调整。优先股成本的计算公式为：

$$K_p = \frac{D_p}{P_p(1-f_p)} \tag{8-7}$$

$$K_p = \frac{P_p\times i}{P_p(1-f_p)} = \frac{i}{1-f_p} \tag{8-8}$$

式中，K_p 为优先股资金成本；D_p 为优先股每年股息；P_p 为优先股面值；f_p 为优先股筹资费率；i 为股息率。

例题 8-3　某公司为某项目发行优先股股票，票面额按正常市价计算为 200 万元，筹资费率为 4%，股息年利率为 14%，试求其资金成本。

解：根据公式，$K_p = \dfrac{200\times 14\%}{200\times(1-4\%)} = 14.58\%$

8.2.2.4　普通股资金成本

普通股资金成本属权益融资成本。权益资金的资金占用费是向股东分派的股利，而股利是以所得税后净利润支付的，不能抵减所得税。计算普通股资金成本，常用的方法有评价法和资本资产定价模型法。

A 评价法

计算普通股资金成本公式如下：

$$K_c = \frac{D_c}{P_c(1 - f_c)} + G \tag{8-9}$$

式中，K_c 为普通股资金成本；D_c 为预期年股利额；P_c 为普通股筹资额；f_c 为普通股筹资费率；G 为普通股利年增长率。

B 资本资产定价模型法

计算普通股资金成本如下：

$$K_c = R_f + \beta(R_m - R_f) \tag{8-10}$$

式中，R_f 为无风险报酬率；R_m 为平均风险股票必要报酬率；β 为股票的风险校正系数。

例题 8-4 某公司发行普通股正常市价为 400 万元，筹资费率为 4%，第 1 年的股利率为 10%，以后每年增长 5%，试求其资金成本率。

解：$K_c = \frac{400 \times 10\%}{400 \times (1-4\%)} + 5\% = 15.4\%$

例题 8-5 某证券市场无风险报酬率为 12%，平均风险股票必要报酬率为 15%，某一股份公司普通股 β 值为 1.20，试计算该普通股的资金成本。

解：$K_c = 12\% + 1.20 \times (15\% - 12\%) = 15.6\%$

8.2.2.5 融资租赁资金成本

企业租入某项资产，获得其使用权，要定期支付租金，并且租金列入企业成本，可以减少应付所得税。因此，其租金成本率为：

$$K_L = \frac{E}{P_L} \times (1 - T) \tag{8-11}$$

式中，K_L 为融资租赁资金成本；E 为年租金额；P_L 为租赁资产价值。

8.2.2.6 留存盈余资金成本

留存盈余是指企业未以股利等形式发放给投资者而保留在企业的那部分盈利，即经营所得净收益的积余，包括盈余公积和未分配利润。留存盈余是所得税后形成的，其所有权属于股东，实质上相当于股东对公司的追加投资。股东将留存盈余留用于公司，是想从中获取投资报酬，所以留存盈余也有资金成本，即股东放弃将盈余资金向外投资的机会成本。它与普通股成本的计算基本相同，只是不考虑筹资费用。如按评价法，计算公式为：

$$K_r = \frac{D_c}{P_c} + G \tag{8-12}$$

式中，K_r 为留存盈余资金成本。

8.2.2.7 加权平均资金成本

工程项目的资金筹集一般采用多种融资方式，不同来源的资金，其资金成本各不相同。由于工程实践中条件制约，项目不可能只从某种低成本的来源筹集资金，而是制定资金筹资方案。因此，在计算各种融资方式个别资金成本的基础上，还要计算整个融资方案的加权平均融资成本，以反映工程项目的整个融资方案的融资成本状况。其计算公式为：

$$K_w = \sum_{j=1}^{n} K_j \times W_j \tag{8-13}$$

式中，K_w 为加权平均资金成本；K_j 为第 j 种融资渠道的资金成本；W_j 为第 j 种融资渠道的资金占全部资金的比重（权数）。

例题 8-6 A 公司从银行获取长期借款 2000 万元、长期债券 5000 万元、普通股 4000 万元，其资金成本率分别为 5%、6%和 12%，该公司的综合资金成本为多少？

解：综合资金成本率＝2000×5%/11000+5000×6%/11000+4000×12%/11000＝8%

8.2.3 融资风险分析

融资方案的实施经常会受到各种风险因素的影响。融资风险分析就是对可能影响融资方案的风险因素进行识别和预测。通常可能的融资风险因素有下列几种。

8.2.3.1 投资缺口风险

工程项目在建设过程中由于技术设计、施工图设计及施工过程中增加工程，由于价格上涨引起工程造价变化等，都会引起投资额的增加，导致原估算投资额出现缺口。

8.2.3.2 资金供应风险

资金供应风险是指融资方案在实施过程中，可能出现资金落实不到位，导致建设工期拖长，工程造价增加，原定投资效益目标难以实现的风险。主要风险有：

（1）原定筹资额全部或部分落空，例如已承诺出资的投资者中途变故，不能兑现承诺；

（2）原定发行股票、债券计划不能实现；

（3）既有项目法人融资项目由于企业经营状况恶化，无力按原定计划出资；

（4）其他资金不能按建设进度足额及时到位。

8.2.3.3 利率风险

利率水平随着金融市场行情而变动，如果融资方案中采用浮动利率计息，则应分析贷款利率变动的可能性及其对项目造成的风险和损失。

8.2.3.4 汇率风险

汇率风险是指国际金融市场外汇交易结算产生的风险，包括人民币对各种外币币值的变动风险和各外币之间比价变动的风险。利用外资数额较大的投资项目应对外汇汇率的趋势进行分析，估测汇率发生较大变动时，对项目造成的风险和损失。

8.3 项目融资

8.3.1 项目融资的特点和程序

8.3.1.1 项目融资的特点

A 项目导向

与其他融资过程相比，项目融资以项目资产、预期收益和预期的现金流为基础，不是依赖于项目的投资者或发起人的资信的。债权人在项目融资过程中主要关注项目在贷款期间能够新产生多少现金流量用于还款，能够获得的贷款数量、融资成本的高低和融资结构的设计都与项目预期现金流量和资产价值紧密相关。

项目资产、预期收益和预期的现金流情况较好，贷款比例高，可获得项目100%融资；贷款期限比一般贷款期限长，可长达20年。

B 有限追索

追索是指借款人在未按期偿还债务时贷款人要求借款人有以除抵押资产之外的其他资产偿还债务的权利。追索形式和程度是区分项目融资和传统融资的标志。在传统融资中，贷款人为项目借款人提供的是完全追索形式的贷款，即贷款人对借款人的选择依据是借款人自身的资信情况，而不是项目预期收益。在项目融资中，贷款人在特定阶段（建设期和试生产期）和规定范围内（项目资产和项目现金流量），对项目借款人的有限追索，即贷款人不能追索到项目借款人除项目资产、现金流量以及所承担的义务之外的任何形式的财产。

项目融资有限追索也可能出现“无追索”。当有限追索融资出现项目本身的经济强度不足以支撑“无追索”的结构，也需要项目的借款人在项目的特定阶段提供一定形式的信用支持。因现金流量的强度和可预测性、借款人的信誉和管理能力等差异，项目融资中借贷双方对未来风险的分担方式将不同。另外，不同阶段的项目风险程度及表现形式会发生变化，故贷款人对“追索”要求也随之变化。

C 风险分担

为了实现项目融资的有限追索，对于与项目有关的各种风险要素，需要以某种形式在项目投资者（借款人）与项目开发有直接或间接利益关系的其他参与者和贷款人之间进行分担。成功的融资结构应是项目中没有任何一方单独承担其全部项目债务的风险责任。在组织融资的过程中，项目借款人应识别和分析项目各种风险因素，确定自己可能承受的最大风险及可能性，利用与项目一切有关的优势，设计最低追索的融资结构。一旦融资结构建立，任何一方都要准备承担任何未能预料的风险。

D 非公司负债型融资

项目融资是一种非公司负债型的融资。公司的资产负债表是反映一个公司在特定日期财务状况的会计报表，所提供的主要财务信息包括：公司掌握的资源、承担的债务、偿债能力、股东持有的权益以及公司未来的财务状况变化趋势。非公司负债型融资，也是资产负债表之外的融资，是指项目的债务不表现在项目投资者（实际借款人）的公司资产负债表栏的一种融资方式。该信息最多以某种说明的形式反映在公司资产负债表的注释中。

除了以上四个特点，项目融资还有信用结构多样化、融资成本较高和税务优势等特点。

8.3.1.2 项目融资的程序

从项目投资决策开始，至选择项目融资方式为项目建设筹措资金，直到最后完成项目融资为止，项目融资分为投资决策分析、融资决策分析、融资结构设计、融资谈判和融资执行等五个阶段。

在项目投资决策之前，必须进行周密的投资决策分析。这些分析包括宏观经济形势的趋势判断，项目的行业、技术和市场分析，以及项目的可行性研究等。投资决策考虑的因素通常包括项目的产权形式、产品分配形式、债务责任、决策程序、现金流量控制、会计处理和税务结构等。投资结构的选择包括项目融资的结构和资金来源的选择。反过来，项目融资结构的设计会对投资结构的安排作出调整。是否采用项目融资，主要取决于项目的贷款数量、时间、融资费用、债务责任分担以及债务会计处理等方面的要求。融资结构设计的具体工作为：全面分析、判断和评估项目有关的风险因素，确定项目的债务承受能力和风险，设计切实可行的融资方案和抵押保证结构。拟定初步融资方案后，草拟项目融资的文件，与银行谈判，最大限度地保障投资者利益，又能确定为贷款银行所接受的融资方案。签订项目融资的法律文件后，进入项目融资的执行阶段。贷款银团委托融资顾问为经理人，监督项目进展情况，安排贷款；参与项目部分决策，管理和控制项目的贷款投放和部分现金流量；参与部分生产经营管理决策，帮助投资者加强对项目风险的控制和管理。

8.3.2 项目融资的主要模式

8.3.2.1 BOT 项目融资的基本思路

BOT 是 Build-Operate-Transfer 的缩写，即建设-经营-移交，是指政府将一个工程项目的特许经营权授予承包商（一般为国际财团），承包商在特许期内负责项目设计、融资、建设和运营，并回收成本、偿还债务、赚取利润，特许经营期结束后将项目所有权再移交给政府的一种项目融资模式。实质上，BOT 融资模式是政府与承包商合作经营项目的一种特殊运作模式，从 20 世纪 80 年代产生以来，越来越受到各国政府的重视，成为各国基础设施建设及资源开发等大型项目融资中较受欢迎的一种融资模式。

BOT 融资在我国也称为“特许经营权融资方式”，该种融资方式中包括典型的 BOT、BOOT、BOO 和 BT 四种基本形式，其特点见表 8-1。

表 8-1 BOT 融资典型模式及特点

融资方式	主体	项目数量及状态	时期	移交权	备注
BOT	政府项目公司	1个未建项目	特许期	经营权	项目公司融资（民间资金）和建设政府参与决策和设计。政府拥有项目所有权，特许期满移交经营权，适用于竞争性不强的行业或有稳定收入的项目
BOOT	政府项目公司		特许期（较长）	所有权 经营权	政府允许项目公司将项目资产作为抵押进行贷款，特许期满移交所有权和经营权
BOO	政府项目公司		—		永久私有化鼓励项目公司追求全寿命周期总成本最低
BT	政府民营机构（即投资者）			所有权	民营机构拥有建设权，出一定资本金，其他资金来源于以期望的政府支付款来获取银行的有限追索权贷款。政府回购项目的资金是后支付的，政府拥有项目经营权，回购项目所有权适用于基础设施项目

8.3.2.2 TOT 项目融资方式

TOT 是 Transfer-Operate-Transfer 三个英文单词的缩写，即移交-经营-移交，是 BOT 项目融资方式的新发展，指用私人资本或资金购买某项目资产（一般是公益性资产）的产权和经营权，购买者在一个约定的时间内通过经营收回全部投资和得到合理的回报后，再将项目产权和经营权无偿移交给原产权所有人。这种模式已逐渐应用到我国的项目融资领域中。

TOT 方式的运作程序包括：(1) 制定 TOT 方案并报批。(2) 项目发起人设立 SPC 或 SPV（特殊目的公司或特殊目的机构），发起人将完工项目的所有权和新建项目的所有权均转让给 SPC 或 SPV，以确保有专门机构对两个项目的管理、转让、建造负有全权，并对出现的问题加以协调。SPC 或 SPV 通常是政府设立或政府参与设立的具有特许权的机构。(3) TOT 项目招标。(4) SPV 与投资者洽谈以达成转让投产运行项目在未来一定期限内全部或部分经营权的协议，以获取资金。(5) 转让方利用获取的资金建设项目。(6) 新项目投入使用。(7) 转让项目经营期满后，收回转让的项目。转让期满，资产应在无债务、未设定担保、设施状况完好的情况下移交给原转让方。

另外，由于 TOT 的风险比 BOT 小，金融机构、基金组织、私人资本等都有机会参与投资，这也增加了项目的资金来源。

8.3.2.3 ABS 项目融资方式

ABS 是英文 Asset-Backed Securitization 的缩写，即资产支持型资产证券化，简称资产证券化。资产证券化是指将缺乏流动性，但能够产生可预见的、稳定的现金流量的资产归集起来，通过一定的结构安排，对资产中风险与收益要素进行分离与重组，进而转换为在金融市场上可以出售和流通的证券的过程。

ABS 起源于 20 世纪 80 年代，由于具有创新的融资结构和高效的载体，满足了各类资产和项目发起人的需要，从而成为当今国际资本市场中发展最快、最具活力的金融产品。具体而言 ABS 融资有两种方式：

（1）通过项目收益资产证券化来为项目融资，即以项目所拥有的资产为基础，以项目资产可以带来的预期收益为保证，通过在资本市场发行债券来募集资金的一种证券化融资方式。具体来讲是项目发起人将项目资产出售给特设机构（Special Purpose Vehicle，SPV），SPV 凭借项目未来可预见的稳定的现金流，并通过寻求担保等信用增级（Credit Enhancement）手段，将不可流动的项目收益资产转变为流动性较高、具有投资价值的高等级债券，通过在国际资本市场上发行，一次性地为项目建设融得资金，并依靠项目未来收益还本付息。

（2）通过与项目有关的信贷资产证券化来为项目融资，即项目的贷款银行将项目贷款资产作为基础资产，或是与其他具有共同特征的、流动性较差但能产生可预见的稳定现金流的贷款资产组合成资产池（asset pool），通过信用增级等手段使其转变为具有投资价值的高等级证券，通过在国际市场发行债券来进行融资，降低银行的不良贷款比率，从而提高银行为项目提供贷款的积极性，间接地为项目融资服务。

ABS 项目融资方式适用于房地产、水、电、道路、桥梁、铁路等收入安全、持续、稳定的项目。一些出于某些原因不宜采用 BOT 方式的重要关系国计民生的重大项目也可以考虑采用 ABS 方式进行融资。

8.3.2.4　PFI 方式

PFI（Private Finance Initiative，私人主动融资）是指私营企业进行项目的建设与运营，从政府方或接受服务方收取费用以回收成本，在运营期结束时，私营企业应将所运营的项目完好地、无债务地归还政府。这种融资方式使用广泛，可以缓解政府资金压力和提高建设效率，利于政府充分利用民间资本建设公共项目，也可以有效地转移政府财政风险。

PFI 方式有以下三种典型模式：

（1）在经济上自立的项目。以这种方式实施的 PFI，私营企业提供服务时，政府不向其提供财政的支持，但在政府政策支持下，私营企业通过项目的服务向最终使用者收费，来回收成本和实现利润。其中，公共部门不承担项目建设和运营费用，但私营企业可以在政府特许下，通过适当调整对使用者的收费来补偿成本的增加。

（2）向公共部门出售服务的项目。私营企业提供项目服务所生产的成本，完全或主要通过私营企业服务提供者向公共部门收费来补偿，主要应用于私人融资兴建的监狱、医院和交通线路等。

（3）合资经营项目。公共部门和私人企业共同出资、分担成本和共享收益。这种模式中，项目的控制权由私营企业掌握，公共部门只是合伙人的角色。

8.3.2.5　PPP 模式

PPP（Public-Private Partnership）模式，广义 PPP 指公共部门和私营部门为提供公共产品或服务而建立的长期合作关系。狭义的 PPP 则强调政府通过商业而非行政手段，如在项目公司中占股份来加强对项目的控制，以及与企业合作过程中的优势互补、风险共担和利益共享。

PPP 项目实施方案内容包括项目风险分配基本框架、项目运作方式、项目交易结构、项目合同体系、项目监管架构和采购方式选择等方面。《关于印发政府和社会资本合作模式操作指南（试行）的通知》（财金〔2014〕113 号）的规定：投资规模大、需求长期稳定、价格调整机制灵活、市场化程度较高的基础设施及公共服务类项目，适宜采用政府和社会资本合作模式。政府和社会资本合作项目由政府或社会资本发起，以政府发起为主。各类融资方式及特点见表 8-2。

表 8-2 各类融资方式特点

融资方式	主体	项目数量及状态	时期	移交权	备 注
TOT	政府 SPV 公司（政府特许权机构）	1 个建成项目 1 个新建项目	一定期限	两个项目的所有权移交给 SPV，SPV 将已建项目的经营权转让给投资者，获取新建项目建设资金	用建成项目的经营权，向投资者融资，获得未建项目的建设，适用于政府大型建设项目和基础建设项目
ABS	项目公司 SPV 公司（信托公司、保险公司）	1 个未建项目	债券发行期	转让项目所有权，不转移经营权	PV 通过债券市场获得资金，利用项目现金流入量清偿债券本息，项目公司拥有经营权
PPP	政府 民营机构 或私营企业		长期合作协议+特许期		广义的包含 BOT、ABS、TOT、PFI 等
PFI	政府公共部门私营企业	经济自立项目	特许经营期内的特许运营合同（特许经营合同，服务合同）	经营权	公共部门不承担项目建设和运营费用，私营企业调整对使用者收费来补偿成本。 私营企业参与项目设计。 广泛使用，若特许运营期内未达到合同规定的收益，则继续保持运营权
		向公共部门出售服务项目			私营企业提供运营成本，私营企业向公共部门收费补偿成本
		合资经营项目			私营企业和公共部门共同出资、分担成本和共享收益

思考与练习

8-1 什么是项目资本金？其比例如何确定？项目资本金的来源渠道有哪些？

8-2 国内、国外负债融资有哪些主要渠道？

8-3 项目融资有哪几种模式？各有何特点？

8-4 什么是资金成本？各种不同来源的资金成本如何计算？

8-5 融资风险有哪些表现形式？

8-6 某公司从银行借款 10 万元，年利率 8%，公司所得税率为 25%，筹资费假设为零，如果按下列方式支付利息，试计算借款的资金成本。

(1) 一年分四次支付利息。

(2) 一年分十二次支付利息。

(3) 一年分两次支付利息。

8-7 某公司为购买新设备，发行了一批新债券。每张债券票面值为 10000 元，年利率 8%，一年分四次支付利息，15 年期满。每张债券发行时市价 9500 元。如果所得税率为 25%，试计算公司新发行债券的资金成本。

8-8 简述项目融资的特点、项目融资的程序。

8-9 简述项目融资模式的类别及其特点。

9 建设项目可行性研究

学习目标

1. 掌握可行性研究的概念、作用和内容。
2. 掌握市场调查与预测方法。
3. 掌握建设规模确定的方法。
4. 掌握建设项目投资估算方法。
5. 掌握建设项目财务评价工作内容及程序。

背景资料

某企业有机会获取一矿产资源开采权，开采范围内矿产资源为605.03万吨。为了对获取这一矿产资源开采权的经济效益进行科学的预测，并能清楚地掌握该项目实施时可能存在的风险，该企业应该做哪些工作?

为此，企业应该委托相关咨询企业和自行运用工程经济分析方法，开展可行性研究，包括产品方案的制定、产品价格的预测定、产品成本的分析与确定、生产规模的确定、投资估算、项目的经济效益指标的计算等，同时，还应收集项目的基本信息进行敏感性分析和盈亏平衡分析，以制定防控风险的措施。

9.1 可行性研究

9.1.1 可行性研究的概念

可行性研究是运用多种科学手段对一项工程项目的必要性、技术可行性和经济合理性进行技术经济论证的综合科学。通过政策、市场、经营管理等基本信息的收集和整理，拟定产品方案，选定技术与工艺，获取财务评价的基础数据，再采用财务净现值、投资回收期、内部收益率等指标，对项目的经济合理性进行分析，判断项目是否可行。

项目建设程序包括建设前期阶段、勘测设计阶段、建设阶段和运营阶段。其中，建设前期阶段包括项目建议书和项目可行性研究工作，可行性研究工作是这个阶段的中心，是研究的重点。这项工作至关重要，可以有效地防范项目风险和提高项目投资获利的可靠程度。

9.1.2 可行性研究的工作程序

可行性研究的基本工作程序为：（1）签订委托协议；（2）组建工作小组；（3）制定工作计划；（4）市场调查与预测；（5）方案研制和优化；（6）投资估算；（7）财务基础

数据分析；(8) 项目财务评价；(9) 编写可行性研究报告。

可行性研究编制单位与委托单位，应就项目可行性研究工作的范围、内容、重点、深度要求、完成时间、经费预算和质量要求进行讨论，并签订委托协议和开展可行性研究工作。可行性研究是一项系统工程，包括政策研究、市场调查和企业运营管理等多方面工作。因此需要组建工作小组，由项目负责人统一安排和协调，将各项工作任务、工作内容、工作人员、起止时间、工作条件、工作质量标准和费用预算等做好计划，有序地组织市场调查和预测、方案技术优化与设计，确定产品方案和市场规模，进而对项目的投资进行估算，合理安排建设期、运营期和计算期。通过收集财务评价的基础数据，例如，销售收入、经营成本和材料费等，为项目财务评价提供基本信息。项目负责人系统总结和组织编写可行性研究报告，给投资者投资建议。

9.1.3 可行性研究的作用

可行性研究是对拟建项目全面技术经济分析的科学方法。我国从 1982 年开始将可行性研究列为工业投资的一项重要程序，2006 年，国家发改委、建设部联合发布了《建设项目经济评价方法与参数（第三版）》，为进行可行性研究和科学决策项目投资提供了指导原则。

当前，可行性研究已经成为投资决策中不可缺少的工作环节，也越来越受到投资者的重视，其作用包括：(1) 作为项目投资决策的依据；(2) 作为向银行等金融机构申请贷款、筹集资金的依据；(3) 作为编制设计工作的依据；(4) 作为供环保部门审查的依据和向项目建设所在地政府、规划部门申请建设许可证的依据；(5) 作为签订合同协议的依据；(6) 作为建设工程的基础资料；(7) 作为企业组织管理、机构设置、劳动定员和职工培训工作安排的依据；(8) 作为项目科研试验、生产组织的依据；(9) 作为对项目考核和后评价的依据。

9.1.4 可行性研究的主要内容

一般项目的可行性研究主要内容包括：

(1) 总论：项目研究背景、投资环境及政策、项目概况、主要问题与建议。

(2) 市场调查与预测：同类产品的市场情况、竞争格局、产品需求量和供给量调查与预测、价格预测和市场风险分析。

(3) 资源条件评价：资源可利用量、资源品质情况、资源赋存条件、资源开发价值。

(4) 建设规模与产品方案：依据市场供需预测确定建设规模，根据产品市场情况和竞争格局制定并优化产品方案构成。

(5) 厂址（场址）选择：厂址（场址）选择，厂址（场址）方案比选，确定厂区总体布置方案、建设条件、地价、拆迁及其他工程费用情况。

(6) 技术方案、设备方案和工程方案：技术选择、主要设备选择、技术改造项目改造前后的比较。

(7) 原材料、能源及公用设施情况：原料供应方案及外协条件；燃料供应方案及外协条件；节能、节水措施；有毒有害及危险品种类、数量和储运条件。

(8) 总图、运输与公共辅助工程：总图布置方案、场内外运输方案、公用工程辅助工程方案、技术改造项目现有公用辅助设施利用情况。

(9) 环境影响评价：环境情况调查、影响环境因素分析、环境保护措施。

(10) 劳动安全、卫生与消防：危险因素和危害程度分析、安全防范措施、卫生保健措施、消防设施。

(11) 组织机构与人力资源配置：组织机构设置及其适应性分析；人力资源配置，包括各级管理人员、工程技术人员、工人及其他人员数量及来源；人员培训计划及经费预算。

(12) 项目实施进度：项目建设基本要求和总体安排；建设工期、实施进度安排、建设与生产衔接。

(13) 投资估算及融资方案：建设总投资估算、建设投资估算、流动资金估算、资本金和债务资金筹措、融资方案分析。

(14) 财务评价：财务评价基础数据与参数选取、营业收入和成本费用估算、财务报表编制；盈利能力分析、偿债能力分析、风险与不确定性分析、财务评价结论。

(15) 国民经济评价：影子价格及评价参数选取、效益费用范围与数值调整、编制国民经济报表、国民经济评价指标、国民经济评价结论。

(16) 风险与不确定性分析：项目盈亏平衡分析、敏感性分析；项目主要风险识别；风险程度分析；防范风险对策及措施。

(17) 研究结论与建议：推荐方案描述、推荐方案优缺点对比、主要对比方案、结论与建议。

9.2 市场调查与预测

9.2.1 市场调查与预测工作内容

市场调查与预测工作，主要是对项目产品的市场环境、竞争能力、竞争对手、竞争格局、产品功能、产品供给量和产品需求量等内容进行调查，以便制定产品建设规模和产品方案，同时也为财务评价所需的财务数据提供信息。

市场调查与预测工作将确认项目建设的必要性。通过调查发现产品为社会所需，发现当前产品存在的问题，为提升产品功能和制定适合市场需求的产品方案提供重要信息，以保证项目投入建设和运营的经济效益，也为提高投资决策水平提供了保障。

9.2.2 市场调查与分析

市场调查是运用适当的方法，有目的、系统地收集整理市场信息资料，分析市场的客观实际情况。市场调查是市场预测的基础，是工程项目可行性研究的重要工作。

9.2.2.1 市场调查和分析的内容

市场调查和分析的内容包括：(1) 了解政府部门对有关项目产品指令性安排、长远规划、产品开发政策和意向。(2) 调查国内外市场项目产品现有的需求量，预测项目产品的未来需求。(3) 调查项目产品国内外供应量。(4) 调查产品进入国际市场的历年出口量及其变动情况，预测产品出口的未来前景。(5) 对项目产品市场供需的全面分析，以确定产品是否有稳定的市场。(6) 销售预测工作，结合供需分析、销售渠道和措施等，确定产品方案、生产规模和预测产品的销售量，并初定销售计划；分析产品市场占有率和技术发展情况，结合同类产品现在的市场价格，预测项目产品的销售价格。

9.2.2.2 市场调查方法

市场调查方法包括间接搜集信息法、直接访问法和直接观察法。

(1) 间接搜集信息法是指调研人员通过各种媒体（互联网、报纸、杂志、统计年鉴等），对现有信息进行搜集、分析、研究和利用的活动。这种方法一般包括查找、索讨、购买、交换、接收等具体手段。其优点是获取资料速度快、费用省，但是其针对性较差、深度不够、准确性不高，需要采用适当的方法进行二次处理和验证。

(2) 直接访问法是就所拟调查的事项，以面谈、电话或书面形式向被调查者提问，以获取所需资料的调查方法，具体方式为面谈、电话调查、问卷调查和街头访问调查等。面谈调查法可全方位获取各种有效信息，但成本高，调查结果受专家水平和调查人员本身素质影响大。电话调查法通常是通过电话抽样完成，可在短时间内获得较多样本，成本较低，但是询问问题不能太复杂。问卷调查法是一种广泛的直接调查方式，调查成本低，短时间能获取有效信息，其回收率取决于被调查人员的配合程度，问卷设计的代表性和简洁性直接影响调查效果。

(3) 直接观察法是通过直接观察方式获取调查信息的方法，这类方法常用于交通量、售房量的调查。

9.2.3 市场预测和分析

在市场调查的基础上，采用合适的方法，对产品寿命期、销售量和投入物、产出物的市场价格、未来市场行情发生的概率进行预测，以获取可行性研究的基础数据。

市场预测方法包括定性预测方法和定量预测方法。定性预测方法分为个人判断法、专家会议法和德尔菲法。定量预测法分为时间序列分析法和因果分析法。其中，时间序列分析法包括移动平均法、指数平滑法、季节因素分析法、趋势曲线拟合法和马尔科夫链法。因果分析法包括回归分析法和投入产出分析法。本书介绍一下移动平均法和回归分析法的工作步骤。

9.2.3.1 移动平均法

移动平均法是用分段逐点推移的平均方法对时间序列数据进行处理，找出预测对象的历史变动规律，并建立预测模型的时间序列预测方法。其计算过程如下。

A 一次移动平均值的计算

设实际的预测对象时间序列数据为 z_t ($t=1, 2, \cdots, m$)，按式 (9-1) 计算一次移动平均值 $M_t^{[1]}$。

$$M_t^{[1]} = \frac{1}{n}(z_t + z_{t-1} + \cdots + z_{t-n+1}) = M_{t-1}^{[1]} + \frac{1}{n}(z_t - z_{t-n}) \tag{9-1}$$

式中，$M_t^{[1]}$ 为一次移动平均值；n 为计算移动平均值所取的数据个数，一般取值范围为

3~20，其值越大，预测值修匀程度越好；若数据变化围绕一条水平线上下波动，则 n 取值较为随意，若数据具有向上向下趋势特点，则 n 取值宜较小。

B 二次移动平均值的计算

在一次移动平均值的基础上，按式（9-2）计算二次移动平均值 $M_t^{[2]}$。

$$M_t^{[2]} = \frac{1}{n}(M_t^{[1]} + M_{t-1}^{[1]} + \cdots + M_{t-n+1}^{[1]}) = M_{t-1}^{[2]} + \frac{1}{n}(M_t^{[1]} - M_{t-n}^{[1]}) \tag{9-2}$$

式中，$M_t^{[2]}$ 为二次移动平均值。

C 建立预测模型

按式（9-3）~式（9-5）建立移动平均值序列的预测模型。

$$\hat{Y}_{t+T} = a_t + b_t T \tag{9-3}$$

$$a_t = 2M_t^{[1]} - M_t^{[2]} \tag{9-4}$$

$$b_t = \frac{2}{n-1}(M_t^{[1]} - M_t^{[2]}) \tag{9-5}$$

式中，t 为目前的周期序号；T 为由目前到预测周期的周期间隔数；$\hat{Y}_{t+T}$ 为第 $t+T$ 周期的预测值；a_t 为由线性预测模型的截距；b_t 为由线性预测模型的斜率。

例题 9-1 某产品连续 10 个月销售量见表 9-1，取 $n=4$，试采用移动平均法建立该产品的预测模型。

表 9-1 某产品销售量（万件）

月份	1	2	3	4	5	6	7	8	9	10
销售量	1.64	1.95	2.36	2.65	2.96	3.42	3.87	4.34	4.90	5.03

解： $M_t^{[1]} = \frac{1}{n}(z_t + z_{t-1} + \cdots + z_{t-n+1}) = \frac{1.64+1.95+2.36+2.65}{4} = 2.15$

其他一次移动平均值和二次移动平均值见表 9-2。

表 9-2 一次移动平均值和二次移动平均值计算（万件）

月份	1	2	3	4	5	6	7	8	9	10
销售量	1.64	1.95	2.36	2.65	2.96	3.42	3.87	4.34	4.90	5.03
一次移动平均值				2.15	2.48	2.85	3.23	3.65	4.13	4.54
二次移动平均值							2.68	3.05	3.46	3.89

则 $a_t = 2M_t^{[1]} - M_t^{[2]} = 2\times4.54-3.89 = 5.19$

$b_t = \frac{2}{n-1}(M_t^{[1]} - M_t^{[2]}) = \frac{2}{4-1}(4.54-3.89) = 0.43$

则预测模型为：$\hat{Y}_{t+T} = 5.19+0.43T$

则第 11 期的销售量为：$\hat{Y}_{11} = 5.19+0.43\times1 = 5.62$ 万件

9.2.3.2 回归分析法

回归分析预测法是根据预测变量（因变量）与相关因素（自变量）之间存在的因果

关系，借助数理统计中的回归分析原理，确定因果关系，建立回归模型并进行预测的一种定量预测方法。该方法分为一元回归分析模型和多元回归模型。本书介绍一元线性回归分析模型预测步骤。

（1）建立一元线性回归方程。

$$Y = a + bX \tag{9-6}$$

式中，X 为自变量；Y 为因变量；a 和 b 为回归系数。

（2）采用最小二乘法拟合回归曲线，确定回归系数 a 和 b。

$$b = \frac{n\sum XY - \sum X \sum Y}{n\sum X^2 - (\sum X)^2} \tag{9-7}$$

$$a = \frac{1}{n}(\sum Y - b\sum X) \tag{9-8}$$

（3）计算相关系数 γ。

$$\gamma = \frac{n\sum XY - \sum X \sum Y}{\sqrt{[n\sum X^2 - (\sum X)^2] \cdot [n\sum Y^2 - (\sum Y)^2]}} \tag{9-9}$$

$0 \leqslant |\gamma| \leqslant 1$，则 $|\gamma|$ 越接近 1，说明 X 与 Y 的相关性越大，预测结果可行度越高。通常设定相关系数临界值 γ_c，当 $|\gamma| > \gamma_c$，用线性回归方程描述才有意义。

（4）求置信区间。由于回归方程中 X 与 Y 的关系不确定，对于任意的 X_0，无法得知确定的 Y_0，只能通过置信区间判定给予概率下 Y_0 的取值范围。当置信度为 95%时，Y_0 的置信区间近似为 $\hat{Y}_0 \pm 2\hat{\sigma}$，即 Y_0 的实际值发生范围为（$\hat{Y}_0 - 2\hat{\sigma}$，$\hat{Y}_0 + 2\hat{\sigma}$）。

9.3 建设项目生产规模的确定

9.3.1 规模经济理论的含义

规模经济理论是经济学的基本理论。规模经济理论是指在一定时期内，企业产品绝对量增加时，其单位成本下降，即通过扩大经营规模实现降低平均成本，从而提高利润水平。基于经济效益最大化的生产目标，现代企业一直积极努力地探寻有效的措施，提高其规模效益。

在一定科技水平下，当生产能力扩大时，长期平均成本呈下降趋势，即为规模经济，又称“规模利益”。规模经济反映了生产要素的集中程度对经济效益的影响。长期平均成本曲线便是规模曲线，长期平均成本曲线上的最低点就是“最小最佳规模”。同边际效益一样，在某一产量范围内，才能满足规模经济性。在一定的生产技术组织条件下，通过合理配置生产要素，进而实现企业经济效益最大化的生产规模。

9.3.2 规模经济理论的研究内容

规模经济的主要研究内容包括规模内部经济、规模外部经济和规模结构经济等。规模内部经济，指某一生产企业在规模扩大时自身内部收益的增加；规模外部经济，指整个行业（生产部门）规模变化而使个别经济实体的收入增加；规模结构经济，指各种不同规模经济实体之间的联系和配比，形成一定的规模结构经济。其中，规模内部经济是从企业运用角度，分析生产规模大小和经济效益的变化规律，这是露天矿产资源开采量规划工作的理论基础。

根据规模经济的内涵，生产能力扩大时，长期平均成本呈下降趋势，则为规模经济。因此，规模-成本曲线是分析规模经济的基础。但为了更好地分析产量与经济效益（利润）的关系，也可以规模-成本-收入关系曲线为信息来源。

9.3.2.1 规模-成本关系曲线

一般地，规模-长期平均成本曲线有四种类型，如图 9-1 所示。

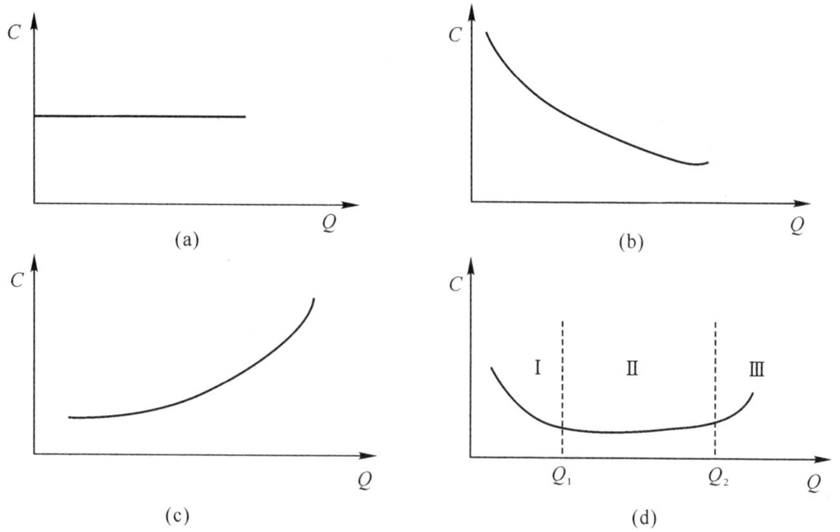

图 9-1 长期平均成本曲线

图 9-1（a）所示为常数型长期平均成本曲线，即长期平均成本曲线 LAC 为一水平线，表示不同的生产规模能以相同的平均成本生产该产品。因此，扩大或缩小生产规模均不能带来平均成本的变动，即规模代价不变。

图 9-1（b）所示为递减的长期平均成本曲线，即长期平均成本曲线 LAC 呈向右下倾斜状，表示长期平均成本随着生产规模的扩大而降低。因此，扩大生产规模会带来成本的节约，即规模代价递减。

图 9-1（c）所示为递增的长期平均成本曲线，即长期平均成本曲线 LAC 呈向右上方倾斜状，表示长期平均成本随着生产规模的扩大而增加。因此，扩大生产规模将带来成本的增加，即规模代价递增。

图 9-1（d）所示为 U 型长期成本曲线，是前三种情况的综合，表示了不同三个阶段的规模-成本关系。在第Ⅰ阶段，规模很小时，扩大规模可以明显地带来扩大规模的经济性；第Ⅱ阶段，在较大的产量范围内，平均成本基本不变，呈水平状；第Ⅲ阶段，产出规模高于一定水平后，平均成本呈升高的趋势，规模不经济。

可见，当产量规模 Q 逐渐增大到 Q_1 时，平均生产成本不断下降；当产量规模 Q 在［Q_1，Q_2］期间，生产平均成本保持在一定水平上且不发生改变；当产量规模 Q 超过 Q_2

时，随着规模增大，平均成本呈现不断上升的趋势。故 Q_1 和 Q_2 分别为最小有效规模和最大有效规模，［Q_1，Q_2］为最优规模范围，［0，Q_1］和［Q_2，+∞］为非有效规模范围。

9.3.2.2 规模-成本-收入关系曲线

规模内部经济的研究重点为：分析企业的生产规模对成本和利润的影响，即企业产量与成本和利润之间的关系，为企业确定生产规模提供依据，其模型如图 9-2 所示。

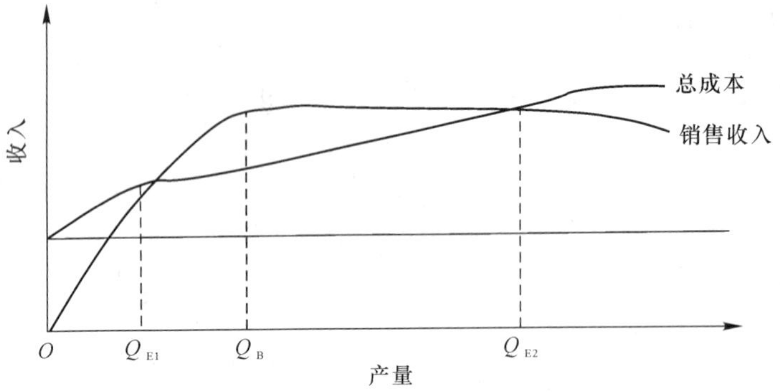

图 9-2 规模-成本-收入关系曲线

当生产规模 $Q=Q_{E1}$ 或者 $Q=Q_{E2}$ 时，销售收入等于总成本费用，企业处于不盈不亏状态，此时，企业生产规模为盈亏临界规模。其中，当 $Q=Q_{E1}$ 时的生产规模，称为最小经济规模。

当生产规模 $Q>Q_{E2}$ 或者 $Q<Q_{E1}$ 时，销售收入小于总成本费用，则企业处于亏损状态，此时的生产规模为亏损规模。

当生产规模 Q 在［Q_{E1}，Q_B］区间内，销售收入大于总成本费用，且企业收益的增加幅度大于生产规模增加的幅度，说明规模效益呈现递增趋势；当生产规模 Q 在［Q_B，Q_{E2}］区间内，销售收入大于总成本费用，企业收益的增加幅度小于生产规模增加的幅度，说明规模效益呈现递减趋势。可见，［Q_{E1}，Q_{E2}］为合理经济规模区间。当 $Q=Q_B$ 时，企业成本利润率最大化或者投入产出率最大化，此时，生产规模为最佳经济规模，即指项目产品的成本最低且经济效益最高的生产规模。

最佳经济规模是最理想的规模，但在现实生产中，一般受到国民经济发展规划、市场需求、资源限制、资金供应难易程度和行业的技术经济特点等因素的限制，很难达到最佳经济规模。因此，企业通常选择合理经济规模。

9.3.3 规模经济的研究方法

为实现企业经济利益最大化，通常要确定企业最佳状态时所对应的经济规模，一般采用短期成本法、最小总费用法、最小费用函数法、成本函数法和工程法等方法。

9.3.3.1 短期成本法

短期成本法是以盈亏平衡分析为基础，通过调整原材料和劳动力等的投入量，并分析企业各种产出量与成本的数量关系来确定企业规模的方法。一般地，短期成本划分为变动成本和固定成本，利润为零所对应的产量定为起始规模，利润最大时的产量为最佳经济规模。该方法是一种静态分析法，而且只能适用于短期经济活动分析。

9.3.3.2 最小总费用法

最小总费用法的工作思路为：制定各种可行的年产量方案，通过计算各种方案的总费用，将总费用最小的年产量作为最佳的经济规模。通常按式（9-10）计算年产量的总费用，年总费用包括生产过程和流通过程中应分摊的基本建设投资和贷款利息。该方法是确定企业生产规模的定量方法，因不容易找到稳定而准确的成本数据，使得由此确定经济规模也不会十分准确，只能作为参考。

$$F(Q)=C(Q)+S(Q)+I(Q)\times E(d) \tag{9-10}$$

式中，$F(Q)$为年产量为 Q 的总费用；$C(Q)$为年产量为 Q 的生产成本；$S(Q)$为全部产品运到消费者手中的费用；$I(Q)$为新建、改扩建企业所需的全部投资；$E(d)$为投资效果系数。

9.3.3.3 最小费用函数法

最小费用函数法是考虑企业内外部关联因素影响及其客观规律，制定企业的经济规模的方法。建立的数学表达式见式（9-11）。采用规划方法对式（9-11）进行求解，优化确定企业年产量 Q，即为企业经济规模（企业的规模经济），此时，企业的经济效益最佳。

$$F(Q)=V(Q)+D(Q)+G(Q) \tag{9-11}$$

式中，$F(Q)$为单位产品的总费用函数；$V(Q)$为单位产品的企业内部费用函数；$D(Q)$为单位产品企业外部费用函数；$G(Q)$为单位产品企业内部与外部关联费用函数。

9.3.3.4 成本函数法

成本函数法是在产出一定的条件下，基于生产成本最小的目标和各投入要素的优化配置，确定企业经济规模的方法。建立的数学表达式见式（9-12）。利用目标规划方法，并探寻不同产出水平上的成本函数 $C(Q)$ 的极小值，进而拟合成本函数曲线，描述生产过程的内在联系和反映产出与成本的变化规律。这种方法确定的企业经济规模具有实用价值。

$$\min C(Q)=P_K\times K+P_L\times L \tag{9-12}$$

式中，$C(Q)$为成本函数；K 为投入的资金；L 为投入的劳动；P_K 为投入资金 K 的价格；P_L 为投入劳动 L 的价格。

9.3.3.5 工程法

工程法是依据生产技术及工艺特点，综合考虑成本、运输、投资三项费用来确定企业的起始规模和最佳规模。其工作步骤为：列出若干可行方案，分别计算各个方案的三项费用，将费用最小的生产能力确定为企业的最佳经济规模。该方法从生产能力平衡的角度出发，考虑企业的各类人员素质、设备技术素质和管理工作状态对资源合理配置的影响，从而确定经济规模，可以较好地反映企业现状。

9.3.4 生产规模及其制约因素

衡量项目规模大小的指标包括生产能力、投资额等。在可行性研究中，评价项目规模的指标主要是生产能力。影响项目生产能力的主要因素包括国民经济发展规划、市场需求、各工业部门的技术经济特点、资源、设备制造能力、资金供应的可能性和规模经济的要求等。

建设项目的生产规模首先应适应国家、地区及行业的国民经济发展规划的需要。建设项目的生产规模，影响规模经济各个部门之间总量的发展和比例关系的协调，因此应该考虑国家产业政策的要求，并结合市场对同类产品需求量的大小，科学制定项目的生产规模。有些产品的生产可能受到资金条件、用地条件的限制而无法达到预期生产规模甚至无法建设。除此之外，项目产品的生产规模大小，也受到产品原料供应及运输条件的影响。若原料供应不稳定或运输条件困难，可能导致项目生产成本大幅提高或停产。因此，要充分考虑以上因素对建设项目的生产规模的影响，才能保障项目运用的经济效益。

9.3.5 生产规模的类型

9.3.5.1 亏损规模

亏损规模是指销售收入小于总成本费用的规模。在此规模下生产产品，企业处于亏损状态。如图 9-2 中，当生产规模 $Q>Q_{E2}$ 或者 $Q<Q_{E1}$ 时，此时的生产规模为亏损规模。

9.3.5.2 起始规模

起始规模（最小经济规模）也称盈亏临界规模，是指销售收入等于总成本费用的保本最小规模。在图 9-2 中，Q_{E1} 为起始规模。每个行业都有一个最低生产规模界限，高于这个规模界限企业就盈利，反之就亏损。

9.3.5.3 合理经济规模

合理经济规模（适宜经济规模）是指销售收入高于总成本费用，并保证一定盈利水平的生产规模。当生产规模 Q 在（Q_{E1}，Q_B］区间内，销售收入大于总成本费用，且企业收益的增加幅度大于生产规模增加的幅度，说明规模效益呈现递增趋势；当生产规模 Q 在［Q_B，Q_{E2}）区间内，销售收入大于总成本费用，企业收益的增加幅度小于生产规模增加的幅度，说明规模效益呈现递减趋势。可见，（Q_{E1}，Q_{E2}）为合理经济规模区间。

9.3.5.4 最佳经济规模

最佳经济规模是指项目产品的成本最低且经济效益最高的生产规模。在图 9-2 中，当 $Q=Q_B$ 时，企业成本利润率最大化或者投入产出率最大化，此时，生产规模为最佳经济规模。最佳经济规模是最理想的规模，但在现实生产中，一般受到国民经济发展规划、市场需求、资源限制、资金供应难易程度和行业的技术经济特点等因素的限制，很难达到最佳经济规模。因此，企业通常选择合理经济规模。

9.4　建设项目投资估算

投资估算是在对项目的建设规模、产品方案、工艺技术及设备方案、工程方案及项目实施进度等进行研究的基础上，估算项目所需资金总额（包括建设投资、建设期利息和流动资金）并测算建设期分年资金使用计划。投资估算是拟建项目编制项目建议书、可行性研究报告的重要组成部分，是项目经济评价的重要依据之一。建设项目投资包括建设投资、建设期利息和流动资金。

9.4.1　建设投资估算方法

概略估算是指根据实际经验和历史资料，对建设投资进行综合估算。建设投资主要概略估算方法有生产规模指数法、资金周转率法、分项比例估算法和单元指标估算法。

9.4.1.1　生产规模指数法

生产规模指数法是利用已经建成项目的投资额或其设备投资额，估算类似项目投资或其设备投资的方法，其计算公式为：

$$C_2 = C_1\left(\frac{x_2}{x_1}\right)^n \times C_f \tag{9-13}$$

式中，C_2 为拟建项目的投资额；C_1 为已建同类型项目的投资额；x_2 为拟建项目的生产规模；x_1 为已建同类型项目的生产规模；C_f 为综合调整系数；n 为生产规模指数。

该法中生产规模指数 n 是一个关键因素，不同行业、性质、工艺流程、建设水平、生产率水平的项目，应取不同的指数值，选取 n 值的原则是：靠增加设备、装置的数量，以及靠增大生产场所扩大生产规模时，n 取 0.8~1.0；靠提高设备、装置的功能和效率扩大生产规模时，n 取 0.6~0.7。另外，拟建投资项目生产能力与已建同类项目生产能力的比值应有一定的限制范围，一般这一比值不能超过 50 倍，而在 10 倍以内效果较好。

9.4.1.2　资金周转率法

资金周转率法是从资金周转的定义出发，计算建设投资的方法。其计算式见式（9-14）。

当资金周转率为已知时，则：

$$C = \frac{Q \times P}{T} \tag{9-14}$$

式中，C 为拟建项目建设投资；Q 为产品年产量；P 为产品单价；T 为资金周转率，T=年销售总额/建设投资。

资金周转率法概念简单明了，方便易行，但不同性质的工厂或生产不同产品的车间，资金周转率都不同，要提高投资估算的精确度，必须做好相关的基础工作。

9.4.1.3　分项比例估算法

该法是以拟建项目的设备购置费为基数，根据已建成的同类项目的建筑安装工程费和其他费用等占设备价值的百分比，求出相应的建筑安装工程费及其他有关费用，其总和即为拟建项目建设投资。计算公式表达如下：

$$C = E(1 + f_1P_1 + f_2P_2 + f_3P_3) + I \quad (9\text{-}15)$$

式中，C 为拟建项目的建设投资；E 为根据设备清单按现行价格计算的设备费（包括运杂费）的总和；P_1，P_2，P_3 为已建项目中的建筑、安装及其他工程费用分别占设备费的百分比；f_1，f_2，f_3 为由于时间因素引起的定额、价格、费用标准等变化的综合调整系数；I 为已建项目的其他费用。

9.4.1.4 单元指标估算法

A 工业建设项目单元指标估算法

计算公式如下：

项目建设投资额=单元指标×生产能力×物价浮动指数 (9-16)

B 民用建设项目单元指标估算法

计算公式如下：

项目建设投资额=单元指标×民用建筑规模×物价浮动指数 (9-17)

单元指标是指每个估算单位的建设投资额。在使用单位指标估算法时，应注意以下几点：(1) 指标是否包括管理费、试车费以及工程的其他各项费用；(2) 产量少、规模小的工程，指标可适当调增，反之指标可适当调减；(3) 当拟建项目的结构、建筑与指标局部不相符时，应对指标进行适当的修正。

9.4.1.5 建设投资概算方法

A 建筑工程费概算方法

(1) 单位建筑工程投资概算法。该种方法是以单位建筑工程量投资乘以建筑工程总量计算建筑工程投资。一般工业与民用建筑以单位建筑面积（平方米）的投资，工业窑炉砌筑以单位容积（立方米）的投资，水库以水坝单位长度（米）的投资，铁路以单位长度（千米）的投资，矿山掘进以单位长度（米）的投资，乘以相应的建筑工程总量计算建筑工程费。

(2) 概算指标投资概算法。对于没有上述概算指标且建筑工程费占总投资比例较大的项目，可采用概算指标概算法。采用这种概算法，应有较为详细的基础数据和工程资料。

B 安装工程费估算

安装工程费包括各种机电设备装配和安装工程费用，与设备相连的工作台及其装设工程费用，附属于被安装设备的管线敷设工程费用，安装设备的绝缘、保温、防腐等工程费用，单体试运转和联动无负荷试运转费用等。

安装工程费通常按行业或专业机构发布的安装工程定额、取费标准和指标估算投资。具体计算可按安装费率、每吨设备安装费或者每单位安装实物工程量的费用估算，即：

安装工程费=设备原价×安装费率 (9-18)

安装工程费=设备吨位×每吨安装费 (9-19)

安装工程费=安装工程实物量×安装费用标准 (9-20)

C 设备购置费（含工器具及生产家具购置费）估算

设备购置费估算应根据项目主要设备表及价格、费用资料编制，工器具及生产家具购置费一般按占设备费的一定比例计取。对于价值高的设备应按单台（套）估算购置费；价值较小的设备可按类估算。国内设备和进口设备的设备购置费应分别估算。国内设备购置费为设备出厂价加运杂费。设备运杂费主要包括运输费、装卸费和仓库保管费等，运杂费可按设备出厂价的一定百分比计算。

进口设备购置费由进口设备货价、进口从属费用及国内运杂费组成，进口设备货价按交货地点和方式的不同，分为离岸价（*FOB*）与到岸价（*CIF*）两种价。如果采用 *FOB* 价格，进口从属费用包括国外运费、国外运输保险费、进口关税、消费税、增值税、外贸手续费、银行财务费和海关监管手续费。

进口设备到岸价与离岸价的关系如下式如示：

$$\text{进口设备到岸价}(CIF)=\text{离岸价}(FOB)+\text{国外运费}+\text{国外运输保险费} \tag{9-21}$$

$$\text{国外运费}=\text{离岸价}\times\text{运费率} \tag{9-22}$$

$$\text{国外运费}=\text{单位运价}\times\text{运量} \tag{9-23}$$

$$\text{国外运输保险费}=\frac{(\text{离岸价}+\text{国外运费})\times\text{国外运输保险费率}}{1-\text{国外运输保险费率}} \tag{9-24}$$

$$\text{进口关税}=\text{进口设备到岸价}\times\text{人民币外汇牌价}\times\text{进口关税率} \tag{9-25}$$

$$\text{消费税}=(\text{到岸价}+\text{进口关税})\times\frac{\text{消费税率}}{1-\text{消费税率}} \tag{9-26}$$

$$\text{进口增值税}=(\text{进口设备到岸价}\times\text{人民币外汇牌价}+\text{进口关税}+\text{消费税})\times\text{增值税率} \tag{9-27}$$

$$\text{外贸手续费}=\text{进口设备到岸价}\times\text{人民币外汇牌价}\times\text{外贸手续费率} \tag{9-28}$$

$$\text{银行财务费}=\text{进口设备到岸价}\times\text{人民币外汇牌价}\times\text{银行财务费率} \tag{9-29}$$

$$\text{海关监管手续费}=\text{进口设备到岸价}\times\text{人民币外汇牌价}\times\text{海关监管手续费率} \tag{9-30}$$

海关监管手续费指海关对发生减免进口税或实行保税的进口设备，实施监管和提供服务收取的手续费，全额征收关税的设备，不收取海关监管手续费。

9.4.1.6 工程建设其他费用估算

工程建设其他费用按各项费用科目的费率或者取费标准估算。某工程项目的其他费用估算见表 9-3，其中费用内容可根据每个项目的情况进行取舍。

表 9-3 某项目其他费用估算

序号	费用名称	费率或标准/%	计算依据/万元	合价/万元
1	土地费用	1.00		380.5
2	建设单位管理费		30018.18	300.18
3	勘察设计费	0.50		420.00
4	研究试验费		30018.18	150.09
5	建设单位临时设施费			280.00
6	工程建设监理费			330.00
7	工程保险费	0.80	36500	292.00
8	施工机构迁移费	2.50	30018.18	750.45

续表 9-3

序号	费用名称	费率或标准/%	计算依据/万元	合价/万元
9	联合试运转费			8.00
10	生产职工培训费			320.00
11	办公及生活家具购置费			220.00
合　计				3451.23

9.4.1.7 基本预备费估算

基本预备费以建筑工程费、设备购置费、安装工程费及工程建设其他费用之和为计算基数，乘以基本预备费率计算。

9.4.1.8 涨价预备费估算

涨价预备费以建筑工程费、安装工程费、设备购置费之和为计算基数，计算公式为：

$$PC = \sum_{t=1}^{n} I_t[(1+f)^t - 1] \tag{9-31}$$

式中，PC 为涨价预备费；I_t 为第 t 年的建筑工程费、安装工程费、设备购置费之和；f 为建设期价格上涨指数；n 为建设期。

建设期价格上涨指数，政府部门有规定的按规定执行，没有规定的由可行性研究人员预测。

例题 9-2 某建设工程在建设期初的建安工程费和设备购置费为 48000 万元，按本项目实施进度计划，项目建设期为 3 年，投资分年使用比例为：第一年 30%，第二年 50%，第三年 20%，投资在每年平均支用，建设期内预计年平均价格总水平上涨率为 5%。建设工程其他费用为 3900 万元，基本预备费率为 10%，试估算该项目的建设投资。

解：（1）计算项目的涨价预备费。

第一年末的涨价预备费 $=48000\times30\%\times[(1+0.05)^1-1]=720.00$ 万元

第二年末的涨价预备费 $=48000\times50\%\times[(1+0.05)^2-1]=2460.00$ 万元

第三年末的涨价预备费 $=48000\times20\%\times[(1+0.05)^3-1]=1513.20$ 万元

该项目建设期的涨价预备费 $=720.00+2460.00+1513.20=4693.20$ 万元

（2）计算项目的建设投资。

建设投资 = 建安工程费+设备购置费+工程建设其他费用+基本预备费+涨价预备费

$=(48000+3900)\times(1+10\%)+4693.20=61783.20$ 万元

9.4.2 流动资金估算方法

流动资金是指生产经营性项目投产后，为进行正常生产运营，用于购买原材料、燃料、支付工资及其他经营费用等所需的周转资金。流动资金估算一般是参照现有同类企业的状况采用分项详细估算法，个别情况或者小型项目可采用扩大指标法。

9.4.2.1 分项详细估算法

计算流动资金，要按流动资产和流动负债两类因素分别估算。在可行性研究中，为简化计算，仅对存货、现金、应收账款、预付账款等流动资产和应付账款、预收账款等流动负债进行估算，计算公式如下：

$$流动资金=流动资产-流动负债 \tag{9-32}$$

其中

$$流动资产=应收账款+预付账款+存货+现金$$

$$流动负债=应付账款+预收账款$$

$$流动资金本年增加额=本年流动资金-上年流动资金$$

$$应收账款=\frac{年经营成本}{应收账款周转次数}$$

$$预付账款=\frac{外购商品或服务年费用}{预付账款周转次数}$$

$$存货=外购原材料+外购燃料+其他材料+在产品+产成品 \tag{9-33}$$

其中

$$外购原材料=\frac{年外购原材料费用}{按种类分项周转次数}$$

$$外购燃料=\frac{年外购燃料费用}{按种类分项周转次数}$$

$$在产品=\frac{年外购原材料费用+年外购燃料费用+年工资及福利费用+年修理费用+年其他制造费用}{在产品周转次数}$$

$$产成品=\frac{年经营成本}{产成品周转次数}$$

$$现金需要量=\frac{年工资及福利费+年其他费用}{现金周转次数}$$

年其他费用=制造费用+管理费用+营业费用-(以上三项费用中所含的工资及福利费、折旧费、摊销费、修理费)

$$应付账款=\frac{年外购原材料费用+年外购燃料费用+年其他材料费}{应付账款周转次数}$$

$$预收账款=\frac{预收的营业收入年金额}{预收账款周转次数}$$

9.4.2.2 扩大指标估算法

(1) 按建设投资的一定比例估算。计算公式如下：

$$流动资金=建设投资\times费率 \tag{9-34}$$

(2) 按经营成本的一定比例估算。计算公式如下：

$$流动资金=经营成本\times费率 \tag{9-35}$$

(3) 按年营业收入的一定比例估算。计算公式如下：

$$流动资金=营业收入\times费率 \tag{9-36}$$

(4) 按单位产量占用流动资金的比例估算。

流动资金一般在投产前开始筹措。在投产第一年开始按生产负荷进行安排，在项目寿命期末收回。

9.5 财务评价

财务评价是在国家现行财税制度和市场价格体系下，分析预测项目的财务效益与费用，计算财务评价指标，考察拟建项目的盈利能力和清偿能力，据以判断项目的财务可行性。

9.5.1 财务评价的目的

9.5.1.1 衡量经营性项目的盈利能力

我国实行企业（项目）法人责任制后，企业法人要对建设项目的筹划、筹资、建设直至生产经营、归还贷款或债券本息以及资产的保值、增值实行全过程负责，承担投资风险。除需要国家安排资金和外部条件需要统筹安排的应按规定报批外，凡符合国家产业政策，由企业投资的经营性项目，其可行性研究报告和初步设计，均由企业法人自主决策。因决策失误或管理不善造成企业法人无力偿还债务的，银行有权依据合同取得抵押资产或由担保人负责偿还债务。因此，企业所有者和经营者十分关心项目盈利水平和清偿能力。此外，国家和地方各级决策部门、财务部门和贷款部门（如银行）对此也非常关心。因此，必须对项目进行财务分析。

9.5.1.2 衡量非经营性项目的财务生存能力

对于非经营项目，如公益性项目和基础性项目，在经过有关部门批准的情况下，可以实行还本付息价格或微利价格。在这类项目决策中，为了权衡项目在多大程度上要由国家或地方财政给予必要的支持，例如进行政策性的补贴或实行减免税等经济措施，同样需要进行财务计算和评价。由于基础性项目大部分属于政策性投融资范围，主要由政府通过经济实体进行投资，并吸引社会资本参与投资，因而这类项目的投融资既要注重社会效益，也要遵循市场规律和讲求经济效益。

除此之外，合同谈判和资金规划都必须以财务评价为依据。

9.5.2 财务评价的基本步骤

财务评价主要是利用有关基础数据，通过财务分析报表，计算财务指标，进行分析和评价。财务评价的一般步骤如下。

9.5.2.1 财务评价前的准备

财务评价前的准备工作如下：

(1) 实地调研，熟悉拟建项目的基本情况，收集整理相关信息；

(2) 编制部分财务分析辅助报表，包括：建设投资估算表、流动资金估算表，营业收入、增值税及附加估算表、总成本费用估算表等。

9.5.2.2 进行融资前分析

融资前分析属于项目决策中的投资决策，是不考虑债务融资条件下的财务分析，重在考察项目净现金流量的价值是否大于其投资成本。融资前分析只进行盈利能力分析。融资前分析的基本步骤如下：

（1）编制项目投资现金流量表，计算项目投资内部收益率、净现值和项目投资回收期等指标；

（2）如果分析结果表明项目效益符合要求，再考虑融资方案，继续进行融资后分析；

（3）如果分析结果不能满足要求，可通过修改方案和设计完善项目方案，必要时甚至可据此做出放弃项目的建议。

9.5.2.3 进行融资后分析

融资后分析属于项目决策中的融资决策，是以设定的融资方案为基础进行的财务分析，重在考察项目资金筹措方案能否满足要求。融资后分析包括盈利能力分析、偿债能力分析和财务生存能力分析。融资后分析的基本步骤如下：

（1）在融资前分析结论满足要求的情况下，初步设定融资方案；

（2）在已有财务分析辅助报表的基础上，编制项目总投资使用计划与资金筹措表和建设期利息估算表；

（3）编制项目资本金现金流量表，计算项目资本金财务内部收益率指标，考察项目资本金可获得的收益水平；

（4）编制投资各方现金流量表，计算投资各方的财务内部收益率指标，考察投资各方可获得的收益水平。

在项目的初期研究阶段，也可只进行融资前分析。

9.5.2.4 偿债能力分析

通过计算利息备付率、偿债备付率、借款偿还期、资产负债率等指标，分析项目的偿债能力。

9.5.2.5 财务生存能力分析

必须有足够的净现金流量，才能有序维持项目建设和运营。财务生存能力分析也称为资金平衡分析，是根据拟定技术方案的财务计划现金流量表，通过考察拟定技术方案计算期内各年的投资、融资和经营活动所产生的各项现金流入和现金流出，计算净现金流量和累计盈余资金，分析技术方案是否有足够的净现金流量维持项目资产运营，实现财务可持续性。财务可持续性应首先体现在有足够的经营净现金流量，这是财务可持续的基本条件；其次在整个运营期间，允许个别年份的净现金流量出现负值，但各年累计盈余资金不应出现负值。这是财务生存的必要条件。若出现负值，应进行短期借款，同时分析短期借款的时间长短和数额大小，以判断技术方案的财务生存能力。

9.5.2.6 不确定性分析

通过盈亏平衡分析，确定项目各类盈亏平衡点，以有效防范因产销量不确定带来的风险。通过敏感性分析，锁定项目实施中可能影响项目经济效益的关键因素，提出有效的控制措施，减少项目失败的可能性。

9.5.3 财务分析报表

9.5.3.1 现金流量表

现金流量表反映项目计算期内各年的现金收支，用以计算各项动态和静态评价指标，进行项目财务盈利能力分析。现金流量表分为：

（1）项目投资现金流量表（见表9-4）。对于新设项目法人项目，该表不分投资资金来源，以全部投资作为计算基础，用于计算项目投入全部资金的财务内部收益率、财务净现值及项目静态和动态投资回收期等评价指标，考察项目全部投资的盈利能力，为各个投资方案（不论其资金来源及利息多少）进行比较建立共同基础。

表9-4 投资现金流量表 （万元）

序号	项目	计算期							合计
		0	1	2	3	4	…	n	
	生产负荷/%								
1	现金流入 CI								
1.1	销售收入								
1.2	补贴收入								
1.3	固定资产残值								
1.4	流动资金回收								
2	现金流出 CO								
2.1	建设资产投资								
2.2	流动资金								
2.3	经营成本								
2.4	增值税及附加								
2.5	维持运营投入								
3	所得税前净现金流量（1-2）								
4	累计税前净现金流量								
5	调整所得税								
6	所得税前净现金流量（3-5）								
7	累计税后净现金流量								
计算指标		财务净现值： ；内部收益率： ；投资回收期：							

（2）项目资本金现金流量表（见表9-5）。项目资本金现金流量表是从技术方案权益投资者整体（项目法人）角度出发，以技术方案资本金作为计算的基础，把借款本金偿还和利息偿还支付作为现金流出，用于计算项目资本金财务内部收益率，反映在一定融资方案下投资者权益投资的获利能力，用以比选融资方案，为投资者投资决策、融资决策提供依据。

表 9-5 资本金现金流量表 （万元）

序号	项目	计算期 0	1	2	3	4	…	n	合计
	生产负荷/%								
1	现金流入 CI								
1.1	销售收入								
1.2	补贴收入								
1.3	固定资产残值								
1.4	流动资金回收								
2	现金流出 CO								
2.1	技术方案资本金								
2.2	借款本金偿还								
2.3	借款利息偿还								
2.4	经营成本								
2.5	增值税及附加								
2.6	所得税								
2.7	维持运营投入								
3	所得税前净现金流量（1-2）								
计算指标		资本金内部收益率：							

（3）投资各方财务现金流量表（见表 9-6）。项目投资各方财务现金流量表是分别从技术方案各个投资者的角度出发，以投资者的出资额作为计算的基础，用以计算投资各方财务内部收益率。

表 9-6 投资各方财务现金流量表 （万元）

序号	项目	计算期 0	1	2	3	4	…	n	合计
	生产负荷/%								
1	现金流入 CI								
1.1	实分利润								
1.2	资产处置收益分配								
1.3	租赁费收入								
1.4	技术转让或使用收入								
1.5	其他现金流入								
2	现金流出 CO								
2.1	实缴资本								
2.2	租赁资产支出								
2.3	其他现金流出								
3	净现金流量（1-2）								
计算指标		投资各方财务内部收益率：							

9.5.3.2 利润与利润分配表

利润与利润分配表（见表9-7），反映项目计算期内各年的营业收入、总成本费用、利润总额等情况，以及所得税后利润的分配，用以计算总投资收益率、项目资本金净利润率等指标。

表9-7 利润与利润分配表 （万元）

序号	项目	计算期							合计
		0	1	2	3	4	…	n	
	生产负荷/%								
1	销售收入								
2	总成本								
3	增值税及附加								
4	利润总额（1-2-3）								
5	所得税（4×25%）								
6	净利润（4-5）								
7	法定盈余公积金（6×10%）								
8	任意盈余公积金（6×费率）								
9	利润分配（6×费率）								
10	未分配利润（6-7-8-9）								

9.5.3.3 财务计划现金流量表

财务计划现金流量表（见表9-8），反映项目计算期内各年的投资、融资率及经营活动的资金流入和流出，用于计算累计盈余资金，分析项目的财务生存能力。

表9-8 财务计划现金流量表 （万元）

序号	项目	计算期							合计
		0	1	2	3	4	…	n	
	生产负荷/%								
1	经营活动净现金流量（1.1-1.2）								
1.1	现金流入								
1.1.1	营业收入								
1.1.2	增值税销项税额								
1.1.3	补贴收入								
1.1.4	其他现金流入								
1.2	现金流出								
1.2.1	经营成本								
1.2.2	增值税进项税额								
1.2.3	营业税及附加								
1.2.4	所得税								
1.2.5	其他现金流出								

续表 9-8

序号	项目	计算期							合计
		0	1	2	3	4	…	n	
	生产负荷/%								
2	投资活动净现金流量（2.1−2.2）								
2.1	现金流入								
2.2	现金流出								
2.2.1	建设投资								
2.2.2	维持运营投资								
2.2.3	流动资金								
2.2.4	其他现金流出								
3	筹资活动净现金流量（3.1−3.2）								
3.1	现金流入								
3.1.1	技术方案如资本金								
3.1.2	建设投资借款								
3.1.3	流动资金借款								
3.1.4	债券								
3.1.5	短期借款								
3.1.6	其他现金流入								
3.2	现金流出								
3.2.1	各种利息支出								
3.2.2	偿还债务本金								
3.2.3	应付利息（股利分配）								
3.2.4	其他现金流出								
4	净现金流量（1+2+3）								
5	累计盈余资金								

9.5.3.4 资产负债表

资产负债表用于综合反映项目计算期内各年年末资产、负债和所有者权益的增减变化及对应关系，计算资产负债率。

9.5.3.5 借款还本付息表

借款还本付息计划表用于反映项目计算期内各年借款本金偿还和利息支付情况，计算偿债备付率和利息备付率等指标。

财务分析报表与评价指标之间的关系见表 9-9。

表 9-9 财务分析报表与财务评价指标的关系

评价内容	基本报表	静态指标	动态指标
盈利能力指标	项目投资现金流量表	项目投资静态回收期	项目投资财务内部收益率 项目投资财务净现值 项目投资动态回收期

续表 9-9

评价内容	基本报表	静态指标	动态指标
盈利能力分析	项目资本金现金流量表 投资各方现金流量表 利润与利润分配表	总投资收益率 项目资本金净利润率	项目资本金财务内部收益率 投资各方财务内部收益率
清偿能力分析	资产负债表 建设期利息估算 及还本付息计划表	资产负债率 偿债备付率 利息备付率	
财务生存能力	财务计划现金流量表	累计盈余资金	

在财务评价过程中，工程技术分析人员可以根据项目的具体情况和委托方的要求对评价指标进行取舍。

9.6 案例分析

某设计单位针对某矿山-300~-500m 三号矿体的开采工作进行了工程经济分析，具体过程如下。

9.6.1 劳动定员

9.6.1.1 企业工作制度

企业采用连续工作制，年工作 330 天，每天工作 3 班，每班 8h。

9.6.1.2 机构设置

该矿业有限责任公司已设置了公司办公室、技术科、财务科、安全科等管理机构。经营销售等统一由矿业有限责任公司管理，本设计不做定编设计。

9.6.1.3 定员编制

生产技术人员根据生产岗位需要设置定员，管理人员按职能设置定岗编制。经编制定员，矿山共计 136 人，其中公司管理人员 17 人，矿山生产人员 119 人。劳动定员编制详见表 9-10。

表 9-10 劳动定员表

序号	职位名称	各班人数				在册人数	备 注
		Ⅰ	Ⅱ	Ⅲ	替班		
1	开拓采准	5	11	5	3	24	
1.1	凿岩爆破工	2	2	2	1	7	
1.2	装岩运输工	2	4	2	1	9	

续表 9-10

序号	职位名称	各班人数				在册人数	备 注
		Ⅰ	Ⅱ	Ⅲ	替班		
1.3	喷锚支护工		2			2	
1.4	通风及管道工		2			2	
1.5	安全员	1	1	1	1	4	
2	回采	5	6	5	4	20	
2.1	凿岩爆破工	2	2	2	1	7	
2.2	采场出矿工	2	2	2	1	7	
2.3	取样化验工		1		1	2	
2.4	安全员	1	1	1	1	4	
3	井下运输	6	6	6	4	22	
3.1	井底车场调车工	1	1	1	1	4	
3.2	运输推车工	4	4	4	2	14	
3.3	信号工	1	1	1	1	4	
4	井下辅助人员	4	4	4	3	15	
4.1	井下水泵房	2	2	2	1	7	
4.2	安全值班员	1	1	1	1	4	
4.3	井下通风工	1	1	1	1	4	
5	井口工人	10	12	10	6	38	
5.1	卷扬机司机	2	2	2	1	7	
5.2	井口推车工	2	2	2	1	7	
5.3	通风机房	2	2	2	1	7	
5.4	空压机工	2	2	2	1	7	
5.5	机修工	2	4	2	2	10	
生产人员小计		30	39	30	20	119	
6	管理人员	3	9	3	2	17	
6.1	生产管理调度员	1	1	1	1	4	
6.2	安全总值班	1	1	1	1	4	
6.3	工程技术人员		3			3	
6.4	统计、材料员		2			2	
6.5	财务人员	1	1	1		3	

9.6.2 劳动生产率

按正常生产时期生产能力6.6万吨/年计算：

(1) 公司全员实物劳动生产率：485.29吨/(人·年)。

(2) 公司工人实物劳动生产率：554.62吨/(人·年)。

9.6.3 投资概算

9.6.3.1 基本概况

本项目的生产规模为6.6万吨/年，服务年限为6年（不包括建设期），本工程总投资为2039.22万元，其中，固定资产总投资为1839.39万元，流动资金为199.83万元。

9.6.3.2 编制原则及依据

本概算以设计及各专业提供的工程量为依据，按照国家基本建设中的政策及规定进行编制。设备价格采用询价和估价，设备运杂费按7%计取，设备安装费按5.5%计取，备品备件按2%计取；井巷工程按有关《矿山井巷工程预算定额》及配套的费用定额和类似矿山的实际情况计取；建筑工程按当地时间进行计算；预备费包括基本预备费和不可预见费两项，按5%计取；其他有关费率按现行标准计取。

9.6.3.3 投资估算

本项目的总投资由直接工程费用、其他工程费用、其他费用和预备费组成。其中总投资概算详见表9-11。

表9-11 基建工程概算表

序号	项目	概算价值/万元							占总值/%	技术经济指标		
		开拓	建筑	设备	安装	工器具	其他	总值		单位	数量	指标
1	工程费用	887.58	140.52	394.84	15.88	5.78	67.18	1511.78	82.189			
1.1	采矿	887.58		29.34	1.28	0.47	1.98	920.65	50.052			
1.2	矿机			167.8	9.23	3.36	14.26	194.65	10.582			
1.3	电气			97.7	5.37	1.95	8.31	113.33	6.161			
1.4	土建		118.71					118.71	6.454			
1.5	总图		21.81	100			42.63	164.44	8.940			
2	其他直接费（0.85%）							12.85	0.699			
3	其他费用							147.54	8.021			

续表 9-11

序号	项目	概算价值/万元							占总值/%	技术经济指标		
		开拓	建筑	设备	安装	工器具	其他	总值		单位	数量	指标
3.1	建设单位管理费（1.5%）							22.68	1.233			
3.2	临时设施及措施费（1%）							15.12	0.822			
3.3	生产人员培训费							8.16	0.444			
3.4	工器具及生产家具购置费							15.12	0.822			
3.5	矿山巷道维修费							15.12	0.822			
3.6	矿山环境与污水治理费							12.00	0.652			
3.7	安全卫生监测配套费							14.00	0.761			
3.8	研究试验费（1%）							15.12	0.822			
3.9	勘察设计费（1.5%）							22.68	1.233			
3.10	工程质量监督检测费（0.5%）							7.56	0.411			
1+2+3								1672.17	90.909			
4	预备费（10%）							167.22	9.091			
4.1	基本预备费（5%）							83.61	4.545			
4.2	不可预见费（5%）							83.61	4.545			
总　　计								1839.39	100.000			

直接工程费用包括开拓工程、采准工程、新增设备、地面建筑工程和总图设计等项目，共计 1511.78 万元，其概算详见表 9-12～表 9-23。直接工程费中，开拓工程的新增投入费用为 661.84 万元，采准工程的新增投入费用为 225.74 万元，新增设备费用为 341.05 万元，地面建筑的新增投入费用为 118.71 万元，总图设计新增投入费用为 164.44 万元。其他直接费按直接工程费用的 0.85%计取，为 12.85 万元；其他工程费用包括建设单位管理费、临时设施计措施费、生产人员培训费、工器具及生产家具购置费、矿山巷道维修费、矿山环境与污水治理费、安全卫生监测配套费、研究试验费、勘察设计费和工程质量监督检测费等，共计 147.54 万元；预备费包括基本预备费和不可预见费，其费率都按 5%计取，共计 167.22 万元。

值得说明的是，采准工程是在出矿期间进行的，可以在投入的同时进行资金回收。因此，采准工程费用 225.74 万元不计入矿山的实际投资，本次设计的实际发生的固定投资为 1613.65 万元。

表 9-12 开拓工程概算表

序号	项目	单位	数量	掘进工程量/m^3	混凝土量/m^3	木材/m^3	费用			合计/万元	经济指标				备注
							掘进费用/万元	混凝土费用/万元	木材费用/万元		掘进单价		混凝土单价/元·m^{-3}	木材单价/元·m^{-3}	
											元/m	元/m^3			
1	主井	m	505.00	6436.05	1008.99		101.00	94.41		195.41					经济指标为综合取费值
1.1	主井井颈（上段）	m	7.00	142.92	67.70		1.40	6.33		7.73	2000.00		935.70		
1.2	主井井颈（下段）	m	8.00	138.73	52.75		1.60	4.94		6.54	2000.00		935.70		
1.3	主井井筒	m	490.00	6154.40	888.54		98.00	83.14		181.14	2000.00		935.70		
2	风井	m	352.00	2931.64	444.76		96.40	41.62		138.02					
2.1	风井井颈	m	10.00	113.35	42.70		2.00	4.00		6.00	2000.00		935.70		
2.2	风井井筒	m	342.00	2818.29	402.06		68.40	37.62		106.02	2000.00		935.70		
3	主溜井	m	130.00	637.81			26.00			26.00	2000.00				
4	-300m 水平	m	821.29	4463.66	230.02		53.78	21.52		75.30					
4.1	-300m 水平井底车场	m	26.50	257.58	45.58		2.89	4.26		7.16		112.34	935.70		
4.2	-300m 水平主井石门	m	128.50	742.73	92.52		9.99	8.66		18.64		134.46	935.70		
4.3	-300m 水平运输大巷	m	506.70	2563.90		136.81	28.80		13.68	42.48		112.34		1000	
4.4	-300m 水平风井石门	m	159.59	899.45	91.92		12.09	8.60		20.69		134.46	935.70		
5	-350m 水平	m	1652.50	9831.09	307.13		132.91	28.74		161.65					
5.1	-350m 水平井底车场	m	26.50	234.79	22.79		2.64	2.13		4.77		112.34	935.70		
5.2	-350m 水平主井石门	m	142.40	823.07	102.53		11.07	9.59		20.66		134.46	935.70		
5.3	-350m 水平运输大巷	m	506.60	2563.40		136.78	28.80		13.68	42.48		112.34		1000	
5.4	-350m 水平通风天井	m	550.00	2178.00		132.00	45.74		13.20	58.94		210.00		1000	
5.5	-350m 水平风井石门	m	173.00	975.03	99.65		13.11	9.32		22.43		134.46	935.70		

续表 9-12

序号	项　目	单位	数量	掘进工程量/m³	混凝土量/m³	木材/m³	费用			合计/万元	经济指标				备注
							掘进费用/万元	混凝土费用/万元	木材费用/万元		掘进单价 元/m	掘进单价 元/m³	混凝土单价/元·m⁻³	木材单价/元·m⁻³	
5.6	-350m 水泵房	m	26.00	457.60	82.16		4.72	7.69		12.41		103.24	935.70		
5.7	-350m 水仓	m	228.00	2599.20			26.83			26.83		103.24			
6	拉底平巷	m	250.00	1265.00			14.21			14.21		112.34			
7	-450m 水泵房	m	356.00	4219.60	82.16		43.56	7.69		51.25					
7.1	-450m 水泵房	m	26.00	457.60	82.16		4.72	7.69		12.41		103.24	935.70		
7.2	-450m 水泵房	m	330.00	3762.00			38.84			38.84		103.24			
8	合计		4066.79	29784.85	2073.06	405.59	467.86	193.98	40.56	661.84					

表 9-13　采准工程量概算表

序号	项　目	单位	数量	掘进工程量/m³	混凝土量/m³	锚杆/根	费用			合计/万元	经济指标			备注
							掘进费用/万元	混凝土费用/万元	锚杆费用/万元		掘进单价/元·m⁻³	混凝土单价/元·m⁻³	锚杆单价/元·根⁻¹	
1	阶段沿脉运输巷	m	300.00	1800.00	420.00		20.22	39.30		59.52	112.34	935.70		
2	人行通风天井	m	300.00	1452.00	372.00		30.49	34.81		65.30	210.00	935.70		
3	联络道	m	93.00	450.12	115.32		5.06	10.79		15.85	112.34	935.70		
4	漏斗颈	m	156.00	755.04	193.44		15.86	18.10		33.96	210.00	935.70		
5	拉底平巷	m	300.00	1452.00	372.00		16.31	34.81		51.12	112.34	935.70		
6	合计	m	1149.00	5909.16	1472.76		87.94	137.81		225.74				

表 9-14 地面工程概算表

序号	项目名称	数量	单位	单价单位	单价	费用	备注
1	提升机房	168.75	m^2	元/m^2	968	16.34	
2	井架	17	m	元/m	10000	17.00	
3	空压机房	135	m^2	元/m^2	968	13.07	
4	配电机房	72	m^2	元/m^2	968	6.97	
5	综合机修车间	135	m^2	元/m^2	968	13.07	
6	材料库及化验室	108	m^2	元/m^2	968	10.45	
7	办公楼	216	m^2	元/m^2	968	20.91	
8	职工休息室	216	m^2	元/m^2	968	20.91	
9	合计					118.71	

表 9-15 总图概算表

序号	项目名称	数量	单位	单价单位	单价	费用	备注
1	厂区道路	200	m	元/m	320	6.40	
2	窄轨铁路	260	m	元/m	450	11.70	
3	道岔	7	付	元/付	5300	3.71	
4	自卸式汽车（5t）	5	辆	元/辆	200000	100.00	
5	小计					121.81	
6	综合费率（35%）					42.63	
7	合计					164.44	

表 9-16 提升系统设备及安装工程概算表

序号	设备及安装工程名称	设备型号	单位	数量	概算价值		备注
					单位价值/元	总价值/元	
1	提升机	2LK-2.0/20	台	1	280000	280000	
2	游动轮		个	2	2850	5700	
3	钢丝绳	18×7-24.5-170	m	716	18	12888	
4	脚踏式阻车器		个	4	1600	6400	
5	车挡		个	2	114	228	
6	导轮		个	2	1068	2136	
7	铁托辊		套	120	359	43080	
8	罐笼	2 号标准 1800mm×1080mm	台	1	40000	40000	
9	箕斗（$L\times B\times H$）	1136mm×1180mm×1566mm	台	1	45000	45000	
10	天轮	ϕ2500mm	个	2	10000	20000	
11	井架	自制	t	18	5000	90000	
12	井架加工（40%）			18	2000	36000	
13	小计					581432	

续表 9-16

序号	设备及安装工程名称	设备型号	单位	数量	概算价值		备注
					单位价值/元	总价值/元	
14	运杂费（7%）					40700	
15	安装费（5.5%）					31979	
16	备品备件费（2%）					11629	
17	综合费率（1.5%）					8721	
18	合计					674461	

表 9-17 空压机站设备及安装工程概算表

序号	设备及安装工程名称	设备型号	单位	数量	概算价值		备注
					单位价值/元	总价值/元	
1	固定式压风机	4L-20/8 型	台	2	85000	170000	
2	消声过滤器		台	2	1600	3200	
3	吸风管支座		台	2	1050	2100	
4	电动机	JR127-8	台	2	32000	64000	
5	闸门	Z41-10DN125	个	2	760	1520	
6	后冷却器		个	2	3000	6000	
7	手动单梁起重机	SDQ-3	台	1	16000	16000	
8	水泵	IS65-50-12.5	台	1	1200	1200	
9	无缝钢管	ϕ133×4	t	0.86	5000	4300	
10	无缝钢管	ϕ226×6	t	0.86	5000	4300	
11	无缝钢管	ϕ108×4	t	0.26	5000	1300	
12	无缝钢管	ϕ219×6	t	1.1	5000	5500	
13	小计					279420	
14	运杂费（7%）					19559	
15	安装费（5.5%）					15368	
16	备品备件费（2%）					5588	
17	综合费率（1.5%）					4191	
18	合计					324127	

表 9-18 排水设备及安装工程概算表

序号	设备及安装工程名称	设备型号	单位	数量	概算价值		备注
					单位价值/元	总价值/元	
1	水泵	D280-65/84×8	台	4	22000	88000	
2	电动机	Y450-54-4	台	4	26000	104000	
3	止回阀		个	4	1900	7600	
4	闸阀	DN280	个	12	3500	42000	

续表 9-18

序号	设备及安装工程名称	设备型号	单位	数量	概算价值		备注
					单位价值/元	总价值/元	
5	配水闸阀	D70	个	3	800	2400	
6	排水管	YJ-231-64-ϕ273×6	t	68.24	5000	341200	
7	吸水管	YJ-231-64-ϕ299×6	t	1.38	5000	6900	
8	小计					592100	
9	运杂费（7%）					41447	
10	安装费（5.5%）					32566	
11	备品备件费（2%）					11842	
12	综合费率（1.5%）					8882	
13	合计					686836	

表 9-19　通风设备及安装工程概算表

序号	设备及安装工程名称	设备型号	单位	数量	概算价值		备注
					单位价值/元	总价值/元	
1	通风机房						
1.1	风机	DK45-14 型	台	1	54000	54000	
1.2	电动机	Y280M6	台	2	23000	46000	
2	矿车修理间						
2.1	交流弧焊机	BX_1-250	台	1	1600	1600	
2.2	直流弧焊机	AX-160	台	1	2400	2400	
2.3	除尘式砂轮机	MC3025	台	1	1350	1350	
2.4	台式钻床	Z515	台	1	2100	2100	
2.5	乙炔发生器	YTP 排水式（中压）	台	1	1200	1200	
3	小计					108650	
4	运杂费（7%）					7606	
5	安装费（5.5%）					5976	
6	备品备件费（2%）					2173	
7	综合费率（1.5%）					1630	
8	合计					126034	

表 9-20　供电设备及安装工程概算表

序号	设备及安装工程名称	设备型号	单位	数量	概算价值		备注
					单位价值/元	总价值/元	
1	变压器	SJ7-315/6	台	1	45000	45000	
2	变压器	SJ7-120/6	台	1	45000	45000	
3	干式变压器	SG-4	台	6	30000	180000	

续表 9-20

序号	设备及安装工程名称	设备型号	单位	数量	概算价值		备注
					单位价值/元	总价值/元	
4	井筒电缆	YJV32-3×90	m	1400	130	182000	
5	高压开关柜	GG-1A-07S	台	18	18500	333000	
6	高压开关柜	GG-1A-54	台	2	20000	40000	
7	高压开关柜	GG-1A-119	台	2	22000	44000	
8	低压开关柜	PGL-1-29	台	6	18000	108000	
9	小计					977000	
10	运杂费（7%）					68390	
11	安装费（5.5%）					53735	
12	备品备件费（2%）					19540	
13	综合费率（1.5%）					14655	
14	合计					1133320	

表 9-21 采矿设备及安装工程概算表

序号	设备及安装工程名称	设备型号	单位	数量	概算价值		备注
					单位价值/元	总价值/元	
1	凿岩机	YSP-45	台	12	5600	67200	
2	凿岩机	7655	台	9	5800	52200	
3	风镐	G-10	台	4	1500	6000	
4	矿车	U 型	台	9	6000	54000	
5	局部扇风机	BKJ56	台	6	9000	54000	
6	小计					233400	
7	运杂费（7%）					16338	
8	安装费（5.5%）					12837	
9	备品备件费（2%）					4668	
10	综合费率（1.5%）					3501	
11	合计					270744	

表 9-22 机修设备及安装工程概算表

序号	设备及安装工程名称	设备型号	单位	数量	概算价值		备注
					单位价值/元	总价值/元	
1	锻钎机	IR-50	台	2	10000	20000	
2	普通车床	C630	台	1	24000	24000	
3	牛头刨床	B650	台	1	18000	18000	
4	立式钻床	Z5140	台	1	2500	2500	
5	电焊机		个	4	2000	8000	

续表 9-22

序号	设备及安装工程名称	设备型号	单位	数量	概算价值		备注
					单位价值/元	总价值/元	
6	弓锯机	G72	个	3	5500	16500	
7	砂轮机		个	2	1500	3000	
8	空气锤	C41-150	台	2	12200	24400	
9	小计					116400	
10	运杂费（7%）					8148	
11	安装费（5.5%）					6402	
12	备品备件费（2%）					2328	
13	综合费率（1.5%）					1746	
14	合计					135024	

表 9-23 测量设备概算表

序号	设备及安装工程名称	设备型号	单位	数量	概算价值		备注
					单位价值/元	总价值/元	
1	水平仪	S_3	台	2	6000	12000	
2	经纬仪	J_2	台	2	24000	48000	
3	合计					60000	

9.6.4 资金及资金筹措

9.6.4.1 资金

项目固定资产投资及流动资金全部由矿业有限责任公司以入股及集资解决。

9.6.4.2 固定资产投资

本设计固定资产投资为 1839.39 万元，包括直接工程费用、其他直接费、其他费用和预备费等。直接工程费用包括开拓工程、采准工程、新增设备、地面建筑工程和总图设计等项目，共计 1511.78 万元；其他直接费为 12.85 万元；其他工程费用为 147.54 万元；预备费为 167.22 万元。直接工程费中，开拓工程的新增投入费用为 661.84 万元，采准工程的新增投入费用为 225.74 万元，新增设备费用为 341.05 万元，地面建筑的新增投入费用为 118.71 万元，总图设计新增投入费用为 164.44 万元。值得说明的是，采准工程是在出矿期间进行的，可以在投入的同时进行资金回收。因此，采准工程费用 225.74 万元不计入矿山的实际投资，本次设计的实际发生的固定投资为 1613.65 万元。

9.6.4.3 流动资金

本项目的生产流动资金按经营成本的 20%估算取值为 199.83 万元。

9.6.4.4 项目总投资

项目总投资是固定资产投资与流动资金之和，即为2039.22万元。

9.6.4.5 资金使用计划

根据矿山建设与生产的实际情况，固定资产投资分别在第一年和第二年投入。第一年投入839.39万元，第二年投入1000万元。流动资金按达产计划分年投入。

9.6.5 产品成本计算

9.6.5.1 产品成本计算参数

产品成本参照类似矿山进行计算，其中辅助材料、电价、工资及福利费按矿山实际价格选取；维简费按每吨矿石9元计取，修理费按维简费的50%计取；销售费用按产品销售价格的2.0%计取，管理费用按产品销售价格的10%计取。

9.6.5.2 成本计算

本工程产品成本计算详见表9-24和表9-25。

表9-24 产品成本估算表

序号	项　目	单位	单耗/t	单价/元	单位成本/元·t^{-1}	备注
1	采矿生产成本				59.58	
1.1	辅助材料				8.08	
1.1.1	炸药	kg	0.4	5.5	2.20	
1.1.2	雷管	个	0.31	1.20	0.37	
1.1.3	导火线	m	1	1.10	1.10	
1.1.4	合金片	g	1.1	1.10	1.21	
1.1.5	钎钢	kg	0.03	6.50	0.20	
1.1.6	坑木	m^3	0.002	1000	2.00	
1.1.7	其他				1.00	
1.2	燃料及动力费用	kW·h	35.00	0.6	21.00	
1.3	工资及福利费				15.00	
1.4	制造费用				15.50	
1.4.1	维简费				9.00	
1.4.2	修理费				4.50	
1.4.3	其他				2.00	
2	选矿加工成本				50.00	
3	管理费				40.80	
4	销售费				8.16	
5	总成本费用				158.54	

表 9-25 总成本估算表 （万元）

序号	项目	建设期		投产年	正常年				减产年	合计
		0	1	2	3	4	5	6	7	
	生产负荷/%			80	100	100	100	100	21.52	
1	采矿生产成本			314.58	393.23	393.23	393.23	393.23	84.62	1972.12
1.1	辅助材料费			42.66	53.33	53.33	53.33	53.33	11.48	267.45
1.2	燃料及动力费			110.88	138.60	138.60	138.60	138.60	29.83	695.11
1.3	工资及福利费			79.20	99.00	99.00	99.00	99.00	21.30	496.50
1.4	制造费			81.84	102.30	102.30	102.30	102.30	22.01	513.05
	其中：维简费			47.52	59.40	59.40	59.40	59.40	12.78	297.90
2	选矿成本			264.00	330.00	330.00	330.00	330.00	71.02	1655.02
3	销售费用			43.08	53.86	53.86	53.86	53.86	11.59	270.10
4	管理费用			215.42	269.28	269.28	269.28	269.28	57.95	1350.49
5	财务费用									
5.1	流动资金借款利息									
5.2	固定资产投资借款利息									
6	矿产资源补偿费			9.77	12.21	12.21	12.21	12.21	2.63	61.24
7	总成本费用			846.86	1058.57	1058.57	1058.57	1058.57	227.81	5308.96
	其中：固定成本			258.51	323.14	323.14	323.14	323.14	69.54	1620.59
	可变成本			588.35	735.44	735.44	735.44	735.44	158.27	3688.37
8	经营成本			799.34	999.17	999.17	999.17	999.17	215.02	5011.04

计算结果为：单位产品成本为 158.54 元/t，其中，采矿生产成本为 59.58 元/t，选矿成本为 50 元/t。其总成本费用 1058.57 万元/年，固定成本为 323.14 万元/年，可变成本为 735.44 万元/年，经营成本为 999.17 万元/年。

9.6.6 企业经济效果计算

9.6.6.1 产品方案及产品产量

产品方案为矿山铜、金和银，正常年矿石产量为 6.6 万吨。

9.6.6.2 经济计算年限

开采区段地质储量为 36.46 万吨，采区可采储量按 95%计，为 34.46 万元。采矿回收率为按 83%计，采出地质储量 28.8 万吨，矿石地质品位为 3.54%，经采矿贫化后，原矿品位为 3%。因此，最终采出原矿 33.1 万吨。正常年年产量为 6.6 万吨，服务年限为 6 年，建设期为 2 年，则计算期为 8 年。

9.6.6.3 销售收入

矿山铜的年产量为 1821.60t，其销售价格取为 10800 元/t；金的年产量为 72.41kg，其价格为 80000 元/kg；银的年产量为 1623.92kg，其价格为 900 元/kg。因此，正常年销售收入为 2693 万元/年。

9.6.6.4 税金计算

按国家规定应纳税增值税、教育费附加、城乡维护建设税、矿产资源税等税率计算。

增值税税率为 11%，按扣税法计算，经过计算正常年增值税为 343.16 万元/年；教育费附加增值税税额的 3%计取，10.29 万元/年；城乡维护建设税按增值税税额的 1%计取，即 3.43 万元/年；矿产资源税按每吨矿石 4 元计算，即 26.40 万元/年；则正常年的销售税金及附加分别是：385.24 万元/年，其计算见表 9-26。

表 9-26 税金计算表 （万元）

序号	项　目	建设期		投产年	正常年				减产年	合计
		0	1	2	3	4	5	6	7	
	生产负荷/%			80	100	100	100	100	21.52	
1	产品销售收入			2154.4	2693	2693	2693	2693	579.53	13505.93
2	税金			308.19	385.24	385.24	385.24	385.24	82.9	1932.05
2.1	增值税			274.53	343.16	343.16	343.16	343.16	73.85	1721.02
2.2	教育费附加			8.24	10.29	10.29	10.29	10.29	2.22	51.62
2.3	城乡维护建设税			2.75	3.43	3.43	3.43	3.43	0.74	17.21
2.4	矿产资源税			21.12	26.40	26.40	26.40	26.40	5.68	132.40

9.6.6.5 损益计算

损益计算见表 9-27。

表 9-27 损益表 （万元）

序号	项　目	建设期		投产年	正常年				减产年	合计
		0	1	2	3	4	5	6	7	
	生产负荷/%			80	100	100	100	100	21.52	
1	产品销售收入			2154.40	2693.00	2693.00	2693.00	2693.00	579.53	13505.93
2	增值税金及附加			274.53	343.16	343.16	343.16	343.16	73.85	1721.02
3	总成本费用			846.86	1058.57	1058.57	1058.57	1058.57	227.81	5308.95
4	利润总额			1033.01	1291.27	1291.27	1291.27	1291.27	277.87	6475.96
5	所得税			258.25	322.82	322.82	322.82	322.82	69.47	1618.99
6	税后利润			774.76	968.45	968.45	968.45	968.45	208.40	4856.97
7	盈余公积金			77.48	96.85	96.85	96.85	96.85	20.84	485.697
8	应付利润			697.28	871.61	871.61	871.61	871.61	187.56	4371.273

计算结果为：

正常年利润总额：1291.27 万元/年；

正常年所得税：322.82万元/年；

正常年税后利润：968.45万元/年；

正常年盈余公积金：96.85万元/年；

正常年应付利润：871.61万元/年。

9.6.6.6 投资利润率、投资利税率

本设计的正常年投资利润率和正常年投资利税率的结果如下：

正常年投资利润率：1291.27/2039.22=63.32%；

正常年投资利税率：(343.16+1291.27)/2039.22=80.15%。

9.6.6.7 现金流量表计算

现金流量表计算见表9-28，税前指标计算结果为：财务内部收益率：30.86%；财务净现值（$i=12\%$）：5979.03万元。

投资回收期：静态投资回收期2.71年；动态投资回收期3.08年。均含建设期。

表9-28 现金流量表

序号	项 目	建设期		投产年	正常年				减产年	合计
		0	1	2	3	4	5	6	7	
	生产负荷/%			80	100	100	100	100	21.52	
1	现金流入	0.00	0.00	2154.40	2693.00	2693.00	2693.00	2693.00	846.37	13772.77
1.1	产品销售收入			2154.40	2693.00	2693.00	2693.00	2693.00	579.53	13505.93
1.2	回收固定资产余值								67.01	67.01
1.3	回收流动资金								199.83	199.83
2	现金流出	839.39	1000.00	1273.70	1342.33	1342.33	1342.33	1342.33	288.87	6931.89
2.1	固定资产投资	839.39	1000.00							0.00
2.2	流动资金			199.83						199.83
2.3	经营成本			799.34	999.17	999.17	999.17	999.17	215.02	5011.04
2.4	增值税金及附加			274.53	343.16	343.16	343.16	343.16	73.85	1721.02
3	净现金流量	-839.39	-1000.00	880.70	1350.67	1350.67	1350.67	1350.67	557.50	6840.88
4	累计净现金流量	-839.39	-1839.39	-958.69	391.98	1742.65	3093.32	4443.99	5001.49	13714.74
5	贴现系数（12%）	1.00	0.89	0.80	0.71	0.64	0.57	0.51	0.45	3.67
6	净现金流量现值	-839.39	-892.90	702.09	961.41	858.35	766.37	684.25	252.16	4224.63
7	累计净现金流量（12%）	-839.39	-1732.29	-1030.20	-68.79	789.56	1555.93	2240.18	2492.34	5979.03
静态投资回收期：2.71年；动态投资回收期：3.08年										
财务净现值：5979.03万元										
内部收益率：30.86%										

9.6.6.8 不确定性分析

A 盈亏平衡分析

以正常年参数计算，用生产能力利用率表示的盈亏平衡点（*BEP*）为：

$$BEP = \frac{年固定总成本}{年产品销售收入 - 年可变总成本 - 年税金及附加} \times 100\%$$

$$= \frac{323.14}{2693 - 735.44 - 343.16} \times 100\%$$

$$= 20.02\%$$

计算表明达到设计产量的20.02%时，企业可盈亏平衡。

根据以上参数，绘制盈亏平衡图如图9-3所示。

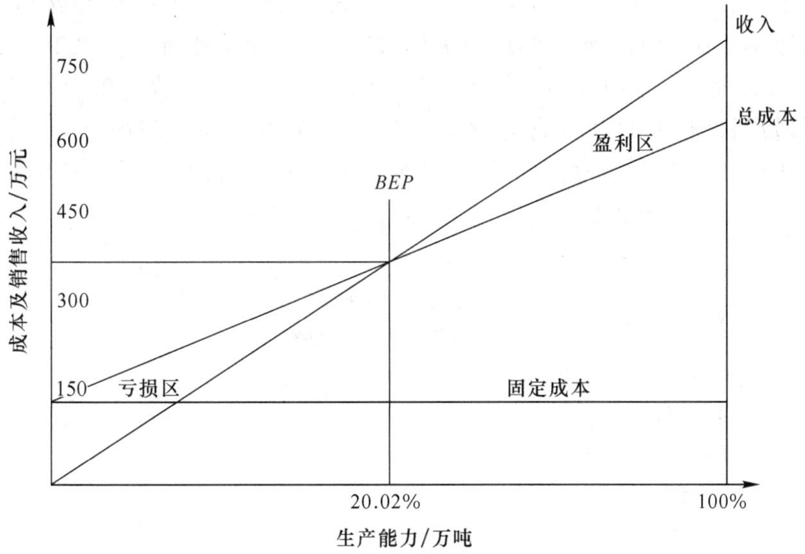

图9-3 产量盈亏平衡图

B 敏感性分析

敏感性分析主要对不确定因素销售价格、经营成本、固定资产投资的改变所引起的税后主要财务评价指标的变化进行分析，其分析结果见表9-29。

表9-29 敏感性分析结果汇总表

序号	不确定因素	变动幅度/%	所得税后		
			财务内部收益率/%	静态投资回收期/年	财务净现值/万元
1	基准值		30.86	3.08	5979.03
2	销售价格	+10	40.36	2.46	9410.43
		-10	20.61	3.09	2600.88
3	经营成本	+10	27.12	3.26	4706.45
		-10	34.44	2.94	7252.42

续表 9-29

序号	不确定因素	变动幅度/%	所得税后		
			财务内部收益率/%	静态投资回收期/年	财务净现值/万元
4	固定资产投资	+10	26.55	3.28	4940.09
		-10	36.86	2.89	7018.79

从敏感性分析结果表中可以看出，各不确定因素的变化都不同程度的影响财务内部收益率及投资回收期，其中销售价格的变化量最敏感，而固定资产投资和经营成本因素最不敏感。

9.6.7 企业综合评价

通过技术经济计算，公司正常年生产铁矿石 6.6 万吨，年销售收入 2693 万元，年增值税金及附加 343.16 万元，年利润总额 1291.27 万元；年企业所得税 322.82 万元；年税后利润 968.45 万元；税前财务内部收益率 30.86%，静态投资回收期 2.71 年（含建设期 2 年），动态投资回收期 3.08 年（含建设期 2 年），财务净现值为 5979.03 万元。项目经济效果较好。从对项目的盈亏平衡分析和敏感性分析来看，项目有较好的抗风险能力。从保护国家资源，保证矿山安全生产来看，其社会效益是良好的。

思考与练习

9-1 简述项目可行性研究的概念、工作内容、工作程序。

9-2 简述市场调查的作用和方法。

9-3 简述市场预测的作用和方法及工作步骤。

9-4 简述生产规模的类型。

9-5 生产规模的制约因素有哪些？

9-6 简述建设投资的估算方法和流动资金的估算方法。

9-7 财务评价的目的是什么？

9-8 简述财务评价的基本步骤。

9-9 简述财务报表的特点和作用。

10 项目后评价

学习目标

1. 掌握项目后评价的概念和内容。
2. 掌握项目后评价的程序和方法。
3. 掌握项目后评价的具体工作步骤。

背景资料

某投资咨询公司收集某项目实施的基础资料，进行了项目后评价。通过资料的收集和整理，发现项目可行性研究中：建设期3年，运营期12年，总投资12亿元，生产规模20万件/年，预计销售价格1200元，年销售额2.4亿元，固定成本0.8亿元，单位产品变动成本为400元/件，销售税金及附加率为12%，财务净现值为2050万元，内部收益率为35%，投资回收期为5.8年（动态）。项目执行后，收集项目实际运行资料，发现：实际投资比预算投资低8%，实际销售收入比预测数据高6%，成本的偏差为+10%，财务净现值指标实际值为2150万元，内部收益率实际值为38%，投资回收期（动态）实际值为5.3年。以上指标变化偏离率均在10%以内。因此，该投资公司得出结论：该项目的预测水平达到详细可行性研究的水平，符合可行性研究要求。

10.1 项目后评价概述

可行性研究和项目前评价是在项目建设实施前开展的项目可行性论证工作，其判断和预测是否正确，项目的实际效益如何，需要在项目竣工投产后根据实际数据资料进行再评估和检验，这项工作就是项目后评价。项目后评价可以全面总结项目投资管理中的经验教训，并为以后改进项目管理和制订科学的投资计划提供现实依据。

10.1.1 项目后评价的涵义和特点

10.1.1.1 项目后评价的涵义

目前，国内外理论与实际工作者对项目后评价的定义理解各有差异，但对项目后评价的共同理解为：项目后评价是指在项目建成投产并达到设计生产能力后，通过对项目前期工作、项目实施、项目运营情况的综合研究，衡量和分析项目的实际情况及其与预测（计划）情况的差距，进而确定项目可行性研究中预测和判断的正确情况，并分析其原因，从项目完成过程中吸取经验教训，为今后提高投资项目的决策水平创造条件，并为提高项目投资效益提出切实可行的对策措施。

10.1.1.2 工程项目后评价的特点

项目后评价与项目可行性研究、项目前评价有较大的差别，主要包括评价的标准、评价的内容、组织实施主体等方面的差异，其主要特点如下：

（1）现实性。项目后评价分析研究的是项目建设及运行过程中发生的实际数据资料，并对这些真实数据进行重新预测；项目可行性研究和项目前评价分析研究的是项目未来的状况，所用的数据都是预测数据。

（2）全面性。对项目进行后评价，既要分析其投资建设过程，又要分析生产经营过程；不仅要分析项目投资经济效益，而且要分析其经营管理的状况，发掘项目的潜力。

（3）探索性。项目后评价分析的是项目实际运行效果，通过对比可行性研究中的预测数据和项目运行中的实际数据，发现项目运营中出现的问题，并针对问题探究其原因，制定合适的措施，以有效地改善当前的经营现状。因此，这个分析过程要求项目后评价人员具有较高的素质和创造性。

（4）反馈性。项目可行性研究和前评价的目的在于为计划部门投资决策提供依据，而项目后评价的目的是为有关部门反馈信息，为今后项目管理、投资计划的制定和投资决策积累经验，并用来检测项目投资决策正确与否，以减少投资决策的误差，提高投资决策的准确性。

10.1.2 项目后评价的作用

项目后评价是在项目建设和运营后的一种总结评价，其主要表现在以下几个方面：

（1）总结项目管理的经验教训，提高项目管理的水平。项目管理包括建设阶段和生产阶段的全过程管理，需要与银行、计划、主管部门、企业、物资供应、施工等多个部门配合与协调。任何一个环节的管理效果，都会影响项目管理的最终结果。通过项目后评价，总结已建项目实际管理过程中的问题及有效解决措施，有利于指导未来项目的管理活动，从而提高项目管理的水平，减少类似项目建设和生产问题的发生，提高项目的经济效益和社会效益。

（2）提高项目决策科学化的水平。项目前评价是项目投资决策的依据，但前评价中所做的预测是否准确，需经过项目后评价检验。通过建立完善的项目后评价制度和科学的方法体系，可增强项目前评价人员的责任感和提高其业务水平，也可以通过项目后评价的反馈信息，及时纠正项目决策中存在的问题，从而提高未来项目决策的科学化水平。

（3）为国家投资计划、政策的制定提供依据。通过大量同类项目的后评价工作，可总结发现宏观投资管理中存在的问题及不足，为国家及时地修正某些不适合经济发展的技术经济政策和修订某些过时的指标参数提供依据。同时，通过反馈的项目实际运行数据信息，可合理确定投资规模和投资流向，并协调各产业、各部门之间及其内部的各种比例关系。此外，国家还可以充分地运用法律的、经济的、行政的手段，建立必要的法令、法规、各项制度和机构，促进投资管理的良性循环。

（4）为银行部门及时调整信贷政策提供依据。通过开展项目后评价，能及时发现项目建设资金使用中存在的问题，研究贷款项目成功或失败的原因，从而为银行部门调整信贷政策提供依据，并确保资金的按期回收。

10.1.3 项目后评价的基本程序

尽管因项目规模、复杂程度的不同，而导致每个项目后评价的具体工作程序也有所区别，但项目后评价一般都按以下几个步骤执行。

10.1.3.1 确定项目后评价组织机构

确定项目后评价的组织机构是实施具体项目后评价的首要问题。根据项目后评价的概念、特点和职能，我国项目后评价的组织机构应能排除人为干扰，并能独立地对项目实施及结果作出评价。同时，项目后评价组织机构能具备反馈检查功能、科学决策的能力。因此，我国项目后评价的组织机构不应该是：（1）项目原可行性研究单位和前评价单位；（2）项目实施过程中的项目管理机构。

10.1.3.2 选择项目后评价的对象

一般地，对所有竣工投产的投资项目都要进行后评价，项目后评价应纳入项目管理程序之中，但实际工作中，往往由于各方面条件的限制，只能有选择地确定评价对象。

现阶段，我国在选择进行项目后评价的对象时优先考虑以下类型项目：（1）投产后本身经济效益明显不好的项目；（2）国家急需发展的短线产业部门的投资项目，如能源、通讯、交通运输、农业等项目；（3）国家限制发展的长线产业部门的投资项目，如某些家用电器投资项目等；（4）投资额巨大、对国计民生有重大影响的项目，如宝钢、京九铁路等项目；（5）特殊项目，如国家重点投资的新技术开发项目、技术引进项目等。

10.1.3.3 收集资料和选取数据

项目后评价工作之一是收集大量的数据和资料，并选取合适的资料。这些数据和资料的来源要可靠，一般应由项目后评价者亲自调查整理，需要收集的数据和资料如下：

（1）档案资料，主要包括有建设项目的规划方案、项目建议书和批文、可行性研究报告、评估报告、设计任务书、初步设计材料和批文、施工图设计和批文、竣工验收报告、工程大事记、各种协议书和合同及有关厂址选择、工艺方案选择、设备方案选择的论证材料等。

（2）项目生产经营资料，主要包括生产、销售、供应、技术、财务、劳动工资等部门的统计年度报告。

（3）基础信息和资料，主要包括建设项目开工以来的有关利率、汇率、价格、税种、税率、物价指数变化的有关资料。

（4）与项目有关的其他资料。如国家及地方的产业结构调整政策、发展战略和长远规划；国家和地方颁布的规定和法律文件等。

10.1.3.4 分析和加工收集的资料

对所收集的数据和资料进行汇总、加工、分析和整理，对需要调整的数据和资料要调整，进一步补充测算有关的资料，以满足验证的需要。

10.1.3.5 评价及编制后评价报告

编制各种评价报表及计算评价指标，并与前评价和可行性研究进行对比分析，找出差异及其原因，最终由评价组编制后评价报告。

10.1.3.6 上报后评价报告

呈报编制的正式后评价报告和其重点内容摘要给组织后评价的部门。

10.2 项目后评价的内容和方法

10.2.1 项目后评价的内容

根据项目的类型、规模、复杂程度以及后评价目的，对每个项目进行后评价的内容有些差异。

一般地，项目后评价包括项目前期工作的后评价、项目实施的后评价和项目运营的后评价等。通常根据国民经济发展规划和国家制定的产业政策以及区域经济优势，结合项目实际建设和运行情况，检验项目建议书、可行性研究报告和项目评估报告的编制是否坚持了实事求是的原则，针对项目实施结果与预测目标偏差大的现象，分析其偏差产生的原因，并提出相应的补救措施。

对比分析项目实施过程的建设条件的差异，作出定性与定量分析，剖析其重要差别的原因，并提出诊断建议；进一步分析工程设计方案、项目实施方案的技术先进性和适用性情况；最后对比分析财务净现值、内部收益率等经济指标的差异和产生原因，进而总结经验教训。

10.2.2 项目后评价的方法

目前国内外进行后评价的方法主要有如下几种。

10.2.2.1 “前后对比”和“有无对比”法

一般情况下，“前后对比”（before and after comparision）是指将项目实施之前与完成之后的情况加以对比，以确定项目的作用与效益的一种对比方法。在项目后评价中，则是指将项目前期的可行性研究和评估的预测结论与项目的实际运行结果相比较，以发现变化和分析原因。这种对比用于揭示计划、决策和实施的质量，是项目后评价过程评价中应遵循的原则。

“有无对比”（with and without comparision）是指将项目实际发生的情况与若无项目可能发生的情况进行对比，以度量项目的真实效益、影响和作用。对比的重点是要分清项目作用的影响与项目以外作用的影响。这种对比用于项目的效益评价和影响评价，是项目后评价的一个重要方法。

10.2.2.2 逻辑框架法

逻辑框架法（LFA，Logical Framework Approach）是美国国际开发署（USAID）在

1970 年开发并使用的一种设计、计划和评价工具，目前已有 2/3 的国际组织把 LFA 作为援助项目的计划管理和后评价的主要方法。

A 逻辑框架法的含义

LFA 是采用一张简单的框图来清晰地分析复杂项目的内涵和关系，使之更易理解。LEA 是将几个内容相关、必须同步考虑的动态因素组合起来，通过分析其相互之间的关系，从设计策划到目的目标等方面来评价一项活动或工作。LFA 为项目计划者和评价者提供了一种分析框架，用以确定工作的范围和任务，并对项目目标和达到目标所需要的手段进行逻辑关系的分析。

B 逻辑框架法的模式

LFA 的模式是一个 4×4 的矩阵，横行代表项目目标的层次（垂直逻辑），竖行代表如何验证这些目标是否达到（水平逻辑）。垂直逻辑用于分析项目计划工作内容，弄清项目手段与结果之间的关系，确定项目本身和项目所在地的社会、物质、政治环境中的不确定因素。水平逻辑的目的是要衡量项目的资源和结果，确立客观的验证指标及其指标的验证方法来进行分析。水平逻辑要求对垂直逻辑四个层次上的结果做出详细说明。其基本模式见表 10-1。

表 10-1 逻辑框架法的模式

层次描述	客观验证指标	验证方法	重要外部条件
目标	目标指标	监测和监督手段及方法	实现目标的主要条件
目的	目的指标	监测和监督手段及方法	实现目的的主要条件
产出	产出物定量指标	监测和监督手段及方法	实现产出的主要条件
投入	投入物定量指标	监测和监督手段及方法	实现投入的主要条件

C 项目后评价的逻辑框架

项目后评价通过应用 LFA 来分析项目原定的预期目标、各种目标的层次、目标实现的程度和原因，用以评价其效果、作用和影响。

10.3 项目前期工作与实施的后评价

10.3.1 项目前期工作后评价

10.3.1.1 项目前期工作后评价的任务与意义

项目前期工作亦称项目准备工作，包括从编制项目建议书到项目正式开工过程中的各项工作内容。对其进行后评价的任务，主要是评价项目前期工作的业绩，分析和总结项目前期工作的经验教训。其意义在于分析研究项目投资实际效益与预测效益的偏差及其产生原因，为以后加强项目前期工作管理积累经验。

10.3.1.2 项目前期工作后评价的内容

项目前期工作后评价主要包括项目筹备工作的评价、项目决策的评价、厂址选择的评价、征地拆迁工作的评价、勘察设计工作的评价、委托施工的评价、“七通一平”工作的评价、资金落实情况的评价和物资落实情况的评价。

10.3.2　项目建设实施后评价

10.3.2.1　项目建设实施后评价的任务与意义

正式开工后，项目建设进入实施阶段，这一阶段包括从项目开工起到竣工验收、交付使用为止的全过程。对其进行后评价的任务，主要是评价项目实施过程中各主要环节的工作实绩，分析和总结项目实施管理中的经验和教训；其意义在于分析和研究项目实际投资效益与预计效益的偏差在多大程度上是由项目实施过程中造成的，进一步探究其原因和总结改进项目管理工作积累经验。

10.3.2.2　项目实施后评价的内容

项目实施后评价的内容主要包括以下几个方面：

（1）项目开工的评价。主要分析和评价的内容包括：1）项目开工条件是否具备，手续是否齐全，是否有经有关部门批准的开工报告；2）项目实际开工时间与计划开工时间是否相符，分析造成开工时间提前或延迟的原因及其对整个项目建设乃至投资效益发挥的影响。

（2）项目变更情况的评价。主要分析和评价的内容包括：1）项目范围变更情况及其原因分析；2）项目设计变更情况及其原因分析；3）项目范围变更、设计变更对项目建设工期、造价、质量造成的实际影响。

（3）项目施工组织与管理的评价。主要分析和评价的内容包括：1）施工组织方式是否科学合理；2）工程项目管理的效果分析；3）施工项目进度控制方法的科学性、合理性和成效；4）施工项目成本控制方法的科学合理性和成效；5）施工技术与方案制订的依据及其对项目实施的影响分析。

（4）项目建设资金供应与使用情况的评价。主要分析和评价内容包括：1）建设资金供应是否适时适度及其对停工待料或整个项目因资金不足而停建缓建的影响及原因；2）建设资金运用与国家财政信贷制度规定的相符情况及其对保证建设任务按期完成或提前完成的影响；3）资金占用情况的合理性；4）考核和分析全部资金的实际作用效率。

（5）项目建设工期的评价。主要分析和评价的主要内容有：1）核实各单位工程实际开工、竣工日期，查明实际开工、竣工日期提前或推迟的原因并计算实际建设工期；2）计算实际建设工期变化率，并具体分析实际建设工期与计划工期或其他同类项目实际工期产生偏差的原因；3）计算建筑安装单位工程的施工工期，以分析建设工期的变化。

（6）项目建设成本的评价。主要分析和评价：1）主要实物工程量的实际数量与计划数量的差异及原因；2）设备、工器具购置费用及工程建设其他费用与实际情况的相符性、偏差产生原因及对建设成本的增减的影响；3）主要材料的实际消耗量与计划的情况的相符性、偏差产生的原因及对建设成本增减的影响；4）各项管理费用的取费标准与国家的有关规定的相符性，与工程预算中的取费标准的一致性情况及偏差产生的原因。

（7）项目工程质量和安全情况的评价。主要分析和评价的内容：1）计算实际工程质量合格品率、实际工程质量优良品率；2）将实际工程质量指标与合同文件规定的或设计规定的工程质量状况进行比较，找出偏差，进行分析；3）设备质量情况，设备及安装工程质量对投产后正常生产的保证情况；4）有无重大质量事故，产生事故的原因分析；5）计算和分析工程质量事故的经济损失及其对项目投产后投资效益的影响程度；6）工程安全情况和重大安全事故发生原因及其实际影响。

（8）项目竣工验收的评价。主要分析和评价：1）项目竣工验收组织工作及其效率，竣工验收委员会的成员组成是否符合国家的有关规定；2）项目竣工验收的程序是否符合国家有关规定；3）项目竣工验收是否遵守有关部门规定的验收标准，未遵循标准的原因何在，对项目投资效益的发挥有何影响；4）项目竣工验收各项技术资料的齐全完整情况及其与有关规定的相符性；5）项目投资包干、招标投标等有关合同执行情况，合同不能履行的原因和项目管理的经验做法；6）收尾工程和遗留问题的处理情况、处理方案实际执行情况及其对投资效益的重大影响。

（9）同步建设的评价。主要分析和评价的内容：1）相关项目在时间安排的协调性，不同步的原因何在，对项目投资效益发挥的影响；2）建设项目所采用的技术与前、后续项目的技术水平的同步性及其对项目投资效益发挥的影响；3）相关项目之间的实际生产能力是否协调、配套，不配套的原因及其对项目投资效益发挥的影响；4）建设项目内部各单项工程之间建设速度是否满足要求，技术水平、生产能力是否相配套及其原因分析；5）项目同步建设的经验教训和改进意见。

（10）项目生产能力和单位生产能力投资的评价。项目生产能力评价的主要内容：1）项目实际生产能力与设计生产能力的偏差情况、产生的原因及其对项目实际投资效益的影响程度；2）项目实际生产能力与产品实际成本的高低关系，项目所形成的生产规模是否处在最优的经济规模区间；3）项目实际生产能力与产品实际市场需求量的关系；4）项目实际生产能力与实际原材料来源和燃料、动力供应及交通运输条件的适应性及其对项目投资效益的影响程度。

10.4 项目运营后评价

10.4.1 项目运营后评价的目的与意义

项目运营后评价的目的是通过项目投产后的有关实际数据资料或重新预测的数据，衡量项目的实际经营情况和实际投资效益，分析和衡量项目实际经营状况、投资效益与预测情况或其他同类项目的经营状况和投资效益的偏离程度及其原因，系统地总结项目投资的经验教训，并为进一步提高项目投资效益提出切实可行的建议。通过项目运营后评价，可全面衡量项目实际投资效益，并采取补救措施以提高项目运营的实际经济效益，系统地总结项目投资的经验教训以指导未来项目投资活动。

10.4.2 项目运营后评价的内容与方法

项目运营阶段包括从项目投产到项目生命期末的全过程。由于项目后评价的时机一般选择在项目达到设计生产能力一至两年内，与项目生命期末尚有一段较长的距离，项目的实际投资效益也不能充分体现出来。所以项目运营后评价除了对项目实际运营状况进行分析和评价外，还需要根据投产后的实际数据来推测未来发展状况，需要对项目未来发展趋势进行科学的预测。

项目运营后评价的内容很多，既包括对企业经营管理状况的评价，也包括对实际已取得的投资效益的评价和未来投资效益的预测。

10.4.2.1 企业经营管理状况的评价

主要分析和评价内容包括：(1) 企业投产以来经营管理机构的设置与调整情况，及其对项目后运行效率效果的影响；(2) 企业管理领导班子情况；(3) 企业管理人员配备情况；(4) 经营管理的主要策略及其实施的效果；(5) 企业现行管理规章制度情况；(6) 企业承包责任制情况；(7) 企业经营管理的经验教训、改善企业经营管理的措施和发挥项目投资效益的合理建议。

10.4.2.2 项目产品方案的评价

主要分析和评价内容包括：(1) 项目投产后到项目后评价为止的产品规格和品种的变化情况；(2) 产品方案调整对发挥项目投资效益的影响，产品方案调整成本的高低；(3) 现行的产品方案对消费对象和消费需求的适应情况，现行产品方案变化情况及其对项目投资效益的影响；(4) 产品销售方式的选择。

10.4.2.3 项目达产年限的评价

项目达产年限是指投产的建设项目从投产之日起到其生产产量达到设计生产能力时所经历的全部时间，一般以年来表示。项目达产年限分为设计达产年限与实际达产年限。设计达产年限是指在设计文件或可行性研究报告中所规定的项目达产年限；实际达产年限是指从项目投产起到实际产量达到设计生产能力时所经历的时间。建设项目的设计达产年限与实际达产年限因各种因素影响难免出现不一致的情况，因此应对项目达产年限进行单独评价。

项目达产年限评价的内容和步骤是：(1) 计算项目实际达产年限；(2) 计算实际达产年限的变化情况，主要与设计的或者前评价预测的达产年限进行比较，可以以实际达产年限变化率或实际达产年限与设计或预测的达产年限的差额来表示；(3) 实际达产年限与设计达产年限相比发生变化的原因分析；(4) 计算项目达产年限变化所带来的实际效益或损失情况；(5) 项目达产年限评价的结论、经验教训及对策措施。

10.2.4.4 项目产品生产成本的评价

产品生产成本是反映产品生产过程中物资资料和劳动力消耗的一个主要指标，是企业在一定时期内，为研制、生产和销售一定数量的产品所支出的全部费用。项目产品生产成本的高低对项目投资效益的发挥会产生显著作用。项目后评价的目的在于考核项目的实际生产成本，衡量项目实际生产成本与预测生产成本的偏离程度，分析产生这种偏离的原因，为今后项目投资进行成本预测提供经验，同时为提高项目实际投资效益提出切实可行的建议。

项目产品生产成本评价的内容和步骤如下：(1) 计算项目实际产品生产成本，包括生产总成本和单位生产成本；(2) 分析总成本的构成及其变化情况；(3) 分析实际单位生产成本的构成及其变化情况；(4) 与项目前评价或可行性研究中的预测成本相比较，计算实际生产成本变化率的变化，并分析实际生产成本与预测成本的偏差及其产生的原因；(5) 分析项目实际生产成本发生变化对项目投资效益的影响程度和总结降低项目实际生产成本的有效措施。

10.2.4.5 项目产品销售利润的评价

销售利润是综合反映项目投资效益的指标。其后评价的目的在于考核项目的实际产品销售利润和投产后各年产品销售利润额的变化情况和偏离程度及其原因，进而提出提高项目产品销售利润和提高项目投资效益的有效措施。

产品销售利润评价的内容和程序如下：(1) 计算投产后历年实际产品销售利润，分析其各年销售利润变化情况及其原因；(2) 计算实际产品销售利润变化率；(3) 分析项目实际产品销售利润偏离预测产品销售利润的原因，并计算各种因素对实际产品销售利润的影响程度；(4) 提高实际产品销售利润的对策和建议。

10.2.4.6 项目经济效果后评价

项目经济效果后评价是项目后评价的核心内容之一。项目经济效果后评价的目的是衡量项目投资的实际经济效果与预测投资效益的偏离程度及其原因，为今后提高项目决策科学化水平服务。项目经济效果后评价分为项目财务后评价和国民经济后评价两项内容，对比分析的表格形式见表 10-2。

表 10-2 评价指标对比分析表

项 目	前评价指标	后评价指标	前后差额	原因分析
项目总投资				
建设期				
投资利润率				
投资利税率				
资本金利润率				
内部收益率				
净现值				
投资回收期				
贷款偿还期				
资产负债率				
流动比率				
速动比率				

10.2.4.7 对项目可行性研究水平进行综合评价

尽管在项目前期工作后评价和实施后评价中都已从某种角度对项目可行性研究水平作

出过评价，但只有在项目运营后评价时，才有可能对项目可行性研究水平进行综合评价。项目运营阶段是项目实际投资效益发挥的时期，通过项目运营后评价，尤其是通过项目经济效果后评价，才能具体计算出项目的实际投资效益指标，才便于与可行性研究中的有关预测指标进行比较。项目可行性研究水平评价的内容主要是对项目可行性研究的内容和深度进行评价。

其评价的内容和步骤是：（1）考核项目实施过程的实际情况与预测情况的偏差；（2）考核项目预测因素的实际变化与预测情况的偏离程度，主要包括投资费用、产品产量、生产成本、销售收入、产品价格、市场需求、影子价格、国家参数和各项费率等的偏差；（3）考核可行性研究各种假设条件与实际情况的偏差；主要包括产品销售量，通货膨胀率、贷款利率等的偏差；（4）考核实际投资效益指标与预测投资效益指标的偏离程度；主要是实际投资利润率、实际投资利税率、实际净现值、实际投资回收期、实际贷款偿还期、实际内部收益率等的变化；（5）考核项目实际敏感性因素和敏感性水平；（6）对可行性研究深度进行总体评价；（7）具体研究和分析项目实际可行性研究水平情况的原因；（8）总结可供今后提高项目可行性研究水平的经验教训。

通过考察和综合计算预测情况与实际情况的偏差幅度，然后根据设定的标准，评价可行性研究的深度。根据国外项目后评价情况，并结合我国的实际，可行性研究深度的评价标准应该是：

（1）当偏离程度小于15%时，可行性研究深度相当于详细可行性研究水平，符合合格要求；

（2）当偏离程度在15%~25%之间时，可行性研究深度相当于初步可行性研究水平；

（3）当偏离程度在25%~35%之间时，可行性研究深度相当于编制项目建议书阶段的预测水平；

（4）当偏离程度超过35%时，可行性研究的深度不合格。

思考与练习

10-1 项目后评价的特点有哪些？项目后评价与前评价有何区别？

10-2 项目后评价的作用是什么？

10-3 项目后评价的基本程序包括哪几个步骤？

10-4 项目后评价的基本内容有哪些？项目分段后评价各有哪些内容？

10-5 项目后评价有哪些方法？

10-6 试述项目前期工作与实施后评价的内容。

10-7 试述项目运营后评价的内容。

附录　复利系数表

$i=5\%$

n	$(F/P, n, i)$	$(P/F, n, i)$	$(F/A, n, i)$	$(A/F, n, i)$	$(P/A, n, i)$	$(A/P, n, i)$
1	1.0500	0.9524	1.0000	1.0000	0.9524	1.0500
2	1.1025	0.9070	2.0500	0.4878	1.8594	0.5378
3	1.1576	0.8638	3.1525	0.3172	2.7232	0.3672
4	1.2155	0.8227	4.3101	0.2320	3.5460	0.2820
5	1.2763	0.7835	5.5256	0.1810	4.3295	0.2310
6	1.3401	0.7462	6.8019	0.1470	5.0757	0.1970
7	1.4071	0.7107	8.1420	0.1228	5.7864	0.1728
8	1.4775	0.6768	9.5491	0.1047	6.4632	0.1547
9	1.5513	0.6446	11.0266	0.0907	7.1078	0.1407
10	1.6289	0.6139	12.5779	0.0795	7.7217	0.1295
11	1.7103	0.5847	14.2068	0.0704	8.3064	0.1204
12	1.7959	0.5568	15.9171	0.0628	8.8633	0.1128
13	1.8856	0.5303	17.7130	0.0565	9.3936	0.1065
14	1.9799	0.5051	19.5986	0.0510	9.8986	0.1010
15	2.0789	0.4810	21.5786	0.0463	10.3797	0.0963
16	2.1829	0.4581	23.6575	0.0423	10.8378	0.0923
17	2.2920	0.4363	25.8404	0.0387	11.2741	0.0887
18	2.4066	0.4155	28.1324	0.0355	11.6896	0.0855
19	2.5270	0.3957	30.5390	0.0327	12.0853	0.0827
20	2.6533	0.3769	33.0660	0.0302	12.4622	0.0802
21	2.7860	0.3589	35.7193	0.0280	12.8212	0.0780
22	2.9253	0.3418	38.5052	0.0260	13.1630	0.0760
23	3.0715	0.3256	41.4305	0.0241	13.4886	0.0741
24	3.2251	0.3101	44.5020	0.0225	13.7986	0.0725
25	3.3864	0.2953	47.7271	0.0210	14.0939	0.0710
26	3.5557	0.2812	51.1135	0.0196	14.3752	0.0696
27	3.7335	0.2678	54.6691	0.0183	14.6430	0.0683
28	3.9201	0.2551	58.4026	0.0171	14.8981	0.0671
29	4.1161	0.2429	62.3227	0.0160	15.1411	0.0660
30	4.3219	0.2314	66.4388	0.0151	15.3725	0.0651
31	4.5380	0.2204	70.7608	0.0141	15.5928	0.0641
32	4.7649	0.2099	75.2988	0.0133	15.8027	0.0633

续表

n	$(F/P, n, i)$	$(P/F, n, i)$	$(F/A, n, i)$	$(A/F, n, i)$	$(P/A, n, i)$	$(A/P, n, i)$
33	5. 0032	0. 1999	80. 0638	0. 0125	16. 0025	0. 0625
34	5. 2533	0. 1904	85. 0670	0. 0118	16. 1929	0. 0618
35	5. 5160	0. 1813	90. 3203	0. 0111	16. 3742	0. 0611

$i=6\%$

n	$(F/P, n, i)$	$(P/F, n, i)$	$(F/A, n, i)$	$(A/F, n, i)$	$(P/A, n, i)$	$(A/P, n, i)$
1	1. 0600	0. 9434	1. 0000	1. 0000	0. 9434	1. 0600
2	1. 1236	0. 8900	2. 0600	0. 4854	1. 8334	0. 5454
3	1. 1910	0. 8396	3. 1836	0. 3141	2. 6730	0. 3741
4	1. 2625	0. 7921	4. 3746	0. 2286	3. 4651	0. 2886
5	1. 3382	0. 7473	5. 6371	0. 1774	4. 2124	0. 2374
6	1. 4185	0. 7050	6. 9753	0. 1434	4. 9173	0. 2034
7	1. 5036	0. 6651	8. 3938	0. 1191	5. 5824	0. 1791
8	1. 5938	0. 6274	9. 8975	0. 1010	6. 2098	0. 1610
9	1. 6895	0. 5919	11. 4913	0. 0870	6. 8017	0. 1470
10	1. 7908	0. 5584	13. 1808	0. 0759	7. 3601	0. 1359
11	i. 8983	0. 5268	14. 9716	0. 0668	7. 8869	0. 1268
12	2. 0122	0. 4970	16. 8699	0. 0593	8. 3838	0. 1193
13	2. 1329	0. 4688	18. 8821	0. 0530	8. 8527	0. 1130
14	2. 2609	0. 4423	21. 0151	0. 0476	9. 2950	0. 1076
15	2. 3966	0. 4173	23. 2760	0. 0430	9. 7122	0. 1030
16	2. 5404	0. 3936	25. 6725	0. 0390	10. 1059	0. 0990
17	2. 6928	0. 3714	28. 2129	0. 0354	10. 4773	0. 0954
18	2. 8543	0. 3503	30. 9057	0. 0324	10. 8276	0. 0924
19	3. 0256	0. 3305	33. 7600	0. 0296	11. 1581	0. 0896
20	3. 2071	0. 3118	36. 7856	0. 0272	11. 4699	0. 0872
21	3. 3996	0. 2942	39. 9927	0. 0250	11. 7641	0. 0850
22	3. 6035	0. 2775	43. 3923	0. 0230	12. 0416	0. 0830
23	3. 8197	0. 2618	46. 9958	0. 0213	12. 3034	0. 0813
24	4. 0489	0. 2470	50. 8156	0. 0197	12. 5504	0. 0797
25	4. 2919	0. 2330	54. 8645	0. 0182	12. 7834	0. 0782
26	4. 5494	0. 2198	59. 1564	0. 0169	13. 0032	0. 0769
27	4. 8223	0. 2074	63. 7058	0. 0157	13. 2105	0. 0757
28	5. 1117	0. 1956	68. 5281	0. 0146	13. 4062	0. 0746
29	5. 4184	0. 1846	73. 6398	0. 0136	13. 5907	0. 0736
30	5. 7435	0. 1741	79. 0582	0. 0126	13. 7648	0. 0726

续表

n	(F/P, n, i)	(P/F, n, i)	(F/A, n, i)	(A/F, n, i)	(P/A, n, i)	(A/P, n, i)
31	6.0881	0.1643	84.8017	0.0118	13.9291	0.0718
32	6.4534	0.1550	90.8898	0.0110	14.0840	0.0710
33	6.8406	0.1462	97.3432	0.0103	14.2302	0.0703
34	7.2510	0.1379	104.1838	0.0096	14.3681	0.0696
35	7.6861	0.1301	111.4348	0.0090	14.4982	0.0690

$i=8\%$

n	(F/P, n, i)	(P/F, n, i)	(F/A, n, i)	(A/F, n, i)	(P/A, n, i)	(A/P, n, i)
1	1.0800	0.9259	1.0000	1.0000	0.9259	1.0800
2	1.1664	0.8573	2.0800	0.4808	1.7833	0.5608
3	1.2597	0.7938	3.2464	0.3080	2.5771	0.3880
4	1.3605	0.7350	4.5061	0.2219	3.3121	0.3019
5	1.4693	0.6806	5.8666	0.1705	3.9927	0.2505
6	1.5869	0.6302	7.3359	0.1363	4.6229	0.2163
7	1.7138	0.5835	8.9228	0.1121	5.2064	0.1921
8	1.8509	0.5403	10.6366	0.0940	5.7466	0.1740
9	1.9990	0.5002	12.4876	0.0801	6.2469	0.1601
10	2.1589	0.4632	14.4866	0.0690	6.7101	0.1490
11	2.3316	0.4289	16.6455	0.0601	7.1390	0.1401
12	2.5182	0.3971	18.9771	0.0527	7.5361	0.1327
13	2.7196	0.3677	21.4953	0.0465	7.9038	0.1265
14	2.9372	0.3405	24.2149	0.0413	8.2442	0.1213
15	3.1722	0.3152	27.1521	0.0368	8.5595	0.1168
16	3.4259	0.2919	30.3243	0.0330	8.8514	0.1130
17	3.7000	0.2703	33.7502	0.0296	9.1216	0.1096
18	3.9960	0.2502	37.4502	0.0267	9.3719	0.1067
19	4.3157	0.2317	41.4463	0.0241	9.6036	0.1041
20	4.6610	0.2145	45.7620	0.0219	9.8181	0.1019
21	5.0338	0.1987	50.4229	0.0198	10.0168	0.0998
22	5.4365	0.1839	55.4568	0.0180	10.2007	0.0980
23	5.8715	0.1703	60.8933	0.0164	10.3711	0.0964
24	6.3412	0.1577	66.7648	0.0150	10.5288	0.0950
25	6.8485	0.1460	73.1059	0.0137	10.6748	0.0937
26	7.3964	0.1352	79.9544	0.0125	10.8100	0.0925
27	7.9881	0.1252	87.3508	0.0114	10.9352	0.0914
28	8.6271	0.1159	95.3388	0.0105	11.0511	0.0905

续表

n	(F/P, n, i)	(P/F, n, i)	(F/A, n, i)	(A/F, n, i)	(P/A, n, i)	(A/P, n, i)
29	9. 3173	0. 1073	103. 9659	0. 0096	11. 1584	0. 0896
30	10. 0627	0. 0994	113. 2832	0. 0088	11. 2578	0. 0888
31	10. 8677	0. 0920	123. 3459	0. 0081	11. 3498	0. 0881
32	11. 7371	0. 0852	134. 2135	0. 0075	11. 4350	0. 0875
33	12. 6760	0. 0789	145. 9506	0. 0069	11. 5139	0. 0869
34	13. 6901	0. 0730	158. 6267	0. 0063	11. 5869	0. 0863
35	14. 7853	0. 0676	172. 3168	0. 0058	11. 6546	0. 0858

$i=10\%$

n	(F/P, n, i)	(P/F, n, i)	(F/A, n, i)	(A/F, n, i)	(P/A, n, i)	(A/P, n, i)
1	1. 1000	0. 9091	1. 0000	1. 0000	0. 9091	1. 1000
2	1. 2100	0. 8264	2. 1000	0. 4762	1. 7355	0. 5762
3	1. 3310	0. 7513	3. 3100	0. 3021	2. 4869	0. 4021
4	1. 4641	0. 6830	4. 6410	0. 2155	3. 1699	0. 3155
5	1. 6105	0. 6209	6. 1051	0. 1638	3. 7908	0. 2638
6	1. 7716	0. 5645	7. 7156	0. 1296	4. 3553	0. 2296
7	1. 9487	0. 5132	9. 4872	0. 1054	4. 8684	0. 2054
8	2. 1436	0. 4665	11. 4359	0. 0874	5. 3349	0. 1874
9	2. 3579	0. 4241	13. 5795	0. 0736	5. 7590	0. 1736
10	2. 5937	0. 3855	15. 9374	0. 0627	6. 1446	0. 1627
11	2. 8531	0. 3505	18. 5312	0. 0540	6. 4951	0. 1540
12	3. 1384	0. 3186	21. 3843	0. 0468	6. 8137	0. 1468
13	3. 4523	0. 2897	24. 5227	0. 0408	7. 1034	0. 1408
14	3. 7975	0. 2633	27. 9750	0. 0357	7. 3667	0. 1357
15	4. 1772	0. 2394	31. 7725	0. 0315	7. 6061	0. 1315
16	4. 5950	0. 2176	35. 9497	0. 0278	7. 8237	0. 1278
17	5. 0545	0. 1978	40. 5447	0. 0247	8. 0216	0. 1247
18	5. 5599	0. 1799	45. 5992	0. 0219	8. 2014	0. 1219
19	6. 1159	0. 1635	51. 1591	0. 0195	8. 3649	0. 1195
20	6. 7275	0. 1486	57. 2750	0. 0175	8. 5136	0. 1175
21	7. 4002	0. 1351	64. 0025	0. 0156	8. 6487	0. 1156
22	8. 1403	0. 1228	71. 4027	0. 0140	8. 7715	0. 1140
23	8. 9543	0. 1117	79. 5430	0. 0126	8. 8832	0. 1126
24	9. 8497	0. 1015	88. 4973	0. 0113	8. 9847	0. 1113
25	10. 8347	0. 0923	98. 3471	0. 0102	9. 0770	0. 1102
26	11. 9182	0. 0839	109. 1818	0. 0092	9. 1609	0. 1092

续表

n	(F/P, n, i)	(P/F, n, i)	(F/A, n, i)	(A/F, n, i)	(P/A, n, i)	(A/P, n, i)
27	13. 1100	0. 0763	121. 0999	0. 0083	9. 2372	0. 1083
28	14. 4210	0. 0693	134. 2099	0. 0075	9. 3066	0. 1075
29	15. 8631	0. 0630	148. 6309	0. 0067	9. 3696	0. 1067
30	17. 4494	0. 0573	164. 4940	0. 0061	9. 4269	0. 1061
31	19. 1943	0. 0521	181. 9434	0. 0055	9. 4790	0. 1055
32	21. 1138	0. 0474	201. 1378	0. 0050	9. 5264	0. 1050
33	23. 2252	0. 0431	222. 2515	0. 0045	9. 5694	0. 1045
34	25. 5477	0. 0391	245. 4767	0. 0041	9. 6086	0. 1041
35	28. 1024	0. 0356	271. 0244	0. 0037	9. 6442	0. 1037

$i=12\%$

n	(F/P, n, i)	(P/F, n, i)	(F/A, n, i)	(A/F, n, i)	(P/A, n, i)	(A/P, n, i)
1	1. 1200	0. 8929	1. 0000	1. 0000	0. 8929	1. 1200
2	1. 2544	0. 7972	2. 1200	0. 4717	1. 6901	0. 5917
3	1. 4049	0. 7118	3. 3744	0. 2963	2. 4018	0. 4163
4	1. 5735	0. 6355	4. 7793	0. 2092	3. 0373	0. 3292
5	1. 7623	0. 5674	6. 3528	0. 1574	3. 6048	0. 2774
6	1. 9738	0. 5066	8. 1152	0. 1232	4. 1114	0. 2432
7	2. 2107	0. 4523	10. 0890	0. 0991	4. 5638	0. 2191
8	2. 4760	0. 4039	12. 2997	0. 0813	4. 9676	0. 2013
9	2. 7731	0. 3606	14. 7757	0. 0677	5. 3282	0. 1877
10	3. 1058	0. 3220	17. 5487	0. 0570	5. 6502	0. 1770
11	3. 4785	0. 2875	20. 6546	0. 0484	5. 9377	0. 1684
12	3. 8960	0. 2567	24. 1331	0. 0414	6. 1944	0. 1614
13	4. 3635	0. 2292	28. 0291	0. 0357	6. 4235	0. 1557
14	4. 8871	0. 2046	32. 3926	0. 0309	6. 6282	0. 1509
15	5. 4736	0. 1827	37. 2797	0. 0268	6. 8109	0. 1468
16	6. 1304	0. 1631	42. 7533	0. 0234	6. 9740	0. 1434
17	6. 8660	0. 1456	48. 8837	0. 0205	7. 1196	0. 1405
18	7. 6900	0. 1300	55. 7497	0. 0179	7. 2497	0. 1379
19	8. 6128	0. 1161	63. 4397	0. 0158	7. 3658	0. 1358
20	9. 6463	0. 1037	72. 0524	0. 0139	7. 4694	0. 1339
21	10. 8038	0. 0926	81. 6987	0. 0122	7. 5620	0. 1322
22	12. 1003	0. 0826	92. 5026	0. 0108	7. 6446	0. 1308
23	13. 5523	0. 0738	104. 6029	0. 0096	7. 7184	0. 1296
24	15. 1786	0. 0659	118. 1552	0. 0085	7. 7843	0. 1285

续表

n	(F/P, n, i)	(P/F, n, i)	(F/A, n, i)	(A/F, n, i)	(P/A, n, i)	(A/P, n, i)
25	17. 0001	0. 0588	133. 3339	0. 0075	7. 8431	0. 1275
26	19. 0401	0. 0525	150. 3339	0. 0067	7. 8957	0. 1267
27	21. 3249	0. 0469	169. 3740	0. 0059	7. 9426	0. 1259
28	23. 8839	0. 0419	190. 6989	0. 0052	7. 9844	0. 1252
29	26. 7499	0. 0374	214. 5828	0. 0047	8. 0218	0. 1247
30	29. 9599	0. 0334	241. 3327	0. 0041	8. 0552	0. 1241
31	33. 5551	0. 0298	271. 2926	0. 0037	8. 0850	0. 1237
32	37. 5817	0. 0266	304. 8477	0. 0033	8. 1116	0. 1233
33	42. 0915	0. 0238	342. 4294	0. 0029	8. 1354	0. 1229
34	47. 1425	0. 0212	384. 5210	0. 0026	8. 1566	0. 1226
35	52. 7996	0. 0189	431. 6635	0. 0023	8. 1755	0. 1223

$i=15\%$

n	(F/P, n, i)	(P/F, n, i)	(F/A, n, i)	(A/F, n, i)	(P/A, n, i)	(A/P, n, i)
1	1. 1500	0. 8696	1. 0000	1. 0000	0. 8696	1. 1500
2	1. 3225	0. 7561	2. 1500	0. 4651	1. 6257	0. 6151
3	1. 5209	0. 6575	3. 4725	0. 2880	2. 2832	0. 4380
4	1. 7490	0. 5718	4. 9934	0. 2003	2. 8550	0. 3503
5	2. 0114	0. 4972	6. 7424	0. 1483	3. 3522	0. 2983
6	2. 3131	0. 4323	8. 7537	0. 1142	3. 7845	0. 2642
7	2. 6600	0. 3759	11. 0668	0. 0904	4. 1604	0. 2404
8	3. 0590	0. 3269	13. 7268	0. 0729	4. 4873	0. 2229
9	3. 5179	0. 2843	16. 7858	0. 0596	4. 7716	0. 2096
10	4. 0456	0. 2472	20. 3037	0. 0493	5. 0188	0. 1993
11	4. 6524	0. 2149	24. 3493	0. 0411	5. 2337	0. 1911
12	5. 3503	0. 1869	29. 0017	0. 0345	5. 4206	0. 1845
13	6. 1528	0. 1625	34. 3519	0. 0291	5. 5831	0. 1791
14	7. 0757	0. 1413	40. 5047	0. 0247	5. 7245	0. 1747
15	8. 1371	0. 1229	47. 5804	0. 0210	5. 8474	0. 1710
16	9. 3576	0. 1069	55. 7175	0. 0179	5. 9542	0. 1679
17	10. 7613	0. 0929	65. 0751	0. 0154	6. 0472	0. 1654
18	12. 3755	0. 0808	75. 8364	0. 0132	6. 1280	0. 1632
19	14. 2318	0. 0703	88. 2118	0. 0113	6. 1982	0. 1613
20	16. 3665	0. 0611	102. 4436	0. 0098	6. 2593	0. 1598
21	18. 8215	0. 0531	118. 8101	0. 0084	6. 3125	0. 1584
22	21. 6447	0. 0462	137. 6316	0. 0073	6. 3587	0. 1573

续表

n	(F/P, n, i)	(P/F, n, i)	(F/A, n, i)	(A/F, n, i)	(P/A, n, i)	(A/P, n, i)
23	24.8915	0.0402	159.2764	0.0063	6.3988	0.1563
24	28.6252	0.0349	184.1678	0.0054	6.4338	0.1554
25	32.9190	0.0304	212.7930	0.0047	6.4641	0.1547
26	37.8568	0.0264	245.7120	0.0041	6.4906	0.1541
27	43.5353	0.0230	283.5688	0.0035	6.5135	0.1535
28	50.0656	0.0200	327.1041	0.0031	6.5335	0.1531
29	57.5755	0.0174	377.1697	0.0027	6.5509	0.1527
30	66.2118	0.0151	434.7451	0.0023	6.5660	0.1523
31	76.1435	0.0131	500.9569	0.0020	6.5791	0.1520
32	87.5651	0.0114	577.1005	0.0017	6.5905	0.1517
33	100.6998	0.0099	664.6655	0.0015	6.6005	0.1515
34	115.8048	0.0086	765.3654	0.0013	6.6091	0.1513
35	133.1755	0.0075	881.1702	0.0011	6.6166	0.1511

$i=20\%$

n	(F/P, n, i)	(P/F, n, i)	(F/A, n, i)	(A/F, n, i)	(P/A, n, i)	(A/P, n, i)
1	1.2000	0.8333	1.0000	1.0000	0.8333	1.2000
2	1.4400	0.6944	2.2000	0.4545	1.5278	0.6545
3	1.7280	0.5787	3.6400	0.2747	2.1065	0.4747
4	2.0736	0.4823	5.3680	0.1863	2.5887	0.3863
5	2.4883	0.4019	7.4416	0.1344	2.9906	0.3344
6	2.9860	0.3349	9.9299	0.1007	3.3255	0.3007
7	3.5832	0.2791	12.9159	0.0774	3.6046	0.2774
8	4.2998	0.2326	16.4991	0.0606	3.8372	0.2606
9	5.1598	0.1938	20.7989	0.0481	4.0310	0.2481
10	6.1917	0.1615	25.9587	0.0385	4.1925	0.2385
11	7.4301	0.1346	32.1504	0.0311	4.3271	0.2311
12	8.9161	0.1122	39.5805	0.0253	4.4392	0.2253
13	10.6993	0.0935	48.4966	0.0206	4.5327	0.2206
14	12.8392	0.0779	59.1959	0.0169	4.6106	0.2169
15	15.4070	0.0649	72.0351	0.0139	4.6755	0.2139
16	18.4884	0.0541	87.4421	0.0114	4.7296	0.2114
17	22.1861	0.0451	105.9306	0.0094	4.7746	0.2094
18	26.6233	0.0376	128.1167	0.0078	4.8122	0.2078
19	31.9480	0.0313	154.7400	0.0065	4.8435	0.2065
20	38.3376	0.0261	186.6880	0.0054	4.8696	0.2054

续表

n	$(F/P, n, i)$	$(P/F, n, i)$	$(F/A, n, i)$	$(A/F, n, i)$	$(P/A, n, i)$	$(A/P, n, i)$
21	46. 0051	0. 0217	225. 0256	0. 0044	4. 8913	0. 2044
22	55. 2061	0. 0181	271. 0307	0. 0037	4. 9094	0. 2037
23	66. 2474	0. 0151	326. 2369	0. 0031	4. 9245	0. 2031
24	79. 4968	0. 0126	392. 4842	0. 0025	4. 9371	0. 2025
25	95. 3962	0. 0105	471. 9811	0. 0021	4. 9476	0. 2021
26	114. 4755	0. 0087	567. 3773	0. 0018	4. 9563	0. 2018
27	137. 3706	0. 0073	681. 8528	0. 0015	4. 9636	0. 2015
28	164. 8447	0. 0061	819. 2233	0. 0012	4. 9697	0. 2012
29	197. 8136	0. 0051	984. 0680	0. 0010	4. 9747	0. 2010
30	237. 3763	0. 0042	1181. 8816	0. 0008	4. 9789	0. 2008
31	284. 8516	0. 0035	1419. 2579	0. 0007	4. 9824	0. 2007
32	341. 8219	0. 0029	1704. 1095	0. 0006	4. 9854	0. 2006
33	410. 1863	0. 0024	2045. 9314	0. 0005	4. 9878	0. 2005
34	492. 2235	0. 0020	2456. 1176	0. 0004	4. 9898	0. 2004
35	590. 6682	0. 0017	2948. 3411	0. 0003	4. 9915	0. 2003

$i=25\%$

n	$(F/P, n, i)$	$(P/F, n, i)$	$(F/A, n, i)$	$(A/F, n, i)$	$(P/A, n, i)$	$(A/P, n, i)$
1	1. 2500	0. 8000	1. 0000	1. 0000	0. 8000	1. 2500
2	1. 5625	0. 6400	2. 2500	0. 4444	1. 4400	0. 6944
3	1. 9531	0. 5120	3. 8125	0. 2623	1. 9520	0. 5123
4	2. 4414	0. 4096	5. 7656	0. 1734	2. 3616	0. 4234
5	3. 0518	0. 3277	8. 2070	0. 1218	2. 6893	0. 3718
6	3. 8147	0. 2621	11. 2588	0. 0888	2. 9514	0. 3388
7	4. 7684	0. 2097	15. 0735	0. 0663	3. 1611	0. 3163
8	5. 9605	0. 1678	19. 8419	0. 0504	3. 3289	0. 3004
9	7. 4506	0. 1342	25. 8023	0. 0388	3. 4631	0. 2888
10	9. 3132	0. 1074	33. 2529	0. 0301	3. 5705	0. 2801
11	11. 6415	0. 0859	42. 5661	0. 0235	3. 6564	0. 2735
12	14. 5519	0. 0687	54. 2077	0. 0184	3. 7251	0. 2684
13	18. 1899	0. 0550	68. 7596	0. 0145	3. 7801	0. 2645
14	22. 7374	0. 0440	86. 9495	0. 0115	3. 8241	0. 2615
15	28. 4217	0. 0352	109. 6868	0. 0091	3. 8593	0. 2591
16	35. 5271	0. 0281	138. 1085	0. 0072	3. 8874	0. 2572
17	44. 4089	0. 0225	173. 6357	0. 0058	3. 9099	0. 2558
18	55. 5112	0. 0180	218. 0446	0. 0046	3. 9279	0. 2546

续表

n	(F/P, n, i)	(P/F, n, i)	(F/A, n, i)	(A/F, n, i)	(P/A, n, i)	(A/P, n, i)
19	69. 3889	0. 0144	273. 5558	0. 0037	3. 9424	0. 2537
20	86. 7362	0. 0115	342. 9447	0. 0029	3. 9539	0. 2529
21	108. 4202	0. 0092	429. 6809	0. 0023	3. 9631	0. 2523
22	135. 5253	0. 0074	538. 1011	0. 0019	3. 9705	0. 2519
23	169. 4066	0. 0059	673. 6264	0. 0015	3. 9764	0. 2515
24	211. 7582	0. 0047	843. 0329	0. 0012	3. 9811	0. 2512
25	264. 6978	0. 0038	1054. 7912	0. 0009	3. 9849	0. 2509
26	330. 8722	0. 0030	1319. 4890	0. 0008	3. 9879	0. 2508
27	413. 5903	0. 0024	1650. 3612	0. 0006	3. 9903	0. 2506
28	516. 9879	0. 0019	2063. 9515	0. 0005	3. 9923	0. 2505
29	646. 2349	0. 0015	2580. 9394	0. 0004	3. 9938	0. 2504
30	807. 7936	0. 0012	3227. 1743	0. 0003	3. 9950	0. 2503
31	1009. 7420	0. 0010	4034. 9678	0. 0002	3. 9960	0. 2502
32	1262. 1774	0. 0008	5044. 7098	0. 0002	3. 9968	0. 2502
33	1577. 7218	0. 0006	6306. 8872	0. 0002	3. 9975	0. 2502
34	1972. 1523	0. 0005	7884. 6091	0. 0001	3. 9980	0. 2501
35	2465. 1903	0. 0004	9856. 7613	0. 0001	3. 9984	0. 2501

$i=30\%$

n	(F/P, n, i)	(P/F, n, i)	(F/A, n, i)	(A/F, n, i)	(P/A, n, i)	(A/P, n, i)
1	1. 3000	0. 7692	1. 0000	1. 0000	0. 7692	1. 3000
2	1. 6900	0. 5917	2. 3000	0. 4348	1. 3609	0. 7348
3	2. 1970	0. 4552	3. 9900	0. 2506	1. 8161	0. 5506
4	2. 8561	0. 3501	6. 1870	0. 1616	2. 1662	0. 4616
5	3. 7129	0. 2693	9. 0431	0. 1106	2. 4356	0. 4106
6	4. 8268	0. 2072	12. 7560	0. 0784	2. 6427	0. 3784
7	6. 2749	0. 1594	17. 5828	0. 0569	2. 8021	0. 3569
8	8. 1573	0. 1226	23. 8577	0. 0419	2. 9247	0. 3419
9	10. 6045	0. 0943	32. 0150	0. 0312	3. 0190	0. 3312
10	13. 7858	0. 0725	42. 6195	0. 0235	3. 0915	0. 3235
11	17. 9216	0. 0558	56. 4053	0. 0177	3. 1473	0. 3177
12	23. 2981	0. 0429	74. 3270	0. 0135	3. 1903	0. 3135
13	30. 2875	0. 0330	97. 6250	0. 0102	3. 2233	0. 3102
14	39. 3738	0. 0254	127. 9125	0. 0078	3. 2487	0. 3078
15	51. 1859	0. 0195	167. 2863	0. 0060	3. 2682	0. 3060
16	66. 5417	0. 0150	218. 4722	0. 0046	3. 2832	0. 3046

续表

n	(F/P, n, i)	(P/F, n, i)	(F/A, n, i)	(A/F, n, i)	(P/A, n, i)	(A/P, n, i)
17	86. 5042	0. 0116	285. 0139	0. 0035	3. 2948	0. 3035
18	112. 4554	0. 0089	371. 5180	0. 0027	3. 3037	0. 3027
19	146. 1920	0. 0068	483. 9734	0. 0021	3. 3105	0. 3021
20	190. 0496	0. 0053	630. 1655	0. 0016	3. 3158	0. 3016
21	247. 0645	0. 0040	820. 2151	0. 0012	3. 3198	0. 3012
22	321. 1839	0. 0031	1067. 2796	0. 0009	3. 3230	0. 3009
23	417. 5391	0. 0024	1388. 4635	0. 0007	3. 3254	0. 3007
24	542. 8008	0. 0018	1806. 0026	0. 0006	3. 3272	0. 3006
25	705. 6410	0. 0014	2348. 8033	0. 0004	3. 3286	0. 3004
26	917. 3333	0. 0011	3054. 4443	0. 0003	3. 3297	0. 3003
27	1192. 5333	0. 0008	3971. 7776	0. 0003	3. 3305	0. 3003
28	1550. 2933	0. 0006	5164. 3109	0. 0002	3. 3312	0. 3002
29	2015. 3813	0. 0005	6714. 6042	0. 0001	3. 3317	0. 3001
30	2619. 9956	0. 0004	8729. 9855	0. 0001	3. 3321	0. 3001
31	3405. 9943	0. 0003	11349. 9811	0. 0001	3. 3324	0. 3001
32	4427. 7926	0. 0002	14755. 9755	0. 0001	3. 3326	0. 3001
33	5756. 1304	0. 0002	19183. 7681	0. 0001	3. 3328	0. 3001
34	7482. 9696	0. 0001	24939. 8985	0. 0000	3. 3329	0. 3000
35	9727. 8604	0. 0001	32422. 8681	0. 0000	3. 3330	0. 3000

参 考 文 献

[1] 虞晓芬，龚建立，张化尧．技术经济学概论［M］．北京：高等教育出版社，2018.
[2] 方勇，王璞，吴卫红，等．技术经济学［M］．北京：机械工业出版社，2018.
[3] 秦德智，雷森．技术经济学［M］．北京：科学出版社，2019.
[4] 吴宗法．技术经济学［M］．北京：清华大学出版社，2018.
[5] 刘晓君，刘洪玉．工程经济学［M］．北京：中国建筑工业出版社，2015.
[6] 全国一级建造师执业资格考试用书编写委．建设工程经济［M］．北京：中国建筑工业出版社，2020.
[7] 全国一级造价工程师职业资格考试培训教材编审委员会．建设工程造价管理［M］．北京：中国计划出版社，2019.
[8] 中国建设监理协会．建设工程投资控制［M］．北京：中国建筑工业出版社，2020.
[9] 王胜，荀慧霞，苗青，等．工程经济学［M］．北京：清华大学出版社，2014.
[10] 陆菊春，徐莉．工程经济学［M］．北京：清华大学出版社，2017.
[11] 孙薇，李金锁．技术经济学［M］．北京：机械工业出版社，2009.
[12] 王柏轩．技术经济学［M］．上海：复旦大学出版社，2007.